दिग्दार्शनिक डॉ. अम्बेडकर

दिग्दार्शनिक डॉ. अम्बेडकर

सी. डी. नाईक

AAYU PUBLICATIONS
New Delhi

Cataloging in Publication Data--DK

Courtesy: D.K. Agencies (P) Ltd. <docinfo@dkagencies.com>

Naik, C. D., 1956- **author.**
Digdārśanika Ḍô. Ambeḍakara / Sī. Ḍī. Nāīka.
pages cm
In Hindi.
Collection of articles on Bhimrao Ramji Ambedkar, 1892-1956, Indian statesman and social reformer.
ISBN 9789389381276 (hardback)

1. Ambedkar, B. R. (Bhimrao Ramji), 1891-1956. 2. Ambedkar, B. R. (Bhimrao Ramji), 1891-1956--Political and social views. 3. Statesmen--India--Biography. 4. Social reformers--India--Biography. I. Title.

LCC DS481.A43N35 2021 | DDC 954.04092 23

d by:

AAYU

AAYU PUBLICATIONS
D-134, Agar Nagar, Prem Nagar-III
New Delhi-110086
Tel: 09910728725, 09654504227
Email: aayupublication@gmail.com
www.aayupublications.com

दिग्दार्शनिक डॉ. अम्बेडकर

संस्करण 2022

ISBN: 978-93-89381-27-6

PRINTED IN INDIA

Printed at: Unitech Graphic Point, Delhi

अनुक्रमणिका

ग्रंथ के बारे में

दिग्दार्शनिक डॉ. अम्बेड़कर नामक इस ग्रंथ के अध्याय 1 से 22 निम्नानुसार बयान करते हैं: अम्बेडकरी क्रांति का आगाज करते हुए डॉ. बाबासाहेब अम्बेडकर के भिक्खू मिशनरी डॉ. भदन्त आनन्द कौसल्यायन का परिचय संस्मरणात्मक अंशों से सराबोर है। इन्हीं द्वारा लिखित आलेख क्र. 12 कबीर का वास्तविक रुप उघाड़ता है। इसी में घड़ी नामक आलेख राहुल सांकृत्यायन की यादें जीवित कराता है। वंदना के तहत पालि और हिन्दी पुट में साधारण उपासक और विशेष बुद्ध श्रावक का तुलनात्मक विवरण है। प्रजातंत्र के महान हस्ताक्षर के नाते डॉ. अम्बेडकर के विचारों का इसमें प्रेरक प्रस्तुतीकरण है। बौद्ध शिक्षा के गढ़ और विश्वविद्यालयीन ज्ञान के मूल बुद्ध विहार अध्याय 6 में बोलता है। आगे उपसम्पदा और दीक्षांत समारोह आलेख सचित्र प्रस्तुत है, जिसके साथ कुलगान, मानव और समर वीरादि काव्य पंक्तियां गत पलों का भावनांकन करते हैं। अध्याय 11 सांची और श्रीलंका की संस्कृति तरोताज़ा करता है। कोविड़–19 के दौरान आनलाईन मनाए गए बुद्ध और बाबासाहेब जयंतियों के अंतर्राष्ट्रीय आयोजन संक्षिप्त और सारगर्भित हैं। जार्ज फ्लायड भर कहने से आप सिहर जाएंगे! बौद्ध मानस सागर के तल में आप डूब जाएंगे गर सापेक्षता पढेंगे! आगे मैं करोना–आंधी का सामना दीए की भांति काव्यात्मक विधा से करता है। बुद्ध के मुसाफिर ऐसे ही खतरों के खिलाड़ी होते हैं। आखिरकर इस रचना की जान दर्शन डॉ. अम्बेडकर विचार को मानवीय, मानसिक, दुनियावी और दिगदार्शनिक बताने हेतु सुधी पाठकों की वैश्विक सैर कराता है। शेष अध्यायों में बाबासाहेब के 125 योगदान, उनके ग्यारह चीर स्मृति स्थानों के विवेचन के साथ कुलपति लेखक अपने दीक्षांत उद्‌बोधन द्वारा नूतन वर्ष 2021 के 65 वें धम्म चक्र प्रवर्तन की समस्त जगत को हार्दिक मंङगलेच्छा प्रकट करता है।

अवतंसक सूत्र के समन्तभद्र की दस प्रतिज्ञा के विपरीत बोधिसत्व बाबासाहेब अम्बेडकर का दिग्दर्शन जिन बाईस मनो–वाचा–काया से करने योग्य वचनों पर आधारित है, वे हैं:

1. ब्रह्मा, विण्हु, महेररारं इररारंति ञत्वा पुजाभावनादि न करोमि।
2. रामञ्च कणञ्च इस्सरंति ञत्वा पुजाभावनादि न करोमि।
3. गौरी, गणपति हिन्दू धम्मिकानं देवी देवतानं पुजाभावनादि न करोमि।
4. कदापि इस्सरेन अवतारो गहितोति विस्सासं न करोमि।
5. भगवा सम्मासम्बुद्धो विण्हुस्स अवतारोति विस्सासं न करोमि। एतादिसं पचारं उम्मत्तकरञ्च असच्चं मञ्ञेमि।
6. साध्दं च पिण्डदानं च न करोमि।

7. कानिचिपि मंड़गल कम्मानि ब्राह्मणेहि न करोमि।
8. बुद्धागम विरोधी किञ्चापि आचरणं न करोमि।
9. सब्बेसं मनुस्सानं असमानतञ्च हीनकारकंञ्च हिन्दू धम्मं चजित्वा बुध्दोपदिट्ठं बहुजन हिताय बहुजन सुखाय तिसरणं अनुगमणं करोमि।
10. इदानिं मम पुनब्भवोति विस्सासं करोमि।
11. अहं पटिञ्ञं करोमि अज्जतो पदुट्ठाय बुद्धधम्मं आचरेमि।
12. सब्ब भूते सुमेत्तं करोमि च पालयेमि च ;पाणातिपाता वेरमणी सिक्खापदं समादियामिद्ध।
13. अदिन्नादाना वेरमणि।
14. कामेसुमिच्छाचारा वेरमणी।
15. मुसावादा वेरमणी।
16. सुरामेरयमज्जपमादट्ठाना वेरमणी।
17. सब्बे मनुस्सा समानाति, विस्सासं करोमि।
18. समानता ठापनत्थायं वायामं करोमि।
19. बुद्ध धम्मधर पञ्ञा सील करुणा गुणानुसारेन जीवितं यापेतुं वायेमि।
20. भगवतो सम्मासम्बुद्धस्स अट्ठड़िगकं मग्गं समादियामि।
21. बुद्धोपदिट्ठायो दसपारमितायो परिपालयेमि।
22. बुद्धधम्मो परमो सध्दम्मोति मञ्ञेमि।

शुभेच्छुः

सी. डी. नाईक

14 अक्टूबर 2021

ग्रंथकार के बारे में

डॉ. सी. डी. नाईक डॉ. बी. आर. अम्बेडकर विश्वविद्यालय में वर्ष 2018 में धारा 44 के तहत कार्य परिषद और विद्या परिषद के समस्त अधिकारों से लैस कुलपति रहे हैं। वह विश्वविद्यालय में वर्ष 1996 से ही प्रोफेसर पद पर नियमित रुप से कार्यरत रहे। वरिष्ठ प्राध्यापक के नाते उन्होंने हमेशा संस्थान के महानिदेशक तथा कुलपति का प्रभार समय समय पर संपादित करते रहे।

वर्तमान में डॉ. सी. डी. नाईक डॉ. अम्बेडकर विचार और दर्शन स्कूल के सिनियर प्राफेसर अधिष्ठाता और डॉ. अम्बेडकर फाउंडेशन, सामाजिक न्याय व अधिकारिता मंत्रालय, नई दिल्ली द्वारा संचालित और इस विश्वविद्यालय में वर्ष 1993 से प्रवृत्त डॉ. अम्बेडकर पीठ का वर्ष 2003 से नियमित रुप से दिए गए प्रभार का वहन कर रहे हैं।

समर्पण

उन्हें समर्पित

जिन्होंने

जयचंद को बौद्ध कहा (2016),

जिन्होंने

प्रस्तुत लेखक की *डॉ. अम्बेडकर ऑन सोसायटी एण्ड नेशन* नामक 624 पृष्ठीय कृति (कुलपति पदस्थ के बाद 2018 से 2020 तक) को आखरी सांस तक सम्यक प्रकाशन द्वारा मुद्रित करते करते बार बार कहा, ''नाईक साहब आप ऐसे ही मुझे समय समय पर स्मरण दिलाते रहिए'', और दिनांक 5 जून 2020 को जब उनको स्मरण दिलाने मोबाईल पर कई बार कॉल करता रहा तो न बोले, न प्रतिसाद दिया। दूसरे दिन डॉ. प्रीति नाईक ने घर से मेरे दफतर में कॉल कर बताया कि शांति स्वरुप जी नही रहे तो मैंने डॉट कर बोला ऐसे फर्जी न्यूज पर यकीन नही करते और मैंने इलाहाबाद के एडवोकेट गुरुप्रसाद जी मदन, जन्मस्थली के श्री मोहनराव वाकोडे आदि कईयों से पूछ कर उनके परिनिर्वाण की पुष्टि जब तक नही की तब तक मैंने नही माना कि उनके आदेश का मैं लगातार पालन न करुं,

जिन्होंने

हैड देअर बिन नो अम्बेडकर (2009) में आर्ट वर्क बाय शांति स्वरुप बौद्ध कहा,

जिन्होंने

धम्मनायक कौसल्यायन में अपनी भूमिका में कहा (जिनके पास इतनी बडी हस्ती के पत्रों का संग्रह हो इस से बडी बात क्या हो सकती है),

जिन्होंने दिनांक 6 जून 2020 पर 2 अक्टूबर 1949 को अपने पिता लाला हरिचंद मौर्य, बड़े पिता चौधरी देवीदास मौर्य खानदान से मिली शारीरिक विरासत को आयुष्मान कपिलादि को छोड गए,

जिन्होंने

स्मरणीय डॉ. डी. सी. अहिर साहब से दूरभाष पर ही डॉ. अम्बेडकरः द लिबरेटर (बैंकाक 1991) के मुताल्लिक बात करवाई थी,

को

समर्पित।

नमस्कार

नमस्कार उनको, नमस्कार भगवन नमस्कार अर्हन, नमस्कार सम्यक सम्बुद्ध को
नमस्कार उनको, नमस्कार भगवन नमस्कार अर्हन, नमस्कार सम्यक सम्बुद्ध को
नमस्कार उनको, नमस्कार भगवन नमस्कार अर्हन, नमस्कार सम्यक सम्बुद्ध को ।।धृ।।

प्रथम वार

मैं बुद्ध–शास्ता को समर्पित हूँ, मैं धम्म–तथता को समर्पित हूँ, मैं संघ–शुद्धता को समर्पित हूँ।

द्वितीय वार

मैं बुद्ध–शास्ता को समर्पित हूँ, मैं धम्म–तथता को समर्पित हूँ, मैं संघ–शुद्धता को समर्पित हूँ।

तृतीय वार

मैं बुद्ध–शास्ता को समर्पित हूँ, मैं धम्म–तथता को समर्पित हूँ, मैं संघ–शुद्धता को समर्पित हूँ।

जो प्राणीपात है, शुद्धता का नाश है उसे नहीं मैं करुंगा।
जो नही दिया हो उसे लिया गया हो उसे नही मैं करुंगा।
जो लैंगिक बात है ब्रह्मचर्य वास है उसे दूषित नही मैं करुंगा।
जो मृषावाद है, निंदा–कठोर–बकवाद है, उसका प्रयोग नही मैं करुंगा।
जो लोभ, दोष, है, मोह जैसी अविद्या है उसे मन में नही करुंगा।

साधु साधु साधु

प्रास्ताविक

यह पारंपरिक नही है कि किसी पुस्तक की प्रस्तावना दोहे या गाने से लिखी जाए। परंतु दोहे और गाने कम शब्दों में बहुत कुद कह देने में समर्थ होने से लेखक ने इस विधा को चुना है। बहुत से कबीर के दोहे जनमानस में विद्यमान होने से उसके अर्थ वाक्प्रचार में होने से वे यहां नही दिए गये तथा हिन्दी में जो गीत दिए गए हैं उसके अर्थ स्वयं शब्द ही वहन कर रहे हैं।

कबीर

कबीर मन निर्मल भया जैसे गंगा नीर
पीछे पाछे हरि फिरे कहत कबीर कबीर–सी.डी.एन.: 2019:224

धीरे–धीरे रे मना धीरे सब कुछ होए
माली सींचे सौ घड़ा ऋतु आए फल होए–सी.डी.एन.: 2019:224

घर घर दीपक बरै, लखै नही अंध है। लखत लखत लखि परै, कटै जमफंद है।।
करन सुनन कछु नाही, नहि कछु करन है। जीते जी मरि रहै, बहुरि नाहि मरन है।।
–सी.डी.एन.: 2019:228

जोगी पडे वियोग, कहै घर दूर है। पासहि बसत हजूर, तूं चड़त ख़जूर है।।
बाहमन दिछ्छा देत सै घर घर घालि है। मूर सजीवन पास, तूं पाहन पालि है।।
–सी.डी.एन.: 2019:228

ऐसन् साहब कबीर, सलोना आप है। नही जोग नही जाप पुंन नहि पाप है।।
–सी.डी.एन.: 2019:228

आसन् कर डिंड धरि बैठे, मन मैं बहुत गुमाना। पीपर पाथर पूजन लागे, तीरथ वरत भुलाना।।
–सी.डी.एन.: 2019:229

हिंदू की दइआ मिहर तुरकन की, दोनों घर से भागी। वह करै जिबर वां झटका मारे, आग दैऊ घर लागी।। –सी.डी.एन.: 2019:221

या विधि हंसी चलत है हमको, आप कहावे सिआना। कहै कबीर सुनो भई साधो इन में कौन दीवाना।। –सी.डी.एन.: 2019:229

बुद्ध

बुद्ध एक मानव ही थे जैसे मानव हैं हम सब लोग
सिद्धार्थ जैसे बुद्ध बने बन सकते हैं हम सब लोग = धृत्र =

असंख्य कितनी ही हो कमियां हम में तुम में और किसी में
एक एक कर दूर करेंगे बढते आगे कदमों कदमों में
असीम सागर तर जायेंगे धम्म बेडे से हम लोग = 1 =

अगणित कितनी ही हो परीक्षा जल थल अगन अंतरिक्ष में
पार करेंगे हर चुनौती बाहर हो या अंतःस्थल में
दुख से भारी अवनी सारी सुख से भर देंगे हम लोग = 2 =

अपरिमित कितनी ही हो हानि विपदा प्रलय या सृष्टि विनाश
उदय स्थिति लय के ऊपर आबाद करेंगे मैत्रीमय निवास
नये कल्प के धम्मचक्र को मिल के गति देंगे हम लोग = 3 =

डॉ. बी. आर. अम्बेडकर सामाजिक विज्ञान विश्वविद्यालय

डॉ. बी. आर. अम्बेडकर सामाजिक विज्ञान
विश्वविद्यालय को प्रणाम = धृ =

चम्बल क्षिप्रा बाघ नर्मदा
उज्जेनी सांची सतपुडा गोदा
महू मालवा भारत वर्ष तू एक ही विद्या धाम = 1 =
विश्वविद्यालय प्रणाम

समता स्वतंत्रता बंधुत्व
सत्य न्याय कुटुम्ब वसुधैव
शिक्षा शोध प्रशिक्षण प्रसार अखंड राष्ट्र निर्माण = 2 =
विश्वविद्यालय प्रणाम

भारत उदय की अगस्त क्राति
बुद्ध कबिर और फुले दम्पति
सामाजिकी कृषि जगत तू पहला ही संग्राम = 3 =
विश्वविद्यालय प्रणाम

अनन्त विषयों अनन्त विधायें
शोध बोध बोधि द्रुम तायें
अंतरात्व का संविधान तू धरती का आसमान = 4 =
विश्वविद्यालय प्रणाम

चार सत्य चौसठ कलायें
समाज केन्द्र बहुविध सुविधायें
मानविकी विज्ञान तकनीकि दुःख का अनुसंधान = 5 =
विश्वविद्यालय प्रणाम

अध्याय 1

आंबेडकरी क्रांति

साहित्य में समतामूलक समाज दर्शन के विचार प्रवर्तक भी विज्ञान और नई तकनीकि के साप्रंत युग में अधिक प्रखर हुये प्रतीत होते है। परंतु यह अवलोकन अद्यतन के ग्रामीण परिवेश के उपेक्षित महिला–पुरुष में जहां एक ओर उग्रता से दिखाई दे रहा है, वहां दूसरी ओर तथाकथित विशेषाधिकार सम्पन्न मानस में ग्लानिर्भवति भारत जैसा प्रकट हो रहा है। लगता है समसामयिक युग के वैश्विक धम्म प्रवर्तन में परम ब्रह्म को भी सर्व शिक्षा अभियान के चलते स्वयं को साक्षर और शिक्षित बनाकर अपने सनातन गप्पालॉजी से मुंह मोडकर डॉ. आंबेडकर के *शिक्षित बनो, संघर्ष करो और संगठित रहो* के बैनर तले सामाजिक पुनर्रचना की मानव सेवा करना अपरिहार्य हो गया–सा लगता है।

जॉन एडम ने क्रांति की व्याख्या सही फरमाई है। उनका कहना है कि मानस के क्रांति विचार से धरातल पर उसका गुणात्मक प्रकटीकरण करना ही क्रांति–विज्ञान है। अल्लामा इकबाल ने बतलाया था कि भारत ने अपने उस मूल्यवान मोति का मूल्य नही पहचाना, जिसने विश्व के अन्य देशों को रोशन किया। मिल्टन ने अपने महाकाव्य में जब यह व्यक्त किया है कि गंवाये हुये सुख राज्य को फिर एक इंसान ने बहाल करा दिया तो उनका अभिप्राय मनुष्य से था, न कि किसी मनुष्यतर से। कार्लाइल ने आज का नायक *मैन ऑफ द लेटर* है की यथार्थ घोषणा ही कर दी। थामस पायन ने मनुष्य में निहित शक्ति का पैमाना पहचान कर ऐलान कर दिया था कि वह इस संसार का पुनर्निर्माता है। प्रसिद्ध जैन मुनि का कथन है कि ''जिस किसी का भी कोई भी कथन सत्य और हितकर है, वही मुझे स्वीकार है''। इसी तर्ज पर दलाई लामा भी कहते हैं कि मैं बौद्ध इसलिए हूँ कि बौद्ध रहते हुए भी मैं बुद्ध से पक्षपात न कर सकूं। बर्ट्रांड रसेल ने *मैं ख्रिश्चन क्यों नहीं हूँ* नामक अपने पुस्तक में हवाला दिया है कि तार्किक युग ओल्ड टेस्टामेन्ट की बौद्धिक विवेचना से आरंभ हुआ।

थॉमस पायन ने जब बायबल पर अपनी बौद्धिक टिप्पणी दी कि समाज जोडनेवाला नैतिक संदेश धर्म का अभिन्न अंग होना चाहिए तो उसे अपना सिर छुपाने के लिए अमेरिका, इंग्लैंड और फ्रांस जैसे राष्ट्रों में कहीं पर भी जगह नही मिली थी। तथापि वे अपने देश अमेरिका की वैचारिक स्वाधीनता के लिए अकेले लड़ते रहे। क्रांति वैज्ञानिक डॉ. आंबेडकर की बात करें तो उनके व्यक्तित्व के अनुरुप उपमा केवल अश्वघोष के बुद्ध चरित के प्रथम श्लोक के शब्दों से ही व्यक्त की जा सकती है। वह कहते हैः

जिसने अपने सुख के वरदान से विधाता को भी मात दी, जिसने अपने प्रखर तेज से घूप अंधेरे को दूर कर सूर्य को परास्त किया और जिसने अपनी शीतल छाया से दग्ध दागों को ठंडा कर चन्द्रमा को भी हरा दिया, उस अनुपम अजेय अर्हत तथागत को मेरा वंदन है। इसी तर्ज पर हम आंबेडकरी क्रांतिकारी लोग भाग्य को मात देकर आधुनिक भारत की नींव डालनेवाले बाबासाहेब आंबेडकर के तेजपुंज को नमन करते हैं।

कार्लाइल ने कहा कि *''कोई भी काल जाया नही होगा यदि उसे ऐसा महामानव, ऐसा विवेकवान पुरुष मिल जाये जो वास्तव में स्पष्टता से देख सके कि काल की क्या मांग है, उसे ऐसा साहसी वीर पुरुष मिल जाये जो उसे वहां से आगे सही राह पर ले जा सके। यही किसी युग के संकट के समाधान है।''*

पूर्व में भी प्राचीन विश्व में कई क्रति वैज्ञानिक हुए थे। उनमें सबसे श्रेष्ठ शास्ता तथागत बुद्ध ही थे। बौद्ध धर्मनिरपेक्ष त्रिपिटक में स्त्री के वचनों को भी बुद्ध वचनों के अंतर्गत रखा गया क्योंकि स्त्री–पुरुष की गरिमा इस संगठन में समतुल्य है। महिला भी क्रांति वैज्ञानिक होती है। एक बार बाजीराव पेशवा ने अहिल्या से लाखों रुपया भेंट के रुप में वसूलना चाहा और यह धमकी भी दे डाली कि इतनी भेंट नही मिलने पर हमारे युद्ध में आपको अपना सर्वस्व गंवाना पडेगा। लेकिन अहिल्या देवी कोई डरपोक नारी नही थी। उसने भी अपनी नारी फौज के साथ लडने की तैयारी की और बाजीराव को संदेश भेजा दिया कि *''महोदय! मेरे खजाने में जो धनराशि संचित है, वह लूटमार या नाच–गाणे, खेल–तमाशे से अर्जित की हुई नही है। वह हम लोगों के अविरत पसीने से कमाई हुई दौलत है। अतः मैं मानती हूं कि इस धनराशि से फुटी कौडी भी गुलछर्रे उडाने के लिए आपको भेंट देना एक अधार्मिक कार्य होगा। जहां तक युद्ध में अपना सर्वस्व गवांने की बात है, मैं महोदय को स्पष्ट कह देना चाहती हूं कि मैं एक नारी व्यक्ति हूं और युद्ध में हारने पर भी लोग आपको ही कहेंगे कि मर्द होकर भी एक महिला से लडाई लडी और मुझे कहेंगे कि एक नारी होकर भी एक मर्दों की सेना से टक्कर दी। उसमें भी आप को ही शर्मिंदगी को झेलना पडेगा। और ईश्वर न करें कहीं आप ही युद्ध में परास्त हुये तो आप का स्वत्व तो सर्वथा ही स्वाहा हो जायेगा। आप तब कौनसा मुंह लेकर लौट जायेंगे?''* इस बात से बाजीराव चमक गये और बिना युद्ध किए और वह भेंट राशि को तिलांजलि देकर अपनी इज्जत मुठ्ठी में लेकर लौट गया।

अहिल्या के पश्चात् पेशवाई के स्त्री संहारक कायर मुकुट पर जोतीराव फुले के मुखारविंद से जो शब्द के इंसान प्रहार करते थे तो लगता था मानो सामाजिक क्रांति और अर्थ के ईमान समय की परछाई को मोड देने बौछार कर रही थी।

आज का क्रांति वैज्ञानिक एक हाथ में क्रांतिवीर जोती की मशाल लेकर और दूसरे हाथ में समता, स्वातंत्र्य और बंधुत्व के आंबेडकरी जीवन दर्शन का त्रिशरण ग्रहण कर वह अपना रास्ता इस इहलोक में तय करनेवाला है। अपनी शिक्षा, संघर्ष और संगठन से उसे असंख्य बुद्ध, आम्बेडकर, कबीर, शाहू, फुले, सावित्री, टामस पायन, बोनापार्ट, वाल्टेयर, आइन्स्टाईन, और अहिल्या आदि असंख्य तेजस्वी तारों से उसे वैज्ञानिक अनात्मिक ब्रम्हांड की पुनर्रचना करनी है। उसका नारा है: क्रांतिवैज्ञानिक बोधिसत्व बाबासाहेब भारतरत्न परमवीर डॉ. भिमराव आंबेडकर जिंदाबाद!

अध्याय 2

संस्मरणः प्रो. डॉ. भदन्त आनन्द कौसल्यायन

परिचय

लेखक ने 5 जनवरी 2004 को ही कल्पाज पब्लिकेशन, नई दिल्ली से प्रकाशित 421 पृष्ठीय अपने एम. फिल. तथा पी.एच.डी. के शोध प्रबंधों को पूज्यपाद भदन्त डॉ. आनन्द कौसलयायन जी की प्रथम जन्म शताब्दी पर पुष्पांजली के रुप में समर्पित किया था। यह इत्तेफ़ाक ही कहना चाहिये कि डॉ. बाबासाहेब आम्बेडकर का जन्म जिस तिथि को हुआ उस तिथि को महापण्डित राहुल सांकृत्यायन (14 अप्रैल) का देहावसान हुआ और जिस तिथि को प्रो. डॉ. भदन्त आनन्द कौसल्यायन का देहावसान हुआ वह तिथि उपरोक्त लेखक की जन्म तिथि {22 जून} है।

कहते है कि इमर्सन के बारे में लिखने के लिये इमर्सन जैसा ही महान लेखक चाहिये। यह उक्ति कौसल्यायन जैसे महापुरुष के बारे में लिखने के लिये भी लागू होती है। परंतु संसार का दुर्भाग्य ही मानना चाहिये कि दुनिया में केवल एक और मात्र केवल एक ही इमर्सन या कौसल्यायन या आइन्स्टाइन पैदा होते हैं। और जो जनता के होते है वे ही अमर हो जाते हैं। इस आलेख के नायक जनता के प्राण में बसे थे।

पंजाब और चंडीगढ़ राज्यों के मध्य में स्थित सोहाना गांव में हिन्दु–मुस्लिम स्कूल के हेड़मास्टर तथा अंबाला गुरुद्वारा के ज्ञानी श्री राम शरण दास के कट्टर खत्री घर में आज से एक शताब्दी पहले पांच जनवरी 1905 को एक पुत्ररत्न पैदा हुआ। उसका नाम हरि नाम दास रखा गया। उसके एक छोटा भाई श्री हरि दास और उनके पुत्र श्री मंगत राय, और पुत्रियां सुश्री इन्दिरा, वीणा आदि बुढलाड़ा में रहते हुये अपने ताया जी की स्मृति को ताज़ा कर रहे हैं।

ब्रिटिश भारत में मैट्रीक्युलेशन तक भी शिक्षा प्राप्त करना बडी बात थी। हरिनामदास ने बडी कठिनाई में से गुजर कर, सुबह अखबार बेचकर, शाम को टयुशन देकर, तथा अपनी बीमारी से जूझकर रान् 1924 गें स्नातक की उपाधि प्राप्त की थी। उन्होंने जिस विश्वविद्यालय से स्नातक तक की शिक्षा प्राप्त की थी वह उसी लाला लाजपत राय द्वारा स्थापित लाहौर का कौमी विश्वविद्यालय था, जहां हरनामदास के सहपाठी भगत सिंह, सुखदेव और यशपाल जैसे क्रान्तिकारी देशभक्त थे। डॉ. आम्बेडकर ने अमेरिका में सन् 1915 में अपनी पीएच.डी की पढाई करते समय उनकी गदर पार्टी में शामिल होकर राजनीतिक कार्य करने की उन्हीं लाला लाजपत राय की विनती को ठुकरा दिया था।

पहले उन्होंने राष्ट्रीय कांग्रेस के साथ कार्य कर देश की आजादी की लड़ाई में अपने को झोंक दिया। यह वही समय था जब ब्रिटेन में डॉ. आम्बेडकर द्वारा लिखित ***रुपये की समस्या*** नामक डाक्टर ऑफ सायन्स {डी. एस. सी.} की उपाधि का शोध प्रबंध ने वहां के बौद्धिक जगत में तहलका

मचा दिया था। इधर हरिनाम दास जी ब्रिटिश सरकार की खुफिया एजन्सी को परेशान कर रहे थे। आजादी के दिनों में उनका जोश देखिये। 70–80 कि. मी. दौडते हुये थके–मांदे वह एक स्कूल मे पहुचे, वहां एक अनजान भिखारी ने उनके पांव दबाकर कैसे सेवा की और एक परिचित जैन स्कूल मास्टर ने उन्हें कैसे सिला दिया, इस की कहानी उन्होंने अपने *आतिथ्य* नामक निबंध में *जो न भूल सका* इस ग्रंथ में बखूबी बयान की है।

कांगड़ा जिले में उन्होंने शिडयुल्ड कास्ट संवर्ग की दो उपजातियों की भी सेवा की। दो उपजातियां सराडे और डुमने परस्पर वैरी थी। जैसे महाराष्ट्र में महारों में भी बावने, बारके आदि उपजातियां आपस में लडती थी वैसे ही उत्तर पश्चिम भारत में था। वे लोग शाम को शराब पीते और मांस खाकर आंगन के चारों ओर चारपाईयां डालकर सुस्ताते थे तब हरिनामदास जी उन्हें शिक्षा की बातें बताते थे।

हरनामदास बालपन में ही मां–बाप के गुजर जाने से अनाथ हो गये थे।उसके दो वर्ष के पश्चात् जब हरनामदास अपने बहन के घर में ठहरे हुये थे तो उनको ऐसा बुखार आया कि वह किसी भी दवाई से ठीक ही नही हो रहा था। उसके बावजूद वे उस घर को छोड़ना चाहते थे। उसके लिये उन्होंने बहाना बनाया कि उनको एक सपना आया कि उनका बुखार गंगा में स्नान करने से उतर गया। अतः गंगा में स्नान करने हेतु निकलना चाहिये कहकर घरवालों से विदा ली। रुढिवादी लोग पवित्र गंगा में डुबकी लगाने से अपने ही घरवाले को कैसे मना करते। बेचारे रिश्तेदारों ने मन मारकर उन्हें घोडी पर सवार करा दिया और उन्हें बाहर जाने की इजाजत दी। कुछ दूर जाकर हरनामदास ने घोडी को घर की तरफ लौटा दिया और स्वयं जीवन की अज्ञात मंजिल की ओर बढे। तब से वे घर छोड़कर बेघर हो गये।

सन् 1926 के अन्त में जब वे मेरठ में इधर उधर घूम रहे थे, तो इत्तेफाक से उनकी मुलाकात आर्य समाजी परिव्राजक साधू रामोदरदास पांडेय उपाख्य राहुल सांकृत्यायन से हुई। उनकी संगति में हरिनामदास भी ब्रह्मचारी विश्वनाथ के नाम से आर्य समाजी बने और धार्मिक स्थलों की यात्रा करते रहे। वे निरंतर पढते भी रहते थे। उस समय उनकी रुचि रस्किन की प्रसिद्ध कृति *हिरो एण्ड हिरो* वर्शिप में थी। उनके हाथ में यह पुस्तक देखकर लोग कहते थे, ''देखो, दुबला–पतला साधू है लेकिन अंग्रेजी में किताब पढ रहा है।'' बाद में हरिनामदास और रामोदरदास दोनों ही साधू आर्य समाज के दर्शन के पौरुषेय वैदिक आधार के प्रति साशंक हुए। रामोदरदास को स्वामी दयानन्द जी के आर्य समाज को छोड़ने में कतई देर न लगी। वे श्रीलंका गये और वहां जाकर विद्यालंकार परिवेण, केलानिया के प्राचार्य आदरणीय लुनुपोकने धम्मानन्द जी के अधीन बौद्ध भिक्षु बने। तभी से उनका नाम राहुल सांकृत्यायन पड़ा। बाद में उसी पिरिवेन में राहुल जी संस्कृत पढाते थे।

21 साल की उम्र में उन्होंने संकल्प किया था कि I have already lived the life of my share, and if I am to live now, let me live for the sake of my country. अर्थात् मैंने अपने हिस्से का जीवन तो जी लिया, अब यदि मैं जिऊं तो देश के लिये जीना चाहिए।

सन् 1927 के दिसम्बर माह में श्रीलंका से राहुल जी ने विश्वनाथ को भी अपने पास बुला लिया। विश्वनाथ भी मद्रास–धनुष्कोड़ी होते हुये श्रीलंका पहुंचे। वहां सन् 1928 के 10 फरवरी के दिन श्री

विश्वनाथ जी की भी आदरणीय लुनुपोकने धम्मानन्द जी के अधीन उपसम्पदा हुई और उन्हें नया नाम ''आनन्द कौसल्यायन''मिला। उसी पिरिवेण में उन्होंने पालि और बौद्ध दर्शन का अध्ययन किया। भिक्षु बनने पर उनको लगा कि वे बुद्ध के वैचारिक स्वतंत्रता के वारिस बने, सामाजिक कटिबद्धता के जिम्मेदार नागरिक बने और वह लोक को अधिक से अधिक देना व उस से कम से कम लेना की सम्यक आजीविकाधारी श्रमण बन चुके है। वे प्रति दिन 18 घंटे अपने अध्ययन में लगाते थे और डेढ साल में उन्होंने पूरे त्रिपिटक का मंथन कर डाला था। इसी प्रकार वे पांच वर्ष लगातार बौद्ध धर्म का गंभीर अध्ययन करते रहे।

परिणामस्वरुप अनागारिक धर्मपाल द्वारा स्थापित महाबोधि सभा ने धर्म प्रचार का कार्य करने हेतु लन्दन में स्थित अपने केन्द्र पर आनन्द जी और राहुल जी को नियुक्त किया। अतः सन् 1932 के 27 जुलाई को दोनों धम्मदूत वहां गये। कुछ माह के पश्चात राहुल जी वहां से भारत लौट आये। परंतु कौसल्यायन जी वहां डटे रहे। इंग्लैंड में डेढ वर्ष से भी अधिक वास्तव्य कर कौसल्यायन जी फ्रांस और जर्मनी में भी धम्म प्रचार करते रहे। सन् 1934 मे वे श्रीलंका लौटे और वहां सिंहल भाषा में सिंहलियों को भी अपनी धम्मदेशना से उन्होंने आकर्षित किया। उसी वर्ष एक ही गुरु के तीन शिष्य अर्थात् भन्ते जगदीश काश्यप, राहुल जी और कौसल्यायन जी का श्रीलंका में एकत्र मिलन हुआ और उन्होंने भारत में बौद्धधर्म के पुनरुज्जीवन पर चिंतन किया। सन् 1936 में डॉ. आम्बेडकर की येवला सम्मेलन में ''हिन्दू के रुप में नही मरुंगा'' की घोषणा के पश्चात् ये त्रिमूर्ति एक दिन इलाहाबाद में धम्म प्रचार के व्यक्तिगत संकल्पों की एक दूसरे की साक्षी में उदघोषणा कर रहे थे। राहुल जी ने अधिक से अधिक ग्रंथ निर्माण का बेड़ा उठाया तो जगदीश कश्यप ने अध्ययन, अध्यापन, शोध और संस्थान के स्थापनार्थ अपनी आस्था जताई और भदन्त आनन्द कौसल्यायन ने कहा कि वे व्याख्यान, यात्रा, आलेख, पत्र–पत्रिकाओं का संपादन, पालि भाषा, बौद्ध धर्म और हिन्दी साहित्य के माध्यम से देश की सेवा करेंगे।

सन् 1933 में जब भन्ते जी इंग्लैंड में थे तो राहुल जी ने उन्हें जातक के अनुवाद का काम सौंप दिया। अगले वर्ष वे सिंहल जाकर मलेशिया पहुंचे और पिनांग में स्थविर गुणरत्न जी के सानिध्य में रहकर सौ जातक कथाओं का अनुवाद 1935 तक पूर्ण किया, जिसका प्रकाशन पंजाब विश्वविद्यालय के संस्कृत डिपार्टमेन्ट के अध्यक्ष डॉ. लक्ष्मण स्वरुप ने किया था। सम्पूर्ण जातक खण्डों को हिन्दी साहित्य सम्मेलन प्रयाग के प्राण आदरणीय श्री पुरुषोत्तमदास जी टण्डन ने क्रमशः 1941, 1942, 1946, 1951, 1954, व 1956 में प्रकाशित किया। इस कार्य हेतु भन्ते जी ने पालि अट्ठकथायें, तथा सिंहली, बंगाली, बर्मी, थाई, अंग्रेजी अनुवाद आदि स्रोतों का उपयोग किया था। अपने जातक अनुवाद को समर्पित करते हुये कौसल्यायन जी लिखते है, ''प्रथम परिचय के दिन से ही मेरे परम श्रद्धाभाजन राहुल सांकृत्यायन को।'' सारनाथ के मूलगन्धकुटी विहार से दिनांक 23 अगस्त 1941 को अपनी वस्तु–कथा में उन्होंने लिखा था, ''मेरे सारे अनुवाद को श्री कोसम्बी जी ने सुनने की कृपा की, पूज्य महास्थविर बोधानन्द जी का आशीर्वाद मिलता रहा, भाई जगदीश काश्यप जी अनेक प्रकार से सहायक होते रहे। अपनों को क्या धन्यवाद दिया जाए?''

सन् 1938 में गाांधी जी और अन्य कांग्रेस नेताओं ने गैर–हिन्दी क्षेत्रों में हिन्दी के प्रचारार्थ राष्ट्रभाषा प्रचार समिति की वर्धा, महाराष्ट्र में स्थापना की थी। बाद में गांधी जी ने हिन्दुस्तानी के

पक्ष में समिति से अपना नाता तोड दिया। जवाहरलाल नेहरु और डॉ. राजेन्द्र प्रसाद आदि अन्य नेता भी उन्हीं के नक्शे–कदम पर चले गये। ऐसी अवस्था में सन् 1941 में महर्षि पुरुषोत्तम दास टण्डन जी के कहने पर कौसल्यायन जी ने उस समिति के महामन्त्री पद का भार वहन किया। और अगले दस वर्ष तक वे हिन्दी की निरन्तर सेवा करते रहे। समिति के आरम्भ में शून्यावस्था थी। उसे भन्ते ने आत्म निर्भर संस्थान बना ड़ाला, हिन्दी नगर बसाया, बडा मुद्रणालय स्थापित किया और समिति के बचत खाते में 4 लाख रुपयों की पूंजी का इजाफा किया। उनके हिन्दी भाषा के योगदान से हिन्दी साहित्य सम्मेलन, प्रयाग ने भन्ते जी को साहित्य वाचस्पति की उपाधि से सम्मानित किया।

सन् 1939 के मार्च महीने की बात है। महाबोधि सभा द्वारा दिल्ली में स्थापित बुद्ध विहार का उद्‌घाटन प्रचंड जनसमुदाय की उपस्थिति में महात्मा गांधी जी कर रहे थे। कौसल्यायन जी भी वहां मौजूद थे। उनके एक पुराने परिचित ने उन्हें पहचान कर कार्यक्रम के उपरान्त पूछा, ''घर वापिस क्यों नही जा रहे आप?'' भन्ते जी ने कहा, ''इन दिनों ऐसा कोई काम ही नही कर रहा हूं कि घर जाना पड़े।'' उनके मामा जी को जैसे ही खबर मिली कि आनन्द जी दिल्ली में है, तो वे 16 वर्षों के अंतराल के बाद आशान्वित होकर उनसे मिलने पंजाब से दिल्ली गये। परंतु उनके दिल्ली पहुचने तक भन्तेजी सारनाथ जा चुके थे। अतः मामाजी दिल्ली से सारनाथ गये और अन्त में देखा कि हरनामदास तो सिर मुंडाकर काषाय वस्त्र परिधान कर बौद्ध भिक्षु बन गये है और वहीं से वह खाली हाथ घर लौट आये।

सारनाथ में भन्ते ने महाबोधि सभा द्वारा प्रकाशित *धर्मदूत* नामक हिन्दी मासिक का संपादन किया। इन्हीं दिनों सारनाथ में महाबोधि सभा की जमीन पर सेठ जुगल किशोर बिड़ला ने एक धर्मशाला भी बनवाई थी। उसका उद्‌घाटन वैदिक कर्मकांड से हो रहा था। भन्ते जी को यह बात बहुत खटक रही थी। परंतु भारतीय महाबोधि सभा के तत्कालीन महासचिव देवप्रिय वलिसिंह के इशारे पर कौसल्यायन जी उस समय चुप रहे परंतु दूसरे ही दिन कलकत्ता जाकर उन्होंने अपना आलेख छपवाया, जिसका शीर्षक था– *यह है आर्य धर्म संगठन*!

सन् 1941 से 1951 तक का काल जिस प्रकार डॉ. आम्बेड़कर के जीवन में ब्रिटिश भारत में लेबर मेम्बर और आजाद भारत में संविधान और हिन्दु कोड़ बिल आदि के जरिये देश की सेवा करने में महत्वपूर्ण रहे, उसी प्रकार उक्त समय भदन्त आनन्द कौसल्यायन के जीवन में हिन्दी के पक्ष में और पुरुषोत्तम दास टंडन के नेतृत्व में तथा हिन्दुस्तानी के विपक्ष में और महात्मा गांधी, जवाहरलाल नेहरु, श्रीमन्नारायण, डॉ. राजेन्द्र प्रसाद आदि के विरुद्ध वर्धा की राष्ट्रभाषा प्रचार समिति का प्रधानमंत्री का भार वहन कर देशसेवा के लिये महत्वपूर्ण रहा। काकावाडी से गोरक्षण का एक कमरा जिस समिति का कार्यालय था वह वर्तमान में हिन्दी नगर के रुप में बस चुका है। इसका सारा श्रेय जिस किसी एक व्यक्ति को जाता है वह भन्ते कौसल्यायन है। जिस प्रकार बाबासाहेब के शैक्षणिक और साहित्यिक योगदानों से प्रभावित होकर हैदराबाद के उस्मानाबाद विश्वविद्यालय ने उन्हें डी. लिट. की उपाधि बहाल कर उनके प्रति अपनी कृतज्ञता व्यक्त की थी, उसी प्रकार भदन्त जी के भाषण, लेखन और विद्वत्ता से प्रभावित होकर हिन्दी साहित्य सम्मेलन प्रयाग और नव नालन्दा महाविहार ने उन्हें क्रमशः साहित्य वाचस्पति तथा डी. लिट्. की उपाधि से भी सम्मानित किया था। वे कहा भी करते थे कि उनके जीवन रथ के दो पहिये हैं : हिन्दी और बौद्ध धर्म। दोनों के वे हमेंशा एक साथ खींचते रहे।

वर्ष 1951 में जहां एक तरफ डॉ. बाबासाहेब आम्बेडकर ने भारतीय स्त्री–पुरुषों में समानता का दर्जा प्रस्थापित करने के उद्देश्य से स्वयं रचित हिन्दु कोड बिल को नेहरु जी के वादे के बावजूद संसद में पारित न होने देने की सनातनी हिन्दुओं के प्रतिकारी रवैये को देखकर कानून मन्त्री के पद से इस्तीफा दिया तो उसी समय दूसरी ओर डॉ. कौसल्यायन ने राष्ट्र भाषा प्रचार समिति को शिखर तक पहुचा कर महामन्त्री पद से त्यागपत्र दिया। इस कालावधि में उनकी कलम से निम्नलिखित प्रमुख रचनायें प्रसृत हुई यथाः *बुद्ध वचन, भिक्षु के पत्र, भगवद्गीता की बुद्धिवादी समीक्षा, तुलसी के तीन पात, बहानेबाजी, जो न भूल सका, कहां क्या देखा, जो लिखना पड़ा, रेल का टिकट।*

इसी कालावधि में *महावंस, जातक, अंगुत्तर निकाय, धम्मपद, अभिधम्मत्थसङ्ग्हो, सच्चसङ्ग्हो,* आदि पालि ग्रंथों का उन्होंने हिन्दी में अनुवाद भी किया। । इसके अतिरिक्त उन्होंने अंगेजी की महत्वपूर्ण कृतियों यथा पच्चीसवा घंटा, स्वतन्त्र चिन्तन, धर्म के नाम पर, देश की मिट्टी बुलाती है इत्यादी को भी अनुदित किया। इसी दौरान भन्ते जी भारत में ही नही बल्कि ब्रह्मदेश, श्रीलंका, जापान, चीन और नेपाल आदि देशों में बौद्ध धर्म प्रचारार्थ पर्यटन करते रहे।

इसके पश्चात् भन्तेजी कुछ वर्ष कालिंगपोंग में रहे। उस समय नेपाल में राणा सरकार का शासन् था। उसने नेपाल से सारे भिक्षुओं को निष्कासित कर दिया। ऐसे एग्जाईल्ड भिक्षुओं को इकट्ठा कर भन्तेजी ने उनको ***धर्मादाय सभा*** नामक संगठन में एकत्रित किया। उस सभा के अध्यक्ष बाबासाहेब के दीक्षागुरु चंद्रमणि महास्थविर ही थे और उसका सारा कार्य भन्ते जी संभालते थे।

सन् 1950, 1952–1954 और 1956 में क्रमशः श्रीलंका, बर्मा और नेपाल में चार विश्व बौद्ध सम्मेलन हुये थे, जिस में डॉ. आम्बेडकर और आनन्द कौसल्यायन दोनों सम्मिलित रहे। बर्मा के सम्मेलन का किस्सा भन्ते ने हमें भी सुनाया था। उस में एक सत्र में सीढी चढकर भवन के ऊपर के मंजिलवाले कक्ष में जाना पड़ता था। सारे भिक्षु लोग जूते पहनकर ही प्रवेश कर रहे थे तो बाबासाहेब भी वैसे ही अन्दर दाखिल होने लगे। परन्तु सम्मेलन के स्वयंसेवक ने उन्हें जूते बाहर निकालने का आग्रह किया। बाबासाहेब अपने जूते उतारते हुये पास में स्थित भन्ते आनन्द कौसल्यायन को कहने लगे, "यह क्या, आप जूते पहने हो और मुझे उसके बिना ही जाने को कहा जा रहा है?" भन्तेजी ने कहा, "यह किसी व्यक्ति का अधिकार थोडे ही है, यह तो सभी भिक्षुओं का विशेषाधिकार है। आप भी भिक्षु बनो तो आप भी उस विशेषाधिकार को भोग सकते है।"

सन् 1956 का वर्ष जहां एक ओर डॉ. आम्बेडकर के जीवन का धम्मक्रांति और महाप्रयाण की घटनाओं से प्रभावित रहा, वहां दूसरी ओर भदन्त आनन्द कौसल्यायन के लिये वह वर्ष चीन में अंतर्राष्ट्रीय बौद्ध भिक्षुओं के प्रतिनिधिमंडल और भारत में डॉ. आम्बेडकर के धम्मक्रान्ति और अन्तिम संस्कार का नेतृत्व करने में महत्वपूर्ण रहा। 6 दिसंबर 1956 को बाबासाहेब अपने दिल्ली के निवास में नींद में ही महाप्रयाण कर गये। भन्ते जी उस समय बाबा के शव को लेकर चार्टर्ड प्लेन से मुंबई ले आये और उन्होंने चैत्य भूमि पर बौद्ध परंपरा से उनका अन्तिम संस्कार किया। उसके दूसरे ही दिन वही उन्होंने एक लाख लोगों को बौद्ध धर्म की दीक्षा दी। अगले दो वर्षों तक भन्ते जी महाराष्ट्र में बाबासाहेब के संदेश को गांव–गांव और नगर–नगर पहुंचाते रहे। बाबासाहेब द्वारा लिखित सबसे महान और उनका अन्तिम ग्रंथ द बुद्ध एण्ड हिज धम्म सन् 1957 में प्रकाशित हुआ था। भन्ते जी ने उसका हिन्दी में अनुवाद बैंकाक में रहते हुये पूर्ण किया। भन्ते जी ने उसके पालि और संस्कृत

मूल के संदर्भ श्रीलंका में रहते हुये एकत्र किये और उन्हें प्रकाशित कराने हेतु सिद्धार्थ एज्युकेशन सोसायटी को मुंबई में भेज दिया।

भन्ते आनन्द जी ने सन् 1958 में भोपाल से 45 कि. मी. दूर सांची के महाबोधि सोसायटी के बुद्ध विहार में निवास किया था। भन्तेजी शायद मध्य प्रदेश में इन्दौर जिले तक तो आये थे परंतु बाबासाहेब की जन्मस्थलि महू, जिसे आज डॉ. आम्बेड़कर नगर से जाना जाता है, में नही गये। हालांकि उनके प्रथम शिष्य भिक्षु सत्यशील मेरे पूर्व और मेरे यहां स्थानापन्न होने के पश्चात् भी यहां आ चुके है।

वर्ष 1959 में उन्होंने श्रीलंका के विद्यालंकार विश्वविद्यालय में हिन्दी विभागाध्यक्ष की हैसियत से प्रोफेसर का कार्यभार संभाला। उसी समय भन्ते मेधंकर भी वहां जाकर भन्ते कौसल्यायन जी के कृपाभाजन बने। एक बार भिष्मचारी महाराज ने बताया था कि वडसा जिले के सावंगी गांव में एक खुजली से पीडित बालक को उन्होंने गोद लिया था। उसे चार दर्जे तक पढाया भी। वह बालक मेश्राम कुल से था। आगे वह भिक्षु बनकर सन् 1957 में भन्तेजी के संपर्क में आकर अच्छा लेखक और संगठक बन गया। लोग उन्हें भिक्षु मेधंकर के नाम से जानते है। कुछ माह पूर्व उनके अकाल निधन से बौद्ध प्रशिक्षण संस्थान को जो क्षति हुई उसकी पूर्ति असंभव है।

1984 मे जब मैं श्रीलंका में था तो मेधंकर जी ने तीन फरवरी की अपनी चिट्ठी में मुझे बी.ए. पास करने का परामर्श दिया और अपने बारे में लिखते हुए कहा कि 1949 में जब वे लंका गये थे तो उनकी आयु 23 साल की थी और शिक्षा के नाम पर ज़ीरो थे। सन् 1959 के 17 जून को श्रीलंका की सरकार ने उस प्राचीन विद्यालंकार पिरिवेण को विद्यालंकार विश्वविद्यालय के रुप में नामांतरित किया। उस समय डॉ. शान्ति भिक्षु शास्त्री, राहुल जी और भन्तेजी क्रमशः संस्कृत, दर्शन और हिन्दी विभागों के मुख्य प्रोफेसर थे।

भन्ते जी ने श्रीलंका में लगभग 9 साल व्यतीत करते समय निम्नलिखित ग्रंथों की रचना की: *पालि–हिन्दी कोष, श्रीलंका, मोग्गल्लान व्याकरण, बुद्धालंकार, सिंहल भाषा और साहित्य, अनात्मवाद, संयोजन–दस भव बंधन और बौद्ध धर्म एक बुद्धिवादी अध्ययन*। श्रीलंका में रहते हुये भी भन्ते जी भारत में बाबासाहेब के मिशन की गतिविधियों को देखने हेतु समय समय पर यहां आते रहे और उत्तर तथा दक्षिण भारत का दौरा करते रहे। सन् 1968 में भन्ते जी विद्यालंकार विश्वविद्यालय से सेवानिवृत्त हुये।

1969 से उन्होंने बाबासाहेब की दीक्षा भूमि को अपनी कर्म भूमि बनाकर 1981 तक के 13 वर्षों के कार्यकाल में उन्होंने निम्नवत महान कार्य सम्पन्न किया: भिक्षुओं के रहने हेतु भिक्षु निवास की स्थापना की, चालीस युवा छात्रों को श्रामणेर–भिक्षु बनाकर उन्हें जीवन में बेहतर स्थिति तक उन्नत करने में सफलता हासिल की। उन में से नंदवर्धनबोधि ने नागपूर में ही एक बस्ती को कौसल्यायन नगर से नामांतरित किया, उत्तमबोधि उपाख्य हिम्मतराव देशभ्रतार को पुलिस विभाग में एस. पी., डीएसपी का ओहदा मिला, महेन्द्र ने महाराष्ट्र शासन् के अभिलेख विभाग में उपनिदेशक के पद तक तरक्की की, बोधितिस्स उपाख्य भिमराव जूनघरे केन्द्रीय शासन् में आडिट एण्ड अकाउन्ट विभाग में कार्यरत रहे, सुभाष गेडाम अमेरीका में वैज्ञानिक है, चन्द्रबोधि मध्य प्रदेश में बाबासाहेब की जन्मस्थलि के समीप भारत के एकमेव एम.फिल व पीएच.डी. के अध्ययन व शोध केन्द्र वाले संस्थान, डॉ. आम्बेडकर नगर, महू में डॉ. आम्बेडकर विचार एवं दर्शन विभाग के विभागाध्यक्ष तथा डॉ. आम्बेडकर चेअर के प्रोफेसर

के पद पर गत 1996 से सेवारत है, तथा वर्ष 2018 ममें वह कुलपति रहे और सिनियर प्रोफेसर और अधिष्ठाता के रूप में वर्ष 2021 तक डॉ. बी.आर. अम्बेडकर सामाजिक विदगन विश्व विद्यालय में अविरत सक्रिय रहे विमलकीर्ति अधिव्याख्याता और लेखक है, सत्यशील कर्मठ धर्मप्रचारक है, हासरत्नजी दिल्ली में धर्म प्रचार करते रहे, विलयबोधि, राहुल बोधि मुंबई और उनके पास महाविहार के शिल्कार बन सक्रिय है, बोधिरत्न श्रीलंका में अध्ययनरता है, अजयकीर्ति, मेत्तानंद, खेत (मेंढेगांव), भलेशास्त्री (सरांडी) के भिक्षुगण, रुदानंद महास्थतिर (मृत्यु 4.8.2020) संघरत्न मानके इंडो जपान संघ के गतिविधियों में समर्पित हैं और कई नाम है, जिन्हें डायरेक्ट्री के रुप में पेश किये जा सकते हैं। जब कभी स्थानीय संगठन के मदद के अभाव में अपनी शिक्षा, निवास, भोजन और रखरखाव में उनके शिष्यों के चेहरों पर आर्थिक अड़चन की उदासी झलकती तो कौसल्यायन जी उन्हें कहते, ''अरे! चिन्ता मत करना, आनन्द कौसल्यायन की लेखनी और रायल्टी अभी थमी नही है।''

इसी वर्ष की 14 अप्रैल को दीक्षा भूमि से प्रकाशित प्रथम पुस्तक के रुप में उनके द्वारा स्वरचित बाबासाहेब का चरित्र ग्रंथ, यदि बाबा न होते का उल्लेख करना पडेगा। उक्त लेखक ने उसका हिन्दी से अंग्रेजी में तर्जमा *हैड देअर बीन नो आम्बेडकर* के शीर्षक से 1978 के दौरान यू. के. में रहते समय किया था और उसका प्रूफ व टंकलेखन भन्तेजी के मार्गदर्शन में उनके यू.के., अमेरीका व कनाडा यात्रा वर्ष 1979 के सितम्बर माह के समय पूर्ण किया गया हालांकि उसे यथावत प्रकाशित करने का कार्य अभी भी लम्बित है। यह पुस्तक मूल लेखक ने बाबासाहेब के धम्मगुरु चंद्रमणि महास्थविर को समर्पित की है। उन्हीं के नामपर एक चंद्रमणि कुटीर दीक्षा भूमि पर बनाने का उनका संकल्प था पर वह पूरा नही हुआ। उक्त लेखक ने इसके पूर्व भन्ते द्वारा वर्ष 1963 में रचित *बुद्धिज्म एण्ड अदर रिलिजन* नामक अंग्रेजी पुस्तिका का भी हिन्दी में अनुवाद किया था, जिसे बौद्ध धर्म ही क्यों के शीर्षक से सन् 1975 में दीक्षा भूमि से ही प्रकाशित किया गया। यह बाबासाहेब डॉ. आंबेडकर की पुण्यस्मृति को लेखक की श्रद्धांजली है। सन् 1967 से 1982 तक की कालावधि के दौरान भिक्षु निवास से दीक्षा भूमि संदेश और बाद में दीक्षा भूमि पाक्षिक लगातार निकलता रहा। उसमें उक्त लेखक द्वारा रचित प्रथम आलेख ''मैं मन हूं'' के शीर्षक से प्रकाशित हुआ और तभी से उक्त लेखक को कलम के प्रयोग का इल्म हुआ।

यदि बाबा न होते के अनन्तर कौसल्यायन जी ने अनेक विधाओं में अपना लेखन जारी रखा। उनमें से कुछ ग्रंथ तथा पॅम्फलेट्स निम्नांकित हैः *क्रांति के अग्रदूत भगवान बुद्ध, तथागत का शाश्वत संदेश, भगवान बुद्ध का धर्म, बोध गया, बौद्ध जीवन पद्धति, राहुल सांकृत्यायन, बौद्ध धर्म और मार्क्सवाद, भगवत्गीता तथा धम्मपद, राम कहानी राम की जबानी, रामचरित मानस में ब्राह्मणशाही तथा नारीनिंदा, मनुस्मृति जलाई गई क्यों?, दर्शन वेद से मार्क्स तक, एन इंटेलिजन्ट मैन्स गाईड टू बुद्धिज़्म, और द बुद्ध एण्ड हिज धम्म* का पंजाबी में अनुवाद। भन्ते जी के इन साहित्यिक योगदान के फलस्वरुप सन् 1971 में नवनालंदा महाविहार, नालंदा ने उन्हें विद्यावारिधि अर्थात डी. लिट. की उपाधि बहाल कर सम्मानित किया।

कनाडा के दौरे में भन्तेजी ने टोरन्टो, ब्राक तथा आटावा विश्वविद्यालयों में बौद्ध धर्म पर व्याख्यान दिए। उसी समय भन्ते जी के हस्ते नसीब सल्लन, मोहन वर्दी और दर्शन चौधरी और उनके समस्त परिवारों ने बौद्ध धर्म की दीक्षा ग्रहण की। आम्बेडकर मिशन कनाडा के उपाध्यक्ष श्री योगेश वराडे भी

13 सितम्बर 1981 में वुल्वरहैम्पटन विहार, यू. के. में ब्रिटिश शिल्पकार श्री आलन पोप द्वारा बनवाई गई बाबासाहेब की आदम कद ऊंची फायबरग्लास की मूर्ति के भन्ते जी के हस्ते तथा भारत के उच्चायुक्त डॉ. सईद मोहम्मद की मौजूदगी में हुये अनावरण के कार्यक्रम में शरिक होने आये थे। उसी वर्ष उक्त अनावरन के चालीस दिन बाद श्री बी. पी. मौर्य जी भी वहां आकर लेखक से मिले थे। उसी वर्ष अंतर्जातीय संबंध को बढावा देने हेतु दिल्ली में मौर्य जी के निवास पर भन्ते जी की भतीजी वीणा वर्मा का बर्मिंघम के श्री संसारी लाल के सुपुत्र सिद्धार्थ के साथ विवाह संपन्न हुआ था।

सन 1979 में अपने अमेरिका के दौरे में भी भन्ते जी बाबासाहेब जहां पढे और रहे थे उस कोलंबिया विश्वविद्यालय और उसी के केम्पस में स्थित छात्रावास का कमरा देख आये थे। न्यूयार्क और वाशिंगटन डी. सी. में वे क्रमशः 8 और 5 दिन रहे। उसी वर्ष के सितम्बर माह में भन्ते जी और उक्त लेखक कनाडा में थे। वहां आम्बेडकर प्रेमियों ने उसी वर्ष आम्बेडकर मिशन, कनाडा की स्थापना की थी। उस से पुर्व अमेरिका में 1977 में ***विजन*** अर्थात् वाल्युन्टीयर्स इन सर्विस टू इण्डियाज़ ऑप्रेस्ड एण्ड निग्लेक्टेड नामक संगठन स्थापित हो चुका था। जब भंते जी अमेरीका में थे तब बौद्ध भिक्खुनी फरिदा बेदी के अभिनेता पुत्र कबीर बेदी लास एंजलिस में थे और भन्ते जी ने न्यूयार्क में जैन मुनि सुशील कुमार के आश्रम से टेलीफोन पर उनसे बातचीत की तो बेदी जी ने भन्ते जी को घर पर आने की विनति की थी परंतु उस समय भन्ते जी अति व्यस्तता के कारण उनके यहां नही जा सके।

सन् 1982 में जब उक्त लेखक यू. के. में थे तब वहां के सभी आंबेडकरी संगठनों को एक केन्द्रीय सत्ता में संगठित करने हेतु आम्बेडकर बुद्धिस्ट कौंसिल आफ यू. के. की उन्होंने स्थापना की थी और भेदभाव प्रतिबंधक और अल्पसंख्यक प्रतिरक्षा का संयुक्त राष्ट्र सब–कमिशन के स्वीत्ज़रलैंड अर्थात् जिनेवा में 31 अगस्त को सम्पन्न 35 वें सत्र में मानवाधिकार के संबंध में भारत के अस्पृश्यों के बाबत् लिखित साक्ष दलित प्रतिनिधि डॉ. एल. एन. बेरवा को यू. के. से भेजी गई थी। उसी वर्ष भन्ते जी ने नागपुर और कामठी के बीच साडे आठ एकड भूखण्ड पर बनाये गये विहार में निवास करना स्वीकार किया। इसके पूर्व वे धंतोली में रहते थे। नई जगह का *बुद्ध भूमि* नाम भी उन्हीं का दिया हुआ है।

बुद्ध भूमिं पर वे तीन वर्ष और 22 दिन रहे। अन्तिम दिनों में वे मेयो अस्पताल में पीलिया की बीमारी से जूझते रहे। दीक्षा भूमि पर निवास के दिनों मैं उन्हें गवई नर्सिंग होम में भर्ती कराया गया था। उस वक्त लेखक ने उनके पाखाने की सफाई करने की सेवा करने का पुण्यार्जन किया था। सन् 1986 में भन्ते जी के मेयो अस्पताल में भर्ती रहने के दौरान से उनके अंतिम सांस तक लेखक ने भन्ते जी के चरणों में ही अपनी सेवा को अर्पित करना उचित समझा था।

1984 के जुलाई 2 को उक्त लेखक विश्व शांति के प्रचारक तिब्बत के देश निकाले शासक दलाई लामा के साथ इंग्लैंड के कावेन्ट्री शहर के कथिड्रल में थे और 11 जुलाई 1985 को इस्ट लंदन के प्लास्टो विहार में रहते समय एक हादसे के शिकार हुये थे। उसका प्रतिबिंब भन्तेजी के जीवन पर भी घटित हुआ। उसी वर्ष लेखक जब श्रीलंका में था तो उन्हें बौद्ध प्रशिक्षण संस्थान के तत्कालीन कार्यालय 44, चितले रोड, धंतोली, नागपुर से एक चिट्ठी मिली, जिस से इंगित हुआ कि भन्ते जी परेशानी में थे। और 5 जनवरी 1985 को भन्ते जी का 80 वां जन्मदिन बुद्ध भूमि के विहार में परम पावन दलाई लामा के सत्संग में बिता। 1986 में लेखक ने ब्रिटेन को छोडकर भारत में भन्ते के पास ही रहने का निर्णय लिया।

सन् 1988 में भन्ते जी ने अपना अंतिम अनुवाद किया। वह था बाबासाहेब की बहुचर्चित अंग्रेजी पुस्तक *रिडल्स ऑफ हिन्दुइज़्म का हिन्दु धर्म का बुझौवल* (रिड़ल्स) नामक हिन्दी अनुवाद। भन्ते जी जब मेयो अस्पताल, नागपूर में भर्ती थे तब भी वे चैन से नही रहते थे। नर्स और डाक्टर की हिम्मत नही पडती थी कि वे उन्हें आम पेशंट की भांति परामर्श देने की हिम्मत रखे। कई बार भन्ते जी आटो से जाकर शहर से अपना काम कर वापस अस्पताल के बिस्तर पर उपस्थित हो जाते थे। मरणासन्न भन्तेजी की पीडा इतनी असहय थी कि मानो बौद्धों का जीसस क्राईस्ट सूली पर टंगा हो। 22 जून को उनका शव अस्पताल से ले आये। 23 जून की शाम उनके पार्थिव शरीर को दाह संस्कार देने का विधि और शोक संदेश उक्त लेखक के नेतृत्व में ही सम्पन्न हुआ। बुद्ध भूमि से राजमार्ग तक फैले शोकाकुल जनसागर की उपस्थिति में उनकी चिता अग्नि के हवाले की गई।

भदन्त आनन्द कौसल्यायन जी का अंतिम वचन था, "जब मै मर जाऊंगा तो मेरी कब्र पर लिख देना कि डॉ. आम्बेडकर का यह चीवरधारी सेनानी बाबासाहेब के सपनों का भारत बनाने की जंग में लड़ते लड़ते शहीद हुआ।"

भन्ते जी की स्मृति में 15 जनवरी 1992 को उक्त लेखक द्वारा बाकिबो BAKIBO अर्थात् *भदन्त आनन्द कौसल्यायन इंटरनेशनल बुद्धिस्ट आर्डर,* नागपुर नामक संघ की स्थापना की गई। उसका कार्यालय 695/2, बोधिगृह, इंदिरा नगर, वाडी टेकडी, खडगांव रोड, नागपुर–440027 था। उसके अध्यक्ष स्वयं इस पंक्ति के लेखक है तथा इस के सचिव श्री के. आर. मून (दिवंगत) और सदस्यों में कुमारी कुंदा मून तथा श्री एम. आर. शेन्डे (दिवंगत) जी आदि है। भन्ते जी के नाम से भवन बनाने हेतु श्री लक्ष्मण जी मून ने बडा और छोटा हुडकेश्वर नामक दो ग्रामों के बीच स्थित उनकी जमीन का एक एकड का भूखंड बाकिबो संघ को दान कर दिया था।

सन 1989 से 1993 तक लेखक ने नागपुर विद्यापीठ से एम. फिल. तथा पीएच. डी. समवेत लगभग दर्जनों शैक्षणिक उपाधियों को अपने नाम के साथ संलग्न किया। 1994 की 5 जनवरी को भन्ते जी का 90 वां जन्म दिवस मनाया गया तो उनके छोटे भाई श्री हरदास के बडे बेटे श्री एम. आर. वर्मा, जो उस समय पटियाला बैंक के शाखा मैनेजर भी थे, भी नागपुर के उस समारोह में शामिल हुए थे। उस समय वे ऐसे फूट फूट कर रोये और सिसकियां भरते भरते कहते रहे, "ताया जी! आपने हमें अनाथ क्यों कर दिया।"

मेरे विदेश में वास्तव्य के दिनों में मैं राहुल बाल सदन के लिये कपडे आदि के गट्ठे भेजा करता था। बुद्ध भूमि के विहार में प्रतिष्ठित करने के लिये मैंने वाट पकनाम, भसीचरण, बैंकाक से वांछित मूर्ति मंगाने में मदद की। श्रीलंका में दान हेतु इच्छित दाताओं से मिला। उन दिनों मैं बौद्ध प्रशिक्षण संस्थान, नागपुर का सहायक सचिव और एस. ओ. एस. चिल्ड्रन्स विलेज के राहुल बाल सदन, महेन्द्र नगर का उपाध्यक्ष कहलाता था। परंतु भन्ते जी के छोड जाने पर लगा कि हमारे सिर पर स्थित आश्रय और आजादी की छत अचानक ढह गई। मैं कुछ वर्ष नागपूर के लॅा कॉलेज के होस्टेल में, कुछ वर्ष गोकुलपेठ के विहार में और कुछ वर्ष इंदिरा नगर, टेकडी वाडी में शोधवृत्ति के पैसे से निर्मित स्वयं के आवास में सिर ढकने के लिये रहता रहा।

उसी समय के दौरान नागपुर विद्यापीठ में स्नातकोत्तर डॉ. आंबेडकर विचारधारा में कान्ट्रिब्युटरी टीचर के रुप में पढाता रहा। सन् 1996 से लेखक डॉ. बाबासाहेब आम्बेडकर राष्ट्रीय सामाजिक

विज्ञान संस्थान, महू में विभागाध्यक्ष और प्रोफेसर के पद पर कार्यरत रहा। उन्होंने वर्ष 2004 में स्वयं रचित *डॉ आंबेडकर्स परस्पेक्टीव आन बुद्धिज्म एण्ड अदर रिलिजन्स* नामक शोध ग्रंथ भन्ते जी के प्रथम जन्म शताब्दी की स्मृति में समर्पित किया था। वर्ष 2004 के नवंबर माह के अहा! *जिंदगी* नामक दैनिक भास्कर समूह, इंदौर से प्रकाशित मासिक में इंटरनेशनल विपश्यना एकडेमी के मूल संस्थापक श्री सत्यनारायन गोयन्का जी ने भी भन्ते जी को अपने वक्तव्य में याद करते हुये बताया कि भदंत आनंद कौसल्यायन जब उन्हें सन् 1969 से बौद्ध धर्म के आरंभिक पाठ पढाते थे तो वे अपना मुंह फेर लेते थे। अब वे महान बौद्ध बने।

आज 5 जनवरी 2005 को प्रो. डॉ. भदन्त आनन्द कौसल्यायन की जन्म शताब्दी पर आप सब पाठकों को लाख लाख बधाईयां भेंट कर निम्नांकित संस्मरण प्रस्तुत करता हूं।

श्रमण या सिविलियन

भदन्त आनन्द कौसल्यायन एक व्यक्ति नही बल्कि एक चलते फिरते विश्वविद्यालय थे। उनके सहवास में आनेवाले, रहनेवाले तथा सीखनेवाले व्यक्ति दो गतियों में से किसी एक को प्राप्त कर सकता था। यदि वह गृहस्थी त्याग कर भिक्षु बना तो विख्यात स्थविर, महास्थविर अथवा अंतर्राष्ट्रीय स्तर का विद्वान भिक्षु बनता है और *यो हवे दहरो भिक्खू युञ्जति बुद्ध सासने सो मं लोकं पभासेति अब्भा मुत्तोव चन्दिमा* अर्थात् जो तरुण व्यक्ति भिक्षु बनकर बुद्ध के शासन् में यत्नशील रहता है वह इस लोक को बादलों से मुक्त चन्द्रमा की तरह प्रकाशित करता है की धम्मपद गाथा को चरितार्थ करता रहा। और यदि वह श्रामणेर वा भिक्षु रहने के कुछ वर्षों बाद पुनः सिविल जीवन में लौटता है तो वह कवि, साहित्यकार, सायन्टीस्ट, इंजिनियर, वकील, जज, डॉक्टर, प्रोफेसर, कुलपात, मंत्री, अभिनेता वा राजनेता इत्यादी जैसे पदों को हासिल कर लोकसेवा का कार्य करता रहा। आज भन्ते के जितने भी शिष्य विश्व में श्रमण या सिविलियन हैं वे उक्त दो गतियों में ही वर्गीकृत किये जा सकते हैं।

श्री बी. पी. मौर्य

कुछ सप्ताह पहले दिवंगत हुये प्रखर तथा प्रख्यात राजनेता माननीय श्री बी. पी. मौर्य मुलतः बद्री प्रसाद मौर्य थे। जब वे भन्तेजी के सम्पक्र में आये तो उन्होंने भन्ते को अपने इनिशियल को यथावत रखकर बौद्ध नाम पाने की मंशा जाहिर की। भन्ते ने उन्हें तत्काल नाम दिया बुद्ध प्रिय मौर्य। इस नये नाम के साथ मौर्य जी का पुराना सामाजिक स्टेटस भी जीवन में उत्तरोत्तर बढता ही गया। आज भी उनके दिवंगत होने पर उनका नाम ही उनकी याद ताजा कर देती है। उनका और मेरा परिचय भन्ते के कारण ही हुआ था। उन्हीं के निवास से मैं अपनी प्रथम ब्रिटेन यात्रा पर गया था और ली रोड स्थित बुद्ध विहार में जब उन्होंने भेंट दी थी तब मैंने अपना यथोचित आतिथ्य कर्तव्य किया था। कुछ सप्ताह पूर्व हुये उनके निधन से काफी अफसोस हुआ।

एक बार एक अशोक नामक गोंदिया का बालक भन्तेजी के साथ मौर्य जी के 5 डुप्लेक्स रोड के निवास स्थान पर भन्ते जी के साथ गया था। मौर्य जी ने उसे देख कर अपना अवलोकन बताते हुये कहा, ''भन्ते आप इस जरायमपेशा सरीखे लड़के को अपने साथ क्यों रखते है?'' भन्ते ने शान्त मुद्रा में कहा, ''यदि मैं ही नही रखूंगा तो इसे कौन रखेगा।'' इस प्रकार भन्ते जी हमेशा चुनौतीपूर्ण चरित्र को सुधारने में ज्यादा यत्नशील और सफल रहते थे।

एक गुरु चालीस चेले

सन् 1971 में जब मैं नागपूर की दीक्षा भूमि पर स्थित परम पूज्य डॉ. आम्बेडकर महाविद्यालय में प्रि–युनिव्हर्सिटी के विज्ञान शाखा में पढ रहा था तब 40 युवा छात्रों ने भन्तेजी के मार्गदर्शन में श्रामणेर की प्रव्रज्या ग्रहण की थी। उनमें से मैं भी एक था। गोंडबोरी से तीन कि.मी. की दूरी पर स्थित कारगांव में मैंने उच्च प्राथमिक शिक्षा ग्रहण की थी। उसी गांव के मेरे मित्र श्री बी. के. जूनघरे भी उस बैच में श्रामणेर बने थे तो उनका नाम बोधितिस्स रखा गया था। बाद में मा. रा. सु. गवई प्रभृति राजनेता भी प्रव्रज्जित हुये थे। भन्ते जी के इन चालीस शिष्यों में कुछ अल्पकालीन प्रशिक्षु रहे और कुछ दीर्घकालीन। दोनों अवस्था में भन्ते जी के सहवास में आनेवालों की एक विशेषता रही जो अन्यत्र नही झलकती थी। जो दीर्घ कालीन प्रशिक्षु थे उनमें से कुछ बाद में भिक्षु भी बने। हमारी बैच में कुल चालीस श्रामणेर थे, जिन्हें थाईलैंड़ के विशेष डेलिगेट ने प्रव्रज्या की सामग्री प्रदान की थी।

सुमतिपाल

17 वर्ष की आयु में जब मैं प्रव्रज्जित हुआ तो मेरा नाम भी बदलकर अब सुमतिपाल हो गया। भन्तेजी कहते थे कि ''यूं तो पच्चीस वर्ष की आयु को गधापच्चीसी बोला जाता है। पर तुम्हारी आयु तो उस रेखा के नीचे है। ''वैसे मैं उन दिनों नागपुर के स्पार्क सोसलिस्ट फोरम और किसान–मजदूर वर्ग के क्रान्तिकारी विचारों व आंदोलनों से जुड़ा हुआ था और माओ–त्से–तुंग की रेड बुक पढता था।

सिर मुंडाये तीन गुण

प. पू. डॉ. बाबासाहेब आम्बेडकर महाविद्यालय में नागपूर से बाहर प्रदेशों से आनेवाले छात्रों के लिये छात्रावास की व्यवस्था थी। उस वर्ष महाविद्यालय के प्राचार्य और छात्रावास के मुख्य वार्डन प्रो. नगराळे ने ऐलान किया था कि जो छात्र ग्रीष्म कालीन अवकाश में श्रामणेर प्रशिक्षु के रुप में अपना पंजीयन करेगा उसे छात्रालय के प्रवेश में प्राथमिकता दी जावेगी। देहाती छात्रों के लिये यह कम आकर्षण नही था। मैंने भी अपना पंजीयन करा लिया। प्रशिक्षु के लिये आगे अलग श्रामणेर निवास बनाया गया और उनकी खास चर्या का ध्यान रखकर बेहतर व्यवस्थायें भी बहाल की गई। श्रामणेर के रुप में मैंने तीन वर्ष प्रशिक्षण लिया। और आम छात्रों के साथ कॉलेज में भी पढता था। वेशभूषा अलग होने से अन्य सहपाठी और अध्यापक गण मेरा खास ध्यान और सम्मान रखते थे। विनोद में भन्तेजी कहा करते थे, ''सिर मुंड़ाये तीन गुण, एक, सिर की मीटे खाज, दो, खाने को भोजन मिले, तीन, लोग कहे महाराज। ''

वस्त्र से चरित्र नही बदलता

सिर मुंडा हुआ, आंख की भौएं साफ, पैंट–शर्ट के बदले पीत रंग का चीवर, अंतरवासक और उत्तरासंग पहनकर जब मैं अपने गांव में परिचितों से मिलने गया तो उन्होंने साफ इनकार कर दिया था कि मैं उनके गांववाला हूं। तीन वर्ष के पश्चात् फिर उन क्रान्तिकारी विचारों ने मेरे मस्तिष्क में तुल पकडा और मैं श्रामणेर जीवन से सिविल चर्या में लौटने को तैयार हो गया। श्वेत वस्त्र पहन कर भन्तेजी के सम्मुख उपस्थित हुआ। डर रहा था कि भन्तेजी डांट फंटकार कर अनुशासन् के सबक देंगे। परंतु मेरी अपेक्षा भंग हुई जब ऐसा कुछ नही हुआ। भन्तेजी ने मात्र इतना कहा, ''मैं

तो वस्त्र में नहीं बल्कि हृदय–परिवर्तन पर विश्वास करता हूं। मेरे लिये तुम बराबर वही हो जो तुम कल थे और आज भी हो। अब तुम चीवर छोड़कर श्वेत वस्त्र में आ ही चुके हो तो जरा उसका भी रस थोडे दिन तक चख लो। "

उपसम्पदा

मैं तीन–चार दिन सफेद वस्त्र में घूमा, फिरा। मित्रों, परिचितों, रिश्तेदारों से मिला तो मुझे एहसास हुआ कि जो लोग मुझ से चीवर के भेष में इज्जत से पेश आते थे वे अब अबे–तुबे पर उतर आये। चर्या का यह भेद जब मैंने भन्तेजी को बताया तो उन्हों ने कहा, "इसी भेद का मैं तुम से एहसास कराना चाहता था। दुनिया की नजरों में श्वेत वस्त्रधारी आम होते है और पीत वस्त्रधारी खास। अब तुम खुद–ब–खुद बुद्ध के मार्ग पर लौट जाओगे। वैसे अब फिर श्रामणेर बनना तुम्हारे हित में नहीं। क्योंकि उस से तुम सब श्रामणेरों से कनिष्ठ हो जाओगे। वरिष्ठता का नियम बुद्ध शासन् में आयु से नही बल्कि दीक्षा की तिथि से तय होता हैं। बीस वर्ष की उम्र के बाद कोई भी आदमी भिक्षु बन सकता है। उसे ही उपसम्पदा कहते है। अब मैं तुम्हारी उपसम्पदा ही करवा दूंगा"

चंद्रशेखर से चंद्रबोधि

श्वेत वस्त्र में मैं अपने मूल नाम चंद्रशेखर से संबोधित किया जाने लगा। जब मैं 20 वर्ष का हुआ जो भन्ते मुझे अन्य चालीस श्रामणेरों के साथ बोधगया के वाट थाई बुद्ध विहार में उपसम्पदा कराने हेतु अपने साथ ले गए। उनके पूर्व के छात्र और तत्कालीन केन्द्रीय रेल मन्त्री श्री कमलापति त्रीपाठी जी ने उन्हें काम्प्लीमेन्ट्री रेल का पास दे रखा था। उस से वे भारत में कहीं से कहीं तक फर्स्ट क्लास में और एक अटेन्डन्ट को साथ लेकर रेल यात्रा कर सकते थे। अटेन्डन्ट को सेकन्ड क्लास में प्रवास करना जरुरी था। उस दिन मुझे हल्का सा बुखार आया और रास्ते में वह काफी तेज हुआ। एक स्टेशन पर भन्ते ने मुझे अपने फर्स्ट क्लास के स्लीपर पर लिटा दिया। एक तौलिया को बार बार ठंडा करते जाते और उसको मेरे मस्तक पर रखते जाते थे। मुगलसराय के स्टेशन पर गाडी रुकी। टी. सी. आया और भन्ते को मेरी टिकट के बारे में पूछा। भन्ते ने परिस्थिति और व्यावहारिक अड़चन को भांप कर टिकट का छोड़ मेरी तबीयत के बारे में बताकर मानवता के नाते बीमार को गया स्टेशन तक फर्स्ट क्लास में ही यात्रा करने देने की टी. सी. से विनम्र निवेदन किया। टिकट कलेक्टर नही माना और अगले स्टेशन तक सेकन्ड क्लास में भिजवाने का हुक्म दिया। भन्तेजी ने तब अपना काम्प्लिमेन्ट्री रेल पास निकालकर टी. सी. को दिखाया और कहा, "ये जो आपके रेल विभाग का पास है न, इसके धारक यही है, जो अभी बुरी तरह से बुखार में तडप रहे है। मैं तो उनका अटेन्डन्ट हूं, जो सेकन्ड क्लास से अपने मालिक की सेवा में हाजिर हुआ हूं। इस में यह कहीं भी नही लिखा है कि मालिक अस्वस्थ हो तो उसके अटेन्डन्ट ने अपने मालिक को अपने ही हाल पर छोड़कर परिचारक का कर्तव्य नही करना चाहिये।"बेचारा टी. सी. भन्ते जी के इस तर्क का कुछ प्रतिवाद करता तो उतने में ही सीटी बजी, गाडी चलने लगी और टी. सी. उतर गया। बोधगया में जिस दिन मेरी उपसम्पदा होनी थी उस दिन मैं काफी स्वस्थ था। थाई भिक्षु संघ के मठाधिपति फ्रा खृ धम्म विरानुवत्र देवविसुद्धिमोली के आचार्यत्व, अन्य दो थाई भिक्खुओं के कम्मट्ठानाचार्यत्व और भन्तेजी के उपाध्यायत्व में मेरी उपसम्पदा अन्य चालीस श्रामणेरों के साथ अग्रिम क्रम में

हुई। तब से मेरा नाम चंद्रशेखर से चन्द्रबोधि में परिवर्तित हुआ। उक्त घटना के परिणाम स्वरुप महाकारुणिक तथागत गौतम बुद्ध, उनका विद्वानों के द्वारा ही समझने योग्य धम्म और उनके अंजलिकरणेय्यो महान भिक्खु संघ की कल्याणकारी परंपरा का आदर्श प्रतिनिधि भदन्त आनन्द कौसल्यायन ने मुझे अपने अंतिम क्षणों तक अपने से बांधे रखा। और आज भी मेरी चेतना उनके अमिट उपकारों से अभिभूत है।

जमीनी सच्चाई

औरंगाबाद की बात है। वहां एक विशाल सभा को आयोजित किया जाना तय था। उस के संयोजक ने टेलीफोन पर आनंद कौसल्यायन जी से निवेदन कियाः ''भन्ते आप हमारा सादर ससंघ निमंत्रण स्वीकार कर टैक्सी से यहां पधारने का कष्ट कीजियेगा।'' भन्ते बोले, ''टैक्सी के लिये तो कुछ रुपयों की जरुरत पड़ेगी। सो उसे आप मनि आर्डर से भेज दीजिएगा ताकि हम उचित कार्यवाही कर सके।'' संयोजक ने कहा, ''भन्तेजी, रुपयों की क्या बात है, आप के लिये तो हमारी जान तक न्योछावर है।'' भन्ते बोले, ''आप की श्रद्धा की मैं कद्र करता हूं। परंतु वास्तविकता यही है कि कोई भी टैक्सी जान डालने से नही चलती। उस में पेट्रोल डालने से ही वह हमें आप तक ले आ पायेगी।'' संयोजक भन्ते जी के जमीनी सच्चाई को समझ गये और यथोचित उपाय करने पर राजी हो गये।

भागते चोर की लंगोटी

नागपुर में एक शेरे–पंजाब होटल था। उस के मैनेजर ने मुझ से पांच सौ पौंड़ लेकर उसके ऐवज में मार्केट रेट से रुपया अदा करने का सौदा किया था। उस पर विश्वास कर मैंने अपने पास की विदेशी करंसी उसके हाथ थमा दी। पार्टी से रुपया लेकर आता हूं कह कर वह चल दिया और मुझे अपने होटल में बिठा कर रखा। देर रात तक वह नही आया तो मैं बुद्ध भूमि के निवास स्थान पर लौट गया। उसके तीन दिन बाद भी जब बात नही बनी तो मैंने भन्ते जी को घटना से अवगत कराया। भन्ते जी और मैं आटो में बैठ कर उक्त होटल में गये। मैनेजर ने नमस्कार कर कुछ ठण्ड़ा पिलाया और कहा, ''स्वामी जी आप ने यहां आने का कष्ट क्यों लिया। मुझे बुलाया होता तो मैं आप की सेवा में हाजिर हो जाता। खैर, कहिए, क्या हुक्म है।'' भन्ते जी ने कहा, ''असल में हम पौंड के बदले में अपना रुपया लेने आये हैं।'' मैनेजर ने कहा, ''नो प्राब्लेम, आप अपने आश्रम पर लौट जाईये। मैं आपके पीछे–पीछे रुपया लेकर आ जाता हूं। और आदेश कीजिए।'' भन्ते जी ने कहा, ''और आदेश कुछ नही, आपके द्वारा पैसा लेकर आने तक हम यहीं आपके होटल में रुकते हैं।'' मजबूर होकर मैनेजर गया और आया लेकिन न पौंड लौटाया और न तय दर से रुपये ही। उन्होंने कहा कि करंसी लेनेवाली पार्टी ने वादे से कम राशि दी है। माफ करना। आईदा ऐसा नही होगा। ''भन्तेजी ने भागते चोर की लंगोटी ही सही की कहावत को दोहरा कर जितना मिल रहा है उतना मुझे लेने को कहा और बुद्ध भूमि की ओर लौटने का इशारा किया। इस प्रकार भन्तेजी ने अपनी साधुता से हानि को लाभ में बदल दिया।

मांगना कला है

महाराष्ट्र में चंद्रपूर जिले में किटाड़ी नामक मेरे मामा का गांव है। एक बार मैं कार्यक्रम हेतु

वहां गया। और वहां से मुझे चिमुर जाना था। जल्दबाजी में मैं जिस बनियान के पैकेट में पैसे रखे थे उसे नहा लेने के बाद पहनना भूल गया। बस में बैठ जाने के बाद कंडक्टर ने जब टिकट का पैसा मांगा तब मेरा ध्यान उस भूल पर गया। भाग्य से मेरा ममेरा भाई भास्कर मेरे साथ था तो जाते वक्त प्रवास खर्च का प्रबंध हो गया। लेकिन लौटते समय एक रुपया कम पड़ रहा था। भास्कर ने मुझे सोने–चांदी के दुकानदार के घर ले जाकर उस से मेरा परिचय कराया। मैंने सोचा साधू को लोभ नही करना चाहिए और जितनी जरुरत हो उतना ही मांगना चाहिये। अतः कुछ देर बाद मैंने दुकानदार से कहा, ''हमारी वापसी की यात्रा की टिकट में एक रुपये की कमी पड़ गई है, कृपया उसकी पूर्ति कर दीजिए।'' अपनी मांग जैसे ही प्रस्तुत की दुकानदार ने एक रुपया देना तो दूर दान में ''तुम भिखारी हो, ढोंगी हो, कष्ट करना जान पे आता है इसलिये भिक्षु बने होगे, कौन है तुम्हारा गुरु, अभी तुम्हें अन्दर करवाता हूं वगैरा वगैरा लम्बा भाषण पेल दिया। ''और कुछ बेइज्जत होने के लिये बचा नही था, अतः हम वहां से तुरंत आम रास्ते पर आकर पैदल पैदल अपनी मंजिल पर जा रहे थे। थोड़ी देर बाद गोबर से सने हाथ जोड कर आम रास्ते पर धूल में ही पंचाग प्रणाम करती हुई एक अधेड़ उम्र की महिला ने मेरे पैरों पर अपना माथा टेका और रास्ते से लगे हुये अपने झोपड़े में ले जाकर सादर चायपान करवाया। सोने–चांदी के दुकानदार के यहां एक रुपया मांगने के बदले में रसीद किये गये बेइज्जती के घाव मन में ताजा ही थे। दूध का जला छाछ फूंक–फूंक कर पीता है की कहावत के अनुसार हम अब किसी को रुपया मांगने लायक नही रह गये थे। जब हम झोपड़ीवाली बहन को धन्यवाद देकर जाने को आसन् से उठ खड़े हुये तो उस बहन ने कहा जरा ठहरिये। और अन्दर जाकर सौंफ और ग्यारह रुपये रखा हुआ एक ट्रे ले आई और मेरे सामने विनम्रता से उसे बढाया। मैंने सौंप तो ली पर पैसे को अनदेखा कर दिया। उस बहन ने कहा, ''भन्ते, इस गरीब झोपड़ीवाली का तुच्छ दान स्वीकार कर हमें उपकृत कीजिए।'' उस बहन के ग्यारह रुपये इतने भारी लगे कि उसको छुने और उठाने के लिये मुझे काफी तान पड़ा। बिना मांगे मिलने का संतोष, वापसी यात्रा की अड़चन का समाधान और दाता और दुकानदार के दिलों की खाई का साक्षात्कार मुझे एक साथ हो गया। नागपुर लौट कर इस घटना को मैंने भन्ते आनन्द कौसल्यायन जी को बताया तो उन्होंने कहा, ''देखो, दुनियादारी को समझना और समयोचित व्यवहार करना एक कला है। अगर तुम उस सोने–चांदी के दूकानदार को एक रुपये की याचना करने के बदले हजारों रुपयों का कोई काल्पनिक प्रोजेक्ट बताकर उसमें हाथ बटाने को कहते तो शायद तुम्हारी प्रतिष्ठा और उसका दान दोनों ही अनपेक्षित ढंग से बढ जाते। ''इस प्रकार मांगना एक कला है।

मांगने से मिलता है

एक बार बड़े भन्तेजी और मैं बस से यात्रा कर रहे थे। जबलपुर के बस स्टैंड पर एक भिखारी बस की खिड़की के सामने हाथ फैलाकर मुझ से भीख मांग रहा था। मैंने जेब से एक रुपया निकाल कर उसे भिखारी के कटोरी में डाल दिया। भन्तेजी यह सब देख रहे थे। मुझे लगा भन्तेजी कहेंगे, ''वाह! बेटे बहुत पुण्य का काम किया, भिखारी को जो दान दिया।'' परंतु मेरी अपेक्षा भंग हुई जब उन्होंने कहा कि तुने भिखारी को भीख ड़ाल कर उसे मांगने से मिलता है का सबक दिया और उसकी दशा को और पक्का कर दिया। तब से मुझे लगा कि भीख देना भी बुद्धिमानी से किया जानेवाला कार्य है। और इस सबक को मैं अब तक नही भूल पाया। ऐसे होते है महापुरुषों के आचार और विचार।

ब्रिटेन में

भदन्त आनन्द कौसल्यायन इंग्लैंड के मध्य में वेस्ट मिडलैंड वुल्वरहैम्पटन के 146 ली रोड पर स्थित बुद्ध विहार में मेरे रहते दो बार आये थे और काफी दिनों तक उन्होंने मेरे साथ मुक्काम किया। प्रथम बार मैंने उनके साथ अमेरीका और कनाडा का भी दौरा किया था। और दूसरी बार जब वह आ रहे थे उस वक्त मैं फ्रांस के पेरिस शहर में न्यूक्लीयर डिजार्मामेन्ट मूव्हमेन्ट के बैनर तले और तेरासावा प्रमुख जापानी संगठन के प्रतिनिधि स्वरुप तीन दिन बिना पानी पीये अनशन के लिये राजधानी के प्रशासनिक भवन के सामने बैठकर सद्धर्म पुंडरिक सूत्र को जापानी भाषा में *नम्यो–हो–रेंगे–क्यो* को रट रहे थे। अनशन के समाप्त होने के बाद मैं शीघ्र ही भन्ते के पास लौट आया। उस समय भन्ते जी ने ब्रिटिश मूर्तिकार द्वारा बनवाया गया आदम कद के डॉ. आंबेडकर की स्टैचू का अनावरण किया था।

खिड़की

बुद्ध विहार में उनके रहने की व्यवस्था मेरे पासवाले कमरे में ही की गई थी। ग्रीष्म ऋतु में दिन के समय कमरे की खिड़कियां खोलकर शीतल हवा का आनन्द ब्रिटेन में भी उठा सकते है। परंतु रात में खिड़किया बंद और कमरे का हिटर चालू कर गरम कमरे में सोना पड़ता है। अन्यथा वहां न्यूमोनिया पकड़ लेता है। भन्तेजी के कमरे को भी मैं इसी प्रकार युक्त तापमान में ही रखता था।एक दिन मैं लेट उठा। उठने के बाद भन्ते जी के कमरे में खिड़की खोलने गया तो भन्ते जी ने उसे पहले ही खोल रखी थी और कहने लगे, ''देखो, हम भारतवासी इतने पिछड़े हुए भी नही है कि यहां खुद कुछ कर ही न सके। आज मैंने अपने कमरे की खिड़की स्वयं ही खोल ली है। ''

कौंसिल हॉल

एक दिन वुल्वरहैम्पटन टाऊन के मेयर द्वारा भन्तेजी के सम्मानार्थ चाय पार्टी रखी गई थी। मेयर के साथ बहुत से कौंसिलर बातचीत करते हुये कौंसिल हाल का भन्तेजी को मुआयना करा रहे थे। एक कौंसिलर बोला हमारे इस सभागृह की एक बड़ी खासियत है। इस में कोई भी हिटिंग सिस्टम नही लगा है, तो भी यह हाल गरम रहता है। ''कैसे?'' भन्ते ने पूछा। कौंसिलर ने कहा, ''यहां एक ऐसा यन्त्र फिट किया गया है कि वह यहां अन्दर प्रवेश करनेवाले हर व्यक्ति की नाक से जो श्वास छोडी जाती है, उसे खींच कर वह ऊर्जा बनाता है और उस से आवश्यक रुम टेम्परेचर कायम रखता है।'' इस खासियत को सुनकर सबको बड़ा अद्भूत् लगा और अपेक्षा कर रहे थे कि भन्तेजी भी ''वन्डरफुल'' कहकर उस तकनीक की तारीफ करेंगे। पर भन्ते कहने लगे, ''हम पता नही कितनी देर से आपके इस सभागृह में मुआयना कर रहे हैं और हमारी कितनी सासों को आपके यन्त्र ने खींच कर ऊर्जा और तापमान बनाया होगा तो क्यों न हम आपको अपना एक लम्पसम बिल थमा दे ताकि आप उसे हमारे लौटने से पहले ही अदा कर जाये?'' भन्तेजी को सुनते ही सभी के स्वर जोर के ठहाके में गूंजते रहे।

बौद्ध विवाह पद्धति

यूं तो इंग्लैंड़ में बौद्ध विवाह पद्धति से होनेवाला सर्वप्रथम विवाह, जिसे हम अंतर्जातीय, अंतर्प्रान्तीय,

और अंतर्राष्ट्रीय भी कह सकते है, वहां के जेष्ठ निवासी पंजाबी भारतीय श्री के. सी. लील की सुपत्री के साथ नागपूर के श्री बागुल (बैरिस्टर) का सन् 1964 में हुआ था। श्री लील द्वारा स्थापित इंडियन बुद्धिस्ट कौंसिल नामक संस्थान ने भी भंतेजी के व्याख्यान लंदन के सभागृह में आयोजित किये थे तथा उसके सचिव श्री जे. के. क्लेर ने भी अपने टाऊन में कार्यक्रम हेतु भन्तेजी को निमंत्रित किया था।

इंग्लैंड में रहते समय भन्ते जी ने भगीरथ सिद्धू और परमजीत कौर की बौद्ध पद्धति से विवाह रस्म भी कराई। उस अवसर पर उन्होंने जिस ढंग से प्रवचन दिया और विधि को अमल में लाया उस से प्रभावित होकर मैंने एक ''बुद्धिस्ट मैरेज एण्ड मेथड'' नामक पुस्तक लिख डाली जिस की स्वयं भन्ते जी ने जांच कर सराहना की और जिसे बाद में प्रकाशित कराया गया।

आनन्दगढ

इसी दौरान आनंदगढ के श्री रमेश सिद्धू द्वारा कृत डॉ. बाबासाहेब आंबेडकर के ''बुद्ध एण्ड हिज धम्म'' के पंजाबी अनुवाद की भन्तेजी सराहना कर रहे थे। अनुवाद को भन्तेजी का सर्टिफिकेट और नाम मिलते ही मुंबई की पिपुल्स एज्युकेशन सोसायटी ने उसे मान्यता प्रदान कर प्रकाशित कराया।

आनंदगढ़ के बुद्ध विहार का शिलान्यास करने के लिये श्री गुरुमुख सिद्धू मुझे वहां इंग्लैंड़ से ले गये थे। पंजाब में आधुनिक विहार निर्माण का आरंभ भी शायद आनंदगढ़ का यही बुद्ध विहार है। कई वर्षों के अन्तराल के बाद बौद्ध धम्म प्रचारक नामक हिन्दी मासिक के संपादक श्री रमेश सिद्धू से हाल ही में फोन पर चर्चा हुई। उन्होंने बताया कि हमारे हाथों से रोपित बुद्धांकुर अब बोधि वृक्ष की शक्ल में लहलहाने को आ रहा है। आज पता नहीं वह कितना विशाल हुआ होगा!

आनंदगढ़ की इस विकासोन्नति के हर्ष के साथ कुछ यादें भी जुड़ी है। सभी नश्वर है के सिद्धान्तानुसार गोंड़बोरी में वह घर उजड़ गया, जहां मैं रहता था, इंग्लैंड़ की एक काउन्टी में वह देवकी नही रही, जिसे भन्ते नागसेन *बुद्धकी* कहते थे, और होशियारपुर में विपश्यना सहायक टीचर श्री गुरुमुख सिद्धू नही रहे जिन्हें मैं महाराष्ट्र में स्थित धम्मगिरी से निकलनेवाली विपश्यना पत्रिका में प्रकाशित सहायक आचार्यों की सूची में अभी तक हर बार खोजते रहता था। सुना है कि उसमें अब उन्हीं के बिरादरी के युवा टीचर और श्री लील के सुपुत्र का शुमार है।

बुद्ध जयंती

1977 में इंग्लैंड में 22 दिसम्बर को बुल्वरहैम्पटन में 146 ली रोड का बुद्ध विहार भन्ते सद्धातिस्स और रेवतधम्म जी के हस्तों से खुला, जिसे 19 जुलै 1969 में बनी डॉ. आंबेडकर मेमोरियल कमिटी आफ गेट ब्रिटेन द्वारा (स्था. 19.07.1969) 23 जून 1976 में निर्मित आंबेडकर बुद्ध विहार ट्रस्ट (स्था. 23.06.1976) ने बनवाया था। उस विहार में भन्ते चन्द्रबोधि जी के नेतृत्व में 10 नवंबर 1979 को बुद्ध विहार मेनेजमेन्ट कमिटी और 2 मार्च 1980 को प्रजापति धम्म प्रचार कमिटी फार वूमेन की स्थापना हुई। 4 मई 1980 को वुल्वरहैम्टन के सिविक हॉल में भन्ते चन्द्रबोधि के नेतृत्व में आम रास्तों से प्रोसेशन निकालकर शहर के इतिहास की सबसे बडी बुद्ध जयंति मनाई गई, जिस में भिन्न भिन्न देशों के 40 भिक्षु गण तथा सात सौ उपासक लोग उपस्थित थे।

अमेरीका व कनाडा

बुद्धिस्ट कल्चरल इन्स्टिट्यूट, मैनहेटन, न्यूयार्क की अध्यक्षा श्रीमति सुजाता नटराजन तथा टोरंटो (कनाडा) के योगेश वर्‌हाडे, श्री दर्शन चौधरी, श्री वर्दी प्रभृति अम्बेडकरी बौद्धों के द्वारा संचालित अम्बेडकर मिशन इन्कार्पोरेशन, कनाडा के निमंत्रण पर भन्तेजी और मैं इंग्लैंड से अमेरीका व कनाडा की यात्रा पर निकले।

हवाई जहाज में टंकलेखन

यू. के. से अमेरीका और कनाडा तक और उन उन देशों में की गई इंटर–स्टेट यात्रा भी भौगोलिक दृष्टी से और हवाई जहाज से भी लंबी महसूस हो रही थी। हमें देर तक जहाज में बैठे रहना पडता था। जहाज के अन्दर जो समय मिलता था उसे हम भन्तेजी द्वारा रचित बाबासाहेब आम्बेडकर की लोकप्रिय पुस्तक ''यदि बाबा न होते'' का मेरे द्वारा अंग्रेजी में किया हुआ अनुवाद को जांचते हुये बिताते थे। भन्तेजी उस में आवश्यक संशोधन को मुझे डिक्टेट करते जाते थे और मैं उसे साथ में लाये पोर्टेबल टाईपराइटर पर टंकलेखित करता जाता था। इस अनुवाद के कुछ अध्याय श्री डी. सी. अहिर ने अपने द्वारा संपादित और बुद्ध भूमि प्रकाशन द्वारा प्रकाशित भन्ते जी के ''एसेज ऑन बुद्धिज्म'' में समाहित किया। उसी अनुवाद को संक्षिप्त कर थाईलंड के इंटरनेशनल नेटवर्क ऑफ एन्गेज्ड बुद्धिस्ट नामक संगठन के सुकसित श्याम प्रकाशक ने ''डॉ. आम्बेडकरः द लिबरेटर'' के शीर्षक से प्रकाशित किया किया गया था जिसमें डी.सी. अहीर और पटियाला कोर्ट के वकील का भी योगदान रहा।

चिकन

हवाई जहाज में भोजन में जो पैकेट दिये जाते थे, उस में मांसाहारी यात्री को चिकन की कटोरी एक्स्ट्रा दी जाती थी, शेष सब सामग्री एक समान ही रहती थी। भन्तेजी बचपन से वेजिटेरियन थे। परंतु वे नानवेजिटेरियन लंच–पैकेट का ही आर्डर करने को मुझे बोलते थे और भोजन ग्रहण करते समय अपने ट्रे में से चिकन की कटोरी निकाल कर मेरे ट्रे में रख देते थे और कहते थे,''तुम मेरी कमी पूरी करो। ''इस बात से उन्हें अपने गुरु के जीवन की घटना याद आती थी। वे कहते थेः ''महापंडित राहुल सांकृत्यायन और मैं कई अन्य भारतीय उम्मीदवारों के साथ श्रीलंका में श्रीपाद लुनुपोकने धम्मानन्द के हाथों भिक्षु की उपसम्पदा में दीक्षित हुये थे। जब भोजन के समय मैं और राहुल गुरुजी के दाये–बाये बैठते थे तो गुरुजी अपनी थाली में से मछली का एक टुकड़ा मेरी थाली में रखते हुये कहते थे, ''मेरा राहुल शिष्य मुझ से सवाई है। मुझे एक मछली लगती है तो उसे दो लगती है। आनन्द तो एक टुकड़ा भी नही खाता। ''

मरना सरल है

हवाई जहाज के सफर में उड़ान भरते समय, उतरते वक्त और हवाई जहाज में किसी इमरजेंसी की वजह से यात्रीओं को सिट बेल्ट, लाईफ जैकेट, आदि कैसे बांधना, उस की नली को कैसे मुंह में रखना, जैकेट को कैसे फुलाना और आपातकाल में जहाज का दरवाजा कैसे खोलना इत्यादी के बारे में कई सारी इन्स्ट्रक्शन हवाई सुंदरियों द्वारा दी जाती है और उनका डिमान्स्ट्रेशन भी यात्रीओं

के सामने किया जाता है। एक बार उन्हें सुन कर भंते जी मुझ से बोले, ''क्या इतनी सारी बातें दुघर्टना के समय कोई यात्री याद रख पाता होगा? मुझे तो इन बातों की अपेक्षा दुघर्टना में मरना अति सरल लगता है।''

चींटी

हिथ्रो एअरपोर्ट से केनेडी हवाई अड्डा नानस्टाप फ्लाइट से लगभग ८ घंटे की दूरी पर है। अमेरिका में पहुंच कर एक दिन हम न्यूयार्क के ब्रान्क्स स्ट्रीट में स्थित थाई विहार में विराजमान हुये। वहां के इंचार्ज भिक्षु ने विश्राम के लिए हमें एक कमरा दिया था। उस में बैठकर थकान और भूख के समय प्रयोग करने के लिये हमारे पास एक पोटली में काजू और सोगी रखे हुये थे तो उसे ही खाने लगे। खाते खाते उसमें से एक चींटी निकल आई। उसे देखकर भन्ते ने कहा, ''देखो जानवर निकला है, हटाओ उसे। ''चींटी'' के लिये 'जानवर' शब्द का प्रयोग मैंने पहली बार सुना था तो मैं उस बात पर हंसते हंसते लोट पोट हुआ। इस से भन्तेजी को चींटी के बारे में राहुल जी का मजाकिया कथन याद आया तो उन्होंने बताया कि राहुल जी कहते थे कि ये जो शुद्ध शाकाहारी जीवित रहते है उसका कारण और दूसरा कोई नही बल्कि उनके द्वारा भोजन में भूलवश चींटियों को खाये जाना है।

विदेश में अंग्रेजी स्वदेश में हिन्दी

नागपूर के रेशीम बाग में एक देशमुख शारीरिक महाविद्यालय है। एक दिन वहां के प्राचार्य भन्ते को विनती करने आये कि वे उनके कॉलेज में स्नातकों को एक व्याख्यान अंग्रेजी में देने का उनका निवेदन स्वीकार करें। भन्ते ने उन्हें तत्काल उत्तर दिया, ''देखिये, हमारे निवास पर दो ही जने अंग्रेजी में व्याख्यान देते हैं। एक तो मैं ही हूं और दूसरे हमारे चन्द्रबोधि जी है। परतु मैं केवल विदेश में ही अंग्रेजी में बोलता हूं परन्तु चन्द्रबोधि जी अपने देश में भी अंग्रेजी में व्याख्यान देते है। अतः आप उन्हें निमंत्रित करें।'' मैंने वह व्याख्यान देकर वहां अध्यापकों और छात्रों को इम्प्रेस तो कर आया परंतु भन्ते जी ने अंग्रेजी पर जो व्यंग कसा था वह आज भी भूल नही पाया हूं।

मालिश

मैं गोंडबोरी ग्राम से होने के कारण आरंभ में मैं हलधर की स्टाईल में ही हाथ–पैर रगड़ सकता था। एक दिन भन्ते ने मुझे मालिश करने को कहा तो मैंने उसी हलधर स्टाईल का अमल उनके कोमल अंग पर किया। थोडी ही देर में भन्ते जी तिल मिला कर उठ बैठे और मुझे मीठे वचन में बोले, ''देखो, यह बदन किसी किसान का नही है, यह कलम के कलाकार कौसल्यायन का शरीर है, इसे जरा कलात्मक अदा से हॅन्डल करना।''

वज्र

नागपूर में एक बार जब सिक्खों और बौद्धों में सशस्त्र संघर्ष छिडने की नौबत आई थी तो भन्ते जी स्वयं सिक्खों के बीच जाकर उन्हें चुनौती देने लगे कि ''आपको बौद्धों तक पहुंचने के लिये सब से पहले मेरी लाश से गुजरना पडेगा। मैं भी पंजाबन मां का बेटा हूं। आप में से भी कोई लाल है तो वह पहले मुझ से निपट ले।'' भन्ते जी ने उक्त वचन को पंजाबी भाषा में दोहरा कर सिक्खों

को ऐसे मूक करा दिया जैसे कोई सक्रस का हन्टर चाबुक से शेर को अपने वश में कर लेता है। राहुल जी जैसे प्रकांड पंडित ने बाबासाहेब की प्रतिभा का लोहा मानकर संस्कृत पद्य में सचमुच ही कहा थाः वज्रादपि कठोराणि मृदूनि कुसुमादपि अर्थात् वज्र से भी सख्त और पुष्प से भी कोमल बाबासाहेब को प्रणाम!

पवनी

उन दिनों श्री मंसाराम जी राऊत पवनी के उत्खनन में मिले प्राचीन खंडहर के बगल में भव्य समारोह आयोजित किया करते थे, तब अक्सर भन्ते जी की अध्यक्षता में वहां के कार्यक्रम संपन्न होते थे। एक समारोह के दिन मैंने भी भन्ते जी का अध्यक्षीय भाषण सुना। उस समय वे पवनी नाम की उत्पत्ति के बारे में बताते हुये कह रहे थे, "यह स्थान बुद्ध के पावन अवशेषों से पुनीत होने के कारण ही इस का नाम पवनी या पौनी पड़ा होगा।"

उसके बाद इन्डो–जापान असोशिएशन तथा पञ्ञा–मेत्ता संघ के प्रमुख श्री संघरत्न जी ने अपना नेटवर्क स्थापित कर वहां चार चांद लगा दिये। मैं उनके लक्ष्य, कष्ट और जनकल्याण के योजनाओं की दाद देता हूं।

केकड़ा

राजनीतिक विखण्डन और नागपूर के बौद्धों में परस्पर दुराव को देखकर भन्ते जी उन्हें संगठित करने हेतु तरह तरह की मिसाले देते थे। एक बार उन्होंने केकडों की मिसाल देकर कहा, "एक बार केकडों की प्रदर्शनी में सभी देशों के केकडों को मर्तबान में रखकर दिखाया गया। उस प्रदर्शनी की एक विचित्र बात किसी दर्शक के ध्यान में आई। उस ने देखा कि सभी मर्तबानों को ढक्कन से ढक कर केकडों को सुरक्षित किया गया था परंतु जिस मर्तबान में भारत के केकडे रखे थे उस पर ढक्कन ही नही था और कोई वालुंटिअर भी उसके पास देखरेख नही कर रहा था। दर्शक ने विस्मयता से प्रदर्शनी के संयोजक को पूछा कि "आपने भारत के केकडों के बर्तन को ढक्कन से बंद नही किया तो क्या वे भारतीय केकडे बाहर निकल कर भाग नही जायेंगे?" संयोजक ने कहा, "नहीं।" दर्शक ने कुतुहलता से पूछा, "कैसे?" संयोजक ने कहा, "क्योंकि उन केकडों की आदत रही है कि उनमें से जब कोई केकडा ऊपर आने की कोशिश करता है तो बाकी केकडे उस की टांग खींच कर उसे नीचे पटक देते है।"

काश! इस सबक से हम संगठित होकर एक स्वर में कहते, सुखो बुद्धान उप्पादो, *सुखो सधम्म देशना, सुखो संघस्स सामग्गी, समग्गानं तपो सुखो* अर्थात् बुद्ध का उत्पन्न होना, सत्धर्म की देशना करना, संगठनों का एकत्रित रहना और समग्रता से परिश्रम करना सुखकर है।

बुद्धं सरणं गच्छामि, धम्मं सरणं गच्छामि, संघं सरणं गच्छामि!

अध्याय 3

वंदना

पालि

अरहं सम्मासम्बुद्धो भगवा, बुद्धं भगवंतं अभिवादेमि।
स्वाक्खातो भगवता धम्मो धम्मं नमस्सामि।
सुपटिपन्नो भगवतो सावकसंघो संघं नमामि।

नमोतस्स भगवतो अरहतो सम्मासम्बुद्धस्स। नमोतस्स भगवतो अरहतो सम्मासम्बुद्धस्स। नमोतस्स भगवतो अरहतो सम्मासम्बुद्धस्स।

खमा याचना

ओकास वंदामि भन्ते व्दारत्तयेन कतं सब्बं अपराधं खमतु मे भन्ते! दुतियम्पि ओकास वंदामि भन्ते व्दारत्तयेन कतं सब्बं अपराधं खमतु मे भन्ते! ततियम्पि ओकास वंदामि भन्ते व्दारत्तयेन कतं सब्बं अपराधं खमतु मे भन्ते!

सील याचना

ओकास अहं भन्ते तिसरणेन सद्धिं पंचसीलं /अट्ठसीलं /दससीलं धम्मं याचामि अनुग्गहं कत्वा सीलं देथ में भन्ते।

दुतियम्पि ओकास अहं भन्ते तिसरणेन सद्धिं पंचसीलं /अट्ठसीलं /दससीलं धम्मं याचामि अनुग्गहं कत्वा सीलं देथ में भन्ते।

ततियम्पि ओकास अहं भन्ते तिसरणेनसह पंचसीलं /अट्ठसीलं /दससीलं धम्मं याचामि अनुग्गहं कत्वा सीलं देथ में भन्ते।

यमहं वदामि तं वदेथ।

आम भन्ते!

नमो तस्स भगवतो अरहतो सममा सम्बुद्धस्स।

नमो तस्स भगवतो अरहतो सममा सम्बुद्धस्स।

नमो तस्स भगवतो अरहतो सममा सम्बुद्धस्स।

बुद्धं सरणं गच्छामि,

धम्मं सरणं गच्छामि,

संघं सरणं गच्छामि

दुतियम्पि, बुद्धं सरणं गच्छामि,

दुतियम्पि, धम्मं सरणं गच्छामि,

दुतियम्पि, संघं सरणं गच्छामि

ततियम्पि, बुद्धं सरणं गच्छामि,

ततियम्पि, धम्मं सरणं गच्छामि,

ततियम्पि, संघं सरणं गच्छामि

तिसरणगमणं सम्पुण्णं।

आम भन्ते!

1. पाणातिपाता वेरमणी सिक्खापदं समादियामि।
2. अदिन्नादाना वेरमणी सिक्खापदं समादियामि।
3. कामेसुमिच्छाचारा वेरमणी सिक्खापदं समादियामि। अब्रह्मचर्या वेरमणी सिक्खापदं समादियामि।
4. मुसावादा वेरमणी सिक्खापदं समादियामि।
5. सुरामेरयमज्जपमादठाणा वेरमणी सिक्खापदं समादियामि।
6. विकाल भोजना वेरमणी सिक्खापदं समादियामि।
7. नच्च गीत वादित विसूक दस्सना वेरमणी सिक्खापदं समादियामि।
8. माला गंध विलेपन धारण मंड़ण विभूसनठ्ठाणा वेरमणी सिक्खापदं समादियामि।
9. उच्चासयन महासयना वेरमणी सिक्खापदं समादियामि।
10. जात रुप रजत पटिग्गहना वेरमणी सिक्खापदं समादियामि।

तिसरणेन सद्धिं पंचसीलं –अटठाङ /दसांग उपोसथ सीलं –धम्मं साधुकं सुरक्खितं कत्वा अप्पमादेन सम्पादेथ। दुतियम्पि तिसरणेन सद्धिं पंचसीलं –अटठाङ /दसांग उपोसथ सीलं –धम्मं साधुकं सुरक्खितं कत्वा अप्पमादेन सम्पादेथ। ततियम्पि तिसरणेन सद्धिं पंचसीलं –अटठाङ /दसांग उपोसथ सीलं –धम्मं राधुकं सुरक्खितं कत्वा अप्पमादेन सम्पादेथ।

आम भन्ते।

साधू !साधू !साधू!

चेतिय वंदना

वंदामि चेतियं सब्बं सब्बठानेसु पतिट्ठितं सारिरिक धातु महाबोधि बुद्ध रुपं सकलं सदा।

महाबोधि पूजा

इमेहेते महाबोधि लोकनाथेन पूजिता अहंपि ते नमस्सामि बोधिराजा नमत्थुते।

दीप पूजा

घनसारप्पदित्तेन दीपेन तमधंसिना तिलोकदीपं सम्बुद्धं पुजयामि तमोनुदं।

सुगंध पूजा

सुगन्धि काय वदनं अनन्त गुणगन्धिना सुगन्धिनाहं गन्धेन पुजयामि तथागतं।

पुप्फ पूजा

वण्णगन्ध गुणोपेतं एतं कुसुमसन्तति पुजयामि मुनिन्दस्स सिरिपाद सरोरुहे।

पूजेमि बुद्धं कुसुमेन येन पुञ्ञेन मेतेन लभामि मोक्खं पुप्फं मिलायाति यथा इदम्मे कायो तथा याति विनासभावं।

धूप पूजा

गन्ध सम्भार युत्तेन धूपेनाहं सुगन्धिना पूजये पूजनीयन्तं पूजाभाजन मुत्तमं।

पटिपत्ति पूजा

इमाय धम्मानु धम्मपटिपत्तिया बुद्धं पूजेमि। इमाय धम्मानु धम्मपटिपत्तिया धम्मं पूजेमि। इमाय धम्मानु धम्मपटिपत्तिया संघं पूजेमि।

खम याचना

कायेन वाचा चित्तेन पमादेन मया कतं अच्छयं खम मे भन्ते भूरिपञ्ञ तथागत।

अधिट्ठान

इदं मे पुञ्ञकम्मं आसवक्खया वहं होतु सबब दुक्खा पमच्चन्तु!

साधु साधु साधु

बुद्ध पूजा

इतिपि सो भगवा अरहं सम्मासम्बुद्धो विज्जाचरण सम्पन्नो सुगतो लोकविदू अनुत्तरो पुरिसदम्म सारथी सत्थादेवमनुस्सानं बुद्धो भगवाति।

धम्म पूजा

स्वाक्खातो भगवता धम्मो सन्दिट्ठिको अकालिको एहिपस्सिको ओपनेयियको पचचतं वेदितब्बो विञ्ञूहिति।

संघ पूजा

सुपटिपन्नो भगवतो सावकसंघो, उजुपटिपन्नो भगवतो सावकसंघो, ञाञपटिपन्नो भगवतो सावकसंघो, सामीचि पटिपन्नो भगवतो सावकसंघो, यदिदं चत्तारी पुरिस युगानि अट्ठपुरिसपुग्गला एस भगवतो सावकसंघो, आहुणेय्यो, पाहुणेय्यो, दक्खिणेय्यो, अञ्जलिकरणीयो अनुत्तरं पुञ्ञेक्खेत्तं लोकस्साति।

साधु साधु साधु

भावना

अहं अवेरो होमि! अब्यापज्जो होमि! अनिघो होमि! सुखी अत्तानं परिहरामि! टहं विय मय्हं आचरि उपज्झाया माता पितरो हित सत्ता मज्झत्तिक सत्ता वेरी सत्ता अवेरा होन्तु! अब्यापज्जा होन्तु! अनिघा होन्तु! सुखी अत्तानं परिहरन्तु! दुक्खा मुन्चन्तु! यथा लद्ध सम्पत्तितो मा विगच्छन्तु! कम्मस्सका!

ज्ञान

निट्ठतं पदं

सब्ब पापस्स अकरणं कुसलस्स उपसम्पदा सचित्त परियोदपनं एतं बुद्धानुसासनं।

निवुत्ति गीत

अभिनिक्कमसि गोतम राहुलो गेहे गोतमो गच्छन्तो अनोमस्स तले

कन्थको च छन्नो च विप्पयोगान अञ्ञे तीरे

गच्छमान गोतमो पस्समान न पीठे = धृ =

जीवो शुद्धोदनो भावा पजा पति मज्झे राजकुमारो सब्बे हृदयन्ति कम्प अंतरात्मक कम्पि पठविच लुम्बिनि कपिला वेसाली सावस्थि = 1 =

सीत उण्ह वस्स विलास महत्व सुंदर नच्च संगीत लंआगर लल्लते भारदाजात गण्ह चीवरं मुत्ता विस्सतेन मारबन्धनात = 2 =

राज सिंहासनो बभूवो कम्पो सक्रिय नारी–नरा विट्ठमाना पथे देवा हस्सन्ति तस्स अभिनिक्कमणे पजजा जलन्त माना शेकाग्गी मज्झे = 3 =

धम्मपोत्थकस्स पारायणं कातब्बं यथा

यो हवे दहरो भिक्खू युञ्जति बुद्ध सासने सोमं लोकं पभासेति अब्भामुत्तोव चन्दिमा।

हिन्दी

अर्हत् सम्यक सम्बुद्ध भगवान बुद्ध तथागत को मेरा अभिवादन! सुआख्यात भगवन के धम्म को मेरा नमस्कार! सन्मार्ग पर आरुढ भगवन के श्रावक संघ को मेरा नमन! उन भगवन अरहत सम्यक सम्बुद्ध को नमस्कार! उन भगवन अरहत सम्यक सम्बुद्ध को नमस्कार! उन भगवन अरहत सम्यक सम्बुद्ध को नमस्कार!

क्षमा याचना

वंदन स्वीकार कीजिए, भन्ते जी! काय, वाक् और मन से अपराध हुआ हो तो मुझे आप क्षमा करें, भन्ते जी!

दूसरी बार भी वंदन स्वीकार कीजिए, भन्ते जी! काय, वाक् और मन से अपराध हुआ हो तो मुझे आप क्षमा करें, भन्ते जी!

तीसरी बार भी वंदन स्वीकार कीजिए, भन्ते जी! काय, वाक् और मन से अपराध हुआ हो तो मुझे आप क्षमा करें, भन्ते जी!

शील याचना

आज्ञा हो तो भंते जी मैं त्रीशरण पंचशील/अष्टशील/दस शील धम्म की याचना करता हूँ। अनुग्रह कर आप भन्ते मुझे शील प्रदान करें!

दूसरी बार भी आज्ञा हो तो भंते जी मैं त्रीशरण पंचशील/अष्टशील धम्म की याचना करता हूँ। अनुग्रह कर आप भन्ते मुझे शील प्रदान करें!

तीसरी बार भी आज्ञा हो तो भंते जी मैं त्रीशरण पंचशील/अष्टशील धम्म की याचना करता हूँ। अनुग्रह कर आप भन्ते मुझे शील प्रदान करें!

जैसे मैं कहूंगा वैसे कहिए।

अच्छा भन्ते जी!

नमस्कार है उन भगवन, अरहत, सम्यक सम्बुद्ध को!

नमस्कार है उन भगवन, अरहत, सम्यक सम्बुद्ध को!

नमस्कार है उन भगवन, अरहत, सम्यक सम्बुद्ध को!

मैं बुद्ध का अनुसरण करता/करती हूँ।

मैं धम्म का अनुसरण करता/करती हूँ।

मैं संघ का अनुसरण करता/करती हूँ।

दूसरी बार मैं बुद्ध का अनुसरण करता/करती हूँ।

दूसरी बार मैं धम्म का अनुसरण करता/करती हूँ।

दूसरी बार मैं संघ का अनुसरण करता/करती हूँ।

तीसरी बार मैं बुद्ध का अनुसरण करता/करती हूँ।

तीसरी बार मैं धम्म का अनुसरण करता/करती हूँ।

तीसरी बार मैं संघ का अनुसरण करता/करती हूँ।

त्रीशरणागमण हो गया।

अच्छा भन्ते जी।

1. मैं किसी भी जीव को नही दुखाऊंगा।
2. मैं किसी की न दी गई चीज को नही लूंगा।
3. मैं अपनी इंद्रियों को संयमित रखूंगा। मैं ब्रह्मचर्य का पालन करुंगा।
4. मैं कभी भी किसी से गलत नही बोलुंगा।
5. मैं आरोग्य के प्रतिकूल दवा, नशीली वस्तु इत्यादी किसी भी चीज का इस्तेमाल नही करुंगा।
6. मैं अनुपयुक्त समय पर भोजन ग्रहण नही करुंगा।
7. मैं नृत्य, गाना, बजाना, खेल–तमाशा देखना से विरत रहूंगा।
8. माला, सुगंध, लेप इत्यादी धारण कर स्वयं को आभूषित करने से विरत रहूंगा।
9. मैं बहुत ही मोटे और मुलायम शायिका के भोग से विरत रहूंगा।
10. मैं चांदी और सोने को ग्रहण करने से विरत रहूंगा।

त्रीशरण पंचशील–अष्टशील/दसशील धम्म को अच्छि तरह से धारण कर अनालस्य से पूरा करो। हॉ भन्ते जी।

वैसा ही हो! वैसा ही हो! वैसा ही हो!

चैत्य वंदना

सभी स्थलों में प्रतिष्ठित शारीरिक अवशेषों पर विद्यमान सभी चैत्यों तथा महाबोधि आदि बुद्ध–प्रयुक्त सभी रुपों को हमेशा की तरह वंदन करता हूॅ।

महाबोधि पूजा

इस लोकनाथ द्वारा पूजित महाबोधि वृक्ष को मैं भी नमन करता हूॅ क्योंकि वह बुद्ध से आदृत है।

दीप पूजा

इस घने अंधेरे को भस्म कर दीप की भांति प्रज्वलित त्रैलोक्य दीप सम्बुद्ध का मैं पूजन करता हूॅ।

सुगंध पूजा

खुशबूदार काया और मुख तथा अनन्त गुण सुगन्ध से संपन्न तथागत की मैं अपने सदाचार के सुगन्ध से पूजा करता हूॅ।

पुष्प पूजा

सुन्दर व सुगन्धित पुष्प संचय से मैं मुनिन्द्र के पद्म श्री चरणों की पूजा करता हूॅ।

मैं इन पुष्पों से बुद्ध की पूजा करता हूॅ। मेरे द्वारा अर्जित पुण्य से मुझे निर्वाण की प्राप्ति होवे! जिस प्रकार फूल मुरझा कर मलीन होते हैं उसी तरह यह शरीर भी नाश को प्राप्त होता है।

धूप पूजा

सुगन्ध युक्त इस धूप से मैं पूज्य आदरणीय योग्यतम बुद्ध की पूजा करता हूँ।

प्रतिपत्ति पूजा

मैं धम्म के अभ्यास से बुद्ध की पूजा करता हूँ। मैं धम्म के अभ्यास से धम्म की पूजा करता हूँ। मैं धम्म के अभ्यास से संघ की पूजा करता हूँ।

क्षमा याचना

यदि असावधानी से मेरी कृति, वचन और विचार से कोई गलती हुई हो तो मेरे शास्ता! थ्जन, महान प्रज्ञ मुझे क्षमा करें।

अधिष्ठान

मेरे इन पुण्य कर्मों के प्रताप से सभी विकार नष्ट हो! सभी कष्टों का अन्त हो।

साधु साधु साधु

बुद्ध पूजा

सचमुच ऐसे ही है भगवान बुद्ध। अर्हत है, सम्यक सम्बुद्ध है, विद्या और आचरण से सम्पन्न है, सुगत है, लोक के जानकार है, पुरुषों के अनुपम प्रशिक्षक है, देव तथा मनुष्यों के शास्ता है, बुद्ध और भगवान है।

धम्म पूजा

सुआख्यात है भगवान बुद्ध का धर्म, सांदृष्टिक है, अकालिक है, आओ और देखो वाला धर्म है, मुक्ति की ओर ले जानेवाला है, तथा प्रत्येक विद्‌वान द्वारा जाननेयोग्य धर्म है।

संघ पूजा

भगवान बुद्ध का श्रावक संघ सुप्रतिपन्न है। वह सीधे मार्ग पर चलनेवाला है, वह ज्ञान मार्ग पर आरुढ है, समीचीन पथगामि है, ये जो चार पुरुषों की जोड़ियां हैं अर्थात् आठ पुद्‌गल है वही भगवान बुद्ध का श्रावक संघ है। वह संघ आतिथ्य योग्य है, निमन्त्रण के योग्य है, दाक्षिण्य योग्य तथा करबद्ध नमस्कार करने योग्य है। वह लोक में अनुपम पुण्यक्षेत्र है।

साधु साधु साधु

भावना

मैं वैरत्व से मुक्त होऊं! मैं रोग–ईर्शा से मुक्त होऊं! मैं दुःख से मुक्त होऊं! और मैं अपने आप को बेचैनी से सुरक्षित रखूं! मेरी तरह मेरे आचार्य, मेरे उपाध्याय, मेरे माता–पिता, मेरे हितैषी, मेरे उपेक्षक, और मेरे वैरी लोग भी वैरत्व से मुक्त होवें। वे दुःखों से मुक्त होवें। वे अपने आप को

बेचैनी से सुरक्षित रखें। वे दुःखों से मुक्त होवें! वे अपनी विधि पूर्वक अर्जित धन राशि से वंचित न हों! कर्म ही सबका अपना है।

ध्यान

वंदना समाप्त होने के उपरान्त 5 या 10 मिनट मौन व शांत बैठकर श्वास–प्रश्वास पर चित्त एकाग्र करें। क्रमशः कायानुपश्यना, वेदनानुपश्यना, चित्तानुपश्यना तथा धम्मानुपश्यना का अभ्यास करें। अन्त में ध्यान समाप्ति पद का पठन कर अभ्यास को विराम देवें।

सब्ब पापस्स अकरणं कुसलस्स उपसम्पदा सचित्त परियोदपनं एतं बुद्धानुसासनं अर्थात् विकार सारे दूर करें, सुविचारों को दृढ करें, परिशीलन चित्त का करें और अनुशासन् बुद्ध का स्मरें।

बुद्ध को नमन, धम्म को नमस्कार, संघ को अभिवादन!

निवृत्ति गीत

त्याग कर राहुल और गौतमी घर पर
गौतम चल दिये अनोमा के तट पर
कन्थक छन्न बिछुड़े नदी को पार कर
गौतम आगे गये देखा ना मुड़ कर ।।धृ।।
जीव शुद्धोदन भाव प्रजापति
प्रार्थी राजन कहे स्वस्ति हो सब जन की
अंतराल फटा धरती भी फट गई
लुम्बिनी, कपिला, श्रावस्ती, वैशाली ।।1।। त्याग कर राहुल और.......
शीत, उष्ण, वर्षा का त्रयविलासी महल
उस में सुन्दरी, नर्तकी, संगीत सम्मोहन
मारबंधन को तोड़ भारद्वाज के कर चीर धारण किया
लोक चन्द्र रवि तूने विश्व – दिलों को बांध लिया।।2।।
राज सिंहासन् कंपित क्यों हो गये
शाक्य नारी नर मार्ग नही छोड़ रहे
देवता हर्षित है जनता जलती रही
गौतम के त्याग से भावमग्न पड़ी।।3।।

इस प्रकार प्रातः और संध्या को वंदना संपन्न कर अन्त में धम्म ग्रंथ का पारायन करना चाहिये। सुविचार का श्रवण करना चाहिये। और उस पर मनन करना चाहिये। जैसे कि निम्न गाथा का श्रवण और चिंतन है:

यो हवे दहरो भिक्खू युञ्जति बुद्ध सासने सोमं लोकं पभासेति अब्भामुत्तोव चन्दिमा।

अर्थात् जो तरुण धम्म सेवक बुद्ध अनुशासन् में प्रशिक्षित होता है वह अपनी सेवा से संसार को बादलों से मुक्त चन्द्रमा की भांति प्रकाशित करता है।

साधु ! साधु ! साधु !

वंदना के लिये उपयुक्त सामग्री निम्नानुसार है।

1. बुद्ध प्रतिमा, 2. मोमबत्ति, 3. अगरबत्ती, 4. पुष्प, 5. जल, 6. पूजा स्थल अथवा विहार, 7. मार्गदर्शक, 8. सूत्र, 9. दान, 10. प्रसाद, इत्यादी

पूजा के विशेष अवसर

प्रत्येक महीने में कृष्ण पक्ष की अष्टमी और अमावस्या तथा शुक्ल पक्ष की अष्टमी तथा पूर्णिमा दैनंदिन अभ्यास के अलावा पूजा के विशेष अवसर है।

उपोसथ व्रत

पंचशील के अतिरिक्त ब्रह्मचर्य व्रत, एकाहार व्रत' सादगी से जीना व अष्टशील धारण करने से उपोसथ व्रत का पालन होता है।

परित्राण का अर्थ

परित्राण इस शब्द का विग्रह कर उसका 'परि' यानी 'सभी ओर से' और 'त्राण' यानी 'रक्षण' इस प्रकार 'सभी ओर से रक्षण' किया जाता है। अर्थात् परित्राण यह एक व्यक्ति के लिये दूसरे व्यक्ति द्वारा की हुई संपूर्ण सुरक्षा की कामना है।

परित्राण स्वदेश–विदेश में

परित्राण की रुढी देश–विदेश में प्रचलित है। भारत में जो परंपरा लुप्त हुई वह बाहरी बौद्ध थेरवादी समाज में बरकरार है। श्रीलंका, थाईलंड़ इत्यादी बौद्ध देशों के भिक्षु और बौद्धानुयायिओं के संपर्क से आज वह परंपरा भारत के बौद्ध समूहों में भी प्रविष्ट हुई और उसका प्रचार भी दिन–ब'–दिन बढता जा रहा है।

पूजा और परित्राण

परित्राण यह धम्मोपदेश का एक माध्यम है। उस में धम्म देशना बोल कर नही बल्कि गा कर दी जाती है। इसलिये परित्राण प्रायः दीर्घ समय तक भी लंबायमान किया जाता है। परंतु पूजा केवल आदर्श व्यक्ति के प्रति चिन्हों के सामने उनके गुणानुस्मरण के लिये की जानेवाली पवित्र और व्यक्तिगत धार्मिक अनुष्ठान या विधि का नाम है। वह बहुधा संक्षिप्त होती है।

परित्राण की भाषा

जो पुरानी और पवित्र मानी गई भाषायें हैं, उनको शास्त्रीय और श्रेष्ठता का दर्जा कालांतर से

प्राप्त हो जाता है। वह भाषा जो अलौकिक बन जाती है उसे पंडित लोग साहित्य के लिये भी प्रयुक्त करते हैं। भारत में ऐसी भाषायें पहले लोक भाषायें रही और उसी का परिवर्तित रुप यहां प्राप्त अनेक भाषाओं में विद्यमान रहता है। भारत की ऐसी ही कभी लोकभाषा रह चुकी और आज जिसे सभी भुला बैठे है, का नाम पालि भाषा है।

पालि भाषा में कहे गये सूत्र सरल हैं। किन्तु सामान्य लोग उसे न समझने के कारण उसे एक कठिण और दुलक्षित भाषा बताते हैं। भिक्षु लोग पालिभाषा में ही परित्राण देशना करते हैं।

परित्राण के अवसर

मानव समाज के आरंभ से ही जीवन की कुछ घटनाओं को अन्य घटनाओं की अपेक्षा अधिक महत्व और पवित्र स्थान प्राप्त हैं। उन में जन्म, जवानी, विवाह, नोकरी, घर, संपत्ति, सत्ता, संतति, गृहत्याग, पर्यटन, बुढापा और मृत्यु तथा समस्त सुख–दुख का बड़ी घटनाओं का उल्लेख किया जाना चाहिये। गृहस्थ बौद्ध उपासक जीवन ऐसे ही किसी बड़ी घटना के अवसर पर अपने घर भिक्षु या भिक्षु संघ को आमन्त्रित कर परित्राण देशना का आयोजन करते हैं।

परित्राण उपासना

हिन्दू रुढी और बौद्ध रिवाज में उपासना के अर्थ अलग अलग है। हिन्दू उपासना में ईश्वर के नाम दिन भर उपवास और शाम को उपवास भंग किया जाता है। बौद्ध परंपरा में ईश्वर तो नही पर नागरिक कर्तव्य से प्रेरित होकर जो बौद्ध गृहस्थ उपवास व्रत रखता है वह रात भर उपवास में रहता है और दिन में व्रत समाप्त करता है। अनुभव की बात यह है कि जो अनुभूति एक मुसलमान को रोजे रखते वक्त मिलती है, जो प्रेरणा एक इसाई भाई को गुड़ फ्रायड़े के दिन प्राप्त होती है, या जो अनुभव जैन मुनि अपने भोजन त्याग में करता है और जो भावना यहूदि अपने धार्मिक संस्कार में मनाते है, वही अनुभूति, प्रेरणा और भावना हिन्दु, जैन, मुसलमान और बौद्धों की अपने आत्मवादी और अनात्मवादी संयम व्रत में प्राप्त करते हैं।

परित्राण उपास्य

उपास्य का संबंध उपासना के लक्ष्य से है। जो उपासक ईश्वरवादी है वह अपने अपने मूसा, ईसा, मोहम्मद, नानक, कृष्ण–राम इत्यादी उपास्य को निमित्त बना कर अपनी पार्थना अर्पित करते हैं। जो लोग निरिश्वरवादी है वे अपना आराध्य दैवत किसी व्यक्ति, महात्मा और शक्ति को नही बल्कि शिक्षा को मानते हैं। उदाहरण के लिये बाबासाहेब डॉ. अम्बेडकर को ही लिजिये। उन्हों ने अपने आराध्य दैवत तीन माने थेः विद्या, स्वाभिमान और शील[1]। जो अनीश्वरवादी बुद्ध और जैन को अपना गुरु–आदर भेंट करते हैं वे उन्हीं की प्रतिमा, मूर्ति और फोटों को सामने रख कर उनके गुणों का स्मरण कर अपना माथा उनके सामने नवांते हैं और ऐसा ही धार्मिक व्रत निभाते है।

परित्राण उपासक

जो पुरुष अपने उपास्य दैवत की अपनी विधि से उपासना करता है, उसे उपासक कहते है ओर जो स्त्री ऐसी उपासना करती है, उसे उपासिका कहा जाता है।

परित्राण पुरोहित

जो ब्राह्मण वेद मंत्रों पर, जो इमाम अजान पर, जो ज्ञानी ग्रंथ पर और जो भिक्षु बुद्ध वचन पर धार्मिक अनुष्ठान का नेतृत्व करता है, उसे पुरोहित कहते है। परंतु पुरोहित शब्द हिन्दू रिवाज में प्रचलित होने से भिक्षु, मुनि, इमाम या ग्रंथी को यह शब्द अरोचक लगेगा।

परित्राण समय

बौद्ध रीति–रिवाज में जन्म कुंडली या ज्योतिष के अनुसार कोई भी कार्य नही किया जाता। हां, जो पहले से कुसंस्कारित बौद्ध हैं वे समय समय पर अपने घर का गृह प्रवेश, पूतों का ब्याह और पोतों का नामकरण ऐसी ही अंधी भक्ति में बह कर कराते हुये देखे जाते हैं। बुद्ध ने कहा है:

नक्खत्तं पतिमानेन्तं बाला दुम्मेधिनो जना' अर्थात् मूर्ख लोग नक्षत्र के पचड़े में पड़ते रहते हैं।

परंतु सच यह है कि वुत्तं च कम्मं करिसेय्य किं करिस्सन्ति तारका! टर्थात् जो काम करने का संकल्प किया गया है वह काम करते रहना चाहिये। तारों को उस से क्या लेना देना है[2]?

अतः सुबह, दोपहर, शाम आदि किसी भी समय अथवा अपनी सुविधा और कार्य की आवश्यकता के अनुसार जो भी समय, तिथि और महिना निश्चित किया जाय वह सभी समय उचित है।

परित्राण का स्थल

स्थान विशेश की अपनी अपनी खासीयत है। जैसे जंगल में शांति ज्यादा होती है, परंतु वहां समाज नही होता। विहार ज्यादा पवित्र माना जाता है पर वहां सुविधा कम होती है। घर में भी परित्राण किया जाता है लेकिन वहां जगह कम पड़ने का ड़र हमेशा लगा रहता है। अतः परित्राण स्थल का चुनाव परित्राण कार्य में शामिल होने वाले लोगों की संख्या, श्रेणी और यजमान की यथाशक्ति से निर्धारित कर लेना चाहिये।

परित्राण की विधियां

परित्राण के क्षेत्र में भिक्षु ही एक अधिकारिता धारक मूर्ति माना जाता है। अनेक वृत्ति के भिक्षु अनेक विधियों को प्रयोग में लाते हुये देखे जाते हैं।

गृहस्थ को भी अपनी अपनी रुचि का ध्यान रखना पड़ता है। ग्रामीण यजमान लंबा परित्राण पसंद करता है तो नागरी सभ्यता में छोटे और संक्षिप्त परित्राण विधि को अधिक ग्राह्य माना जाता है।

इस पंक्ति के लेखक का तो ऐसा अनुभव है कि कहीं कहीं परित्राण की विधि का मापदण्ड सूत्र और समय न होकर श्रोताओं के पैर सुन्न होने तक किये हुये पठन को सही परित्राण हुआ ऐसा समझने की प्रवृत्ति है।

कुछ भी हो सभी परित्राण विधियों में त्रीशरण पंचशील से आरंभ करना आम बात है।

परित्राण सूत्र

यूं तो परित्राण विधि का एक अलग ग्रंथ ही होता है, जिस में परित्राण देशना के कई सूत्र

संकलित किये हुये होते है। श्रोताओं को सभी सूत्र सुनने की फुर्सत नहीं होती और भिक्षुओं को सभी सूत्र रटने का न अभ्यास होता है।

सूत्रों की संख्या अनेक होने पर भी सामान्य परित्राण में निम्नों का प्रयोग किया जाता है। यथा त्रीरत्न वन्दना, बुद्ध द्वारा प्रयुक्त वस्तुओं की वन्दना, संकल्प, रतन सुत्त, मंगल सुत्त, करणीय मेत्त सुत्त, जयमंगल अट्ठगाथा, महामंगल गाथा इत्यादि।

भिक्षु

पालि अट्ठकथाकार बुद्धघोष ने भिक्षु शब्द का अर्थ निम्न प्रकार बतायाः 'भयं इक्खतिती भिक्खू' अर्थात् 'जो भय खाता है वह भिक्षु है'। एक भिक्षु बुराईयों, पापों, बुरे कर्मों और अकुशल विचारों से भय खाता है।

भिक्षु का आदर्श

बुद्ध ने भिक्षु अपने सम्मुख क्या आदर्श रखे इस बाबत् बताया है कि भिक्षु को हमेशा इस बात का ध्यान रखना चाहिये कि क्या उसका कोई धर्मबंधू उस में कोई दोष देख कर उस की निन्दा तो नही कर रहा है? बुद्ध के ऐसे उपदेश अंगुत्तर निकाय का पांचवा भाग का अंश अर्थात् दसधम्मसूत्त में समाविष्ट है। उक्त कथन क्रमांक पांच है[3]।

बाबासाहेब डॉ. आम्बेड़कर के अनुसार भिक्षु को एक समाज सेवक का आदर्श अपने सामने रखना चाहिये[4]।

भिक्षु के नियम

बुद्ध के समय से चले आ रहे भिक्षु–भिक्षुणी संघ के नियम आज भी विनय पिटक में लिपिबद्ध है। उसमें भिक्षु के लिये 227 और भिक्षुणी के लिये 235 नियमों का संकलन है। भिक्खु के नियमों में 4 महापातक यानी पाराजिका, 93 बहिष्कार अर्थात् संघादिसेस, 2 अनिश्चित कर्म, 30 निष्कासन् अथवा निस्सग्गीय, 92 पश्चाताप या पाचित्तिय, 4 परिशुद्धि या पाटिदेसनीय, 75 शिक्षापद वा सेखीय और 7 कलह शमन करनेवाले अधिकरण समथ का अंतर्भाव है यानी कुल 227 नियम है। इस में अतिरिक्त आठ नियमों को जोड़ कर भिक्षुणियों के कुल 235 नियम हो जाते हैं।

भिक्षु और समाज

समाज हमेशा एक जैसा नही रहता। वह कालपरिस्थितिनुरुप बदलता रहता है। उसी प्रकार समाज का घटक व्यक्ति भी बदलता रहता है। उसकी धारणा एक जैसी नही रहती। प्राचीन भारतीय समाज में भिक्षा वृत्ति को जो दर्जा प्राप्त था वह आज प्राप्य नही है। पहले भिक्षु अपनी उपजीविका हेतु समाज पर निर्भर था और आज भी है। परंतु समाज अपनी धार्मिक शिक्षा के लिये भिक्षु पर निर्भर नही है। अतः ऐसे समाज में भिक्षु को आर्थिक कठिनाई का सामना करना पड़ता है। विकसित समाज ने पुरोहित या पादरी के पेशे को भी वेतन या मानधन के आर्थिक आधार पर नियमित किया है। परंतु बौद्ध समाज में कहीं भी वेतन भोगी भिक्षु नही है। उसे धर्मनिरपेक्ष क्षेत्र में अपने अनुरुप अध्यापन आदि का व्यवसाय कर के ही अपनी आर्थिक अडचन को दूर करना पडता है। ग्रामीण और

शहरी श्रद्धोन्नत क्षेत्र में पारंपरिक ढंग से भिक्षु–गृहस्थ संबंध आज भी पूर्णतः नष्ट नही हुये है। परंतु आधुनिक समय की हवा भिक्षु संस्था के प्रतिकूल ही बह रही सी नजर आती है।

भिक्षु के अधिकार

विनय पिटक की समन्तपासादिका नामक अट्ठकथा {1, पृ. 220–221, 337} में भिक्षु का दर्जा मुख्य न्यायाधिश के दर्जे से कम नही था इस की साक्षी है। महावंश {XXXIV, 66} ग्रंथ–धूर भिक्षु का आदर करनेवाले श्रीलंका के भातिय–नरेश {38–67 ई.स.} का जिक्र करता है। राजसिंहबाहू व्दितिय {1635–1687} जब लढाई पर जाते थे तो अपने साथ भिक्षुओं को ले जाते थे। आर्किटेक्ट भिक्षुओं का भी उल्लेख है।

भिक्षु के प्रकार

जब से त्रीपिटक श्रीलंका के मातले के अलुविहार में प्रथम शताब्दी ई. पू. में सिंहली में लिपिबद्ध हुआ तब से भिक्षुओं में यह विवाद भी प्रचलित रहा कि **पतिपत्ति** बड़ी या परियत्ति? पंसुकुलिक भिक्षु पतिपत्ति पर जोर देते थे और धम्मकथिक भिक्षु परियत्ति पर। अन्तिम जीत तो ध्यान पर सूझ की ही होती है। अपितु भिखुओं में अरण्यवासी और ग्रामवासी ये दोनों प्रकार अभीतक मौजूद है।

भिक्षु के गृहस्थ के प्रति कर्तव्य

भिक्षु के कर्तव्य अपने धर्मबंधू, भिक्षु संघ और गुरुजनों के प्रति तो होते ही है। इसके अलावा भिक्षु के समाज के सर्वसामान्य और सर्वहारा नागरिकों के प्रति भी जो कर्तव्य है, वे उतने ही महत्वपूर्ण और परिणामकारी होते हैं।

बाबासाहेब कहते हैः A Bhikkhu leaves his home. But he does not retire from the world. He leaves home so that he may have the freedom and opportunity to serve those, who are attached to their homes but whose life is full of sorrow, misery and unhappiness and who cannot help themselves.[5]

भिक्षु के व्यवसाय

भिक्षुओं के निवास चाहे अरण्य हो या समाज, सामान्य जीवन गतिप्रवाहों का परिणाम समाज के बाहर जल, थल और वायु में और समस्त अंतराल में ही होता है। अरण्यवासी भी लिखने लगे। लेखक का व्यवसाय सामान्य नागरीक की भांति भिक्षु को भी प्राप्य है। लेखक भिक्षुओं में भी दो प्रकार हुये, एक जो विपश्यनाधूर कहलाये और दूसरे जो ग्रंथधूर कहलाये गये।

भिक्षु और ब्राह्मण

ब्राह्मण केवल भारत में ही होते हैं। क्योंकि वे हिंदू सनातनी वर्णव्यवस्था **लाल चीनी** या रेड़ चायनीज हैं। भिक्षु सार्वत्रिक उपज है। वह पैदा नही होता, बनता है।

भिक्षु और ब्राह्मण में भेद दर्शाते हुए बाबासाहेब लिखते हैः 'ब्राह्मण एक पुरोहित है जो पिछले कर्मों के पापों में विश्वास के कारण जन्म, मृत्यु और विवाह के अवसर पर ही नहीं बल्कि सभी मौकों

पर रस्मों–रिवाज अदा कर शुद्धिकरण करता है। भिक्षु किसी कर्मकांड़ के पछड़े में न पड़ ऐसी रस्में अदा करने में समय नष्ट नही करता। क्योंकि वह पुरोहित नही होता।

ब्राह्मण को जात होती है, भिक्षु को नही। एक बार ब्राह्मण होने पर उसे कितना भी पापकर्म ब्राह्मण्य से वंचित नही कर सकता और वह ब्राह्मण ही रहता है। परंतु विनय भंग करने पर भिक्षु भिक्षुत्व से वंचित हो जाता है। ब्राह्मण को सिर्फ धार्मिक विधान का ज्ञाता होने से मतलब है, भिक्षु को नैतिक प्रशिक्षण की नितांत आवश्यकता होती है।

ब्राह्मण को अपना स्वार्थ और हित होता है। वह स्वयं कानून है और सब में अग्रणी रहता है। भिक्षु का अपना धार्मिक संगठन होता है। उसका वह सभासद रहता है। उसे कानून का पालन करना होता है। अपने हाथ में कानून वह कभी नही ले सकता।

भिक्षु और राष्ट्रपति

राष्ट्रपति देश का सर्वोच्च मुखिया होता है, जिस के नाम से देश का संविधान, देश की संसद अपना आंतरिक और अंतर्राष्ट्रीय राजनीतिक कार्यभार चलाते है।

भिक्षु बौद्ध देश में बौद्ध समाज का सर्वोच्च धार्मिक मुखिया होता है, जिसके गुणगौरव से देश की जनता आंतरीक और अंतर्राष्ट्रीय सभा सम्मेलनों में अपना सर ऊंचा कर धन्य हो जाते हैं।

भिक्षु और प्रधानमंत्री

किसी भी राष्ट्र की सरकार मंत्रीओं के मंड़ल के प्रधानमंत्री के नेतृत्व में कार्यान्वित होती है। उसी प्रकार बौद्ध देश में देश का सही नेतृत्व और हित रक्षण करनेवाला और विश्व कुटुंब राष्ट्रों में देश का गौरव बढ़ाने वाला योग्य नेता जब चुनना होता है, नागरीक अपने धर्मता से सलाह ले सकते हैं। और भिक्षु अपने मुक्त मन से योग्य सलाह दे सकते हैं।

वर्षाकार नामक अजातशत्रु राजा के प्रधानमंत्री को वज्जि गण के आदर्श शासनप्रणाली की प्रशंसा करते हुए तथागत बुद्ध ने आनंद के माध्यम से संबोधन दिया थाः 'हे ब्राह्मण, मैं जब वैशाली के सरन्दद विहार में रहता था तब मैंने वज्जी लोगों को कल्याण की सात बातें बताया था और वज्जिओं में जबतक ये सात बातें रहेगी तबतक उनके पतन की नही बल्कि उनके उत्थान की उम्मीद करना युक्त होगा।[6]

सन् 1946 में श्रीलंका के ऐसे ही लोकमत का नेतृत्व करने के लिए **एकसत भिक्षु मंड़लय** की स्थापणा हुई है।[7]

भिक्षु और न्यायाधीश

भिक्षु के लिये न्यायाधीश होना कोई नई बात नही है। विनयधर अभिधम्मिक गोदत्त स्थविर ने अनुराधपुर में अपनी विनयाधिकारिता और व्यवहार कुशलता का जो परिचय दिया था, उस से प्रभावित होकर राजा भातिय ने उन्हें भिक्षु–भिक्षुणियों का ही नहीं अपितु सभी नागरिकों का एकमेव न्यायाधीश घोषित करते हुए उनके निर्णय को स्वीकार्य, अंतिम और निर्धारक रुप में राजघोषित किया और उल्लंघन करने पर शाही दंड़ का प्रावधान लागू किया। पालि भाषा में उनका फर्मान थाः **मयि**

सन्ते भिक्खूनम्पि भिक्खूनीनम्पि गिहिनम्पि अधिकरणं आभिधम्मिक गोदत्तत्थेरेन विनिच्छितं सुविनिच्छितं. तस्स विनिच्छये अतिट्ठमानं राजानाय ठपेमि।

भिक्षु और स्त्री

थाईलंड़ में महिलायें भिक्षु से नही छूती हैं। श्रीलंका और भारत जैसे कई बौद्ध देशों में ऐसी प्रथा नहीं है। देशानुरुप किसी विशेष आचार संहिता का प्रचलन हुआ हो, परंतु बौद्ध परंपरा में स्त्री–पुरुष और भिक्षु–स्त्री का व्यावहारिक कारणों से अति समीप आना व्यक्ति मुक्ति में बाधक भले ही माना गया अपितु इसका छुआछात और लैंगिक भेदभाव से कोई सरोकार नही ही रहा है।

बुद्ध ने भिक्षुओं को भिखुणियों के प्रति या गृहस्थिओं को स्त्रीयों के प्रति सावधानी बरतने की बात कही है तो उन्होंने भिक्षुणियों को भिक्षु के प्रति और स्त्रीयों को गृहस्थों के प्रति भी वैसी सावधानी बरतने को कहा है।[8]

ते भिक्षु ने स्त्री के प्रति कैसी धारणा रखनी चाहिए? उत्तर है जब कभी कोई भिक्षु किसी स्त्री से मिले तो उसे याद करना चाहिए कि वह वृद्ध महिला को मातृचित्त से, अपने बराबरी के स्त्री को भात्रि चित्त से और अपने से कनिष्ठ कन्या को पुत्री चित्त से धारण करें।[9]

भिक्षु और भ्रमणः

भिक्षु का जीवन गतिमान और सोद्देश्य होता है। उसे एक जगह पर स्थित रहना बंधन कारक हो जाता है। गृहस्थिओं को अपने अपने घर होते हैं। भिक्षु के लिए सभी घर अपने हैं। धम्म की सही दृष्टि मिलने पर भिक्षु उसके प्रचारार्थ यत्र तत्र सर्वत्र भ्रमण करता रहता है। साल में तीन मास एक ही विहार या प्रदेश में रह कर वर्षावास का संकल्प करना उसका सांघिक कर्तव्य है।

आज के यातायात और आधुनिकता के समय में मनुष्य ने ऋतुओं पर अपना नियंत्रण पा लिया है। इसी के साथ भिक्षु के भ्रमण के मार्ग विश्व में कहीं भी जाने के लिए खुले हैं। भिक्षु का भ्रमण बुद्ध के इस ध्येय से प्रेरित होता है, जिसे उन्होंने पूर्व के भिक्षुओं के सामने आदर्शस्वरुप रखा था। उन्होंने कहाः ''भिखुओं, लौकिक और अलौकिक बंधनों से मुक्त होकर, हर दिशा में, आदि, मध्य और अंत में कल्याणकारी धर्म की देशना सभी लोगों की भलाई के लिये प्रचारित करने भ्रमण करो।''[10]

संदर्भ ग्रंथ

1. दलितांचे शिक्षण, डॉ. बाबासाहेब आंबेडकरांच्या शिक्षण विषयक लेखनाचे समग्र संकलन, समता प्रकाशन, नागपूर, (ठाणे) 1994, पृ. 142–143

2. जातक क्रमांक 49, नक्खत्त जातक है। इसे भगवान ने जेतवन में निवास करते समय एक नग्न साधू के सम्बन्ध में बताया था। श्रावस्ती के समीप वाले गांव के एक सज्जन ने अपने पुत्र का समकक्ष श्रेणी की श्रावस्ती की तरुण कन्या से विवाह करा दिया। उस ने वधू को घर ले जाने का दिन भी निश्चित किया। बाद में उस ने अपने सुपरिचित पारिवारिक नग्न साधू से उस दिन के नक्षत्र अनुकुल होने या नही होने के बाबत् परामर्श लिया।

   साधू ने सोचा, ''वधू को घर लाने की तिथि तो इस ने पहले ही तय कर ली। उस वक्त तो मुझ से परामर्श भी नही लिया। अब खाली औपचारिकता के लिये पूछ रहा है। अच्छा है; मैं इसे सबक

सिखाऊंगा'' सोचकर आहत साधू ने उत्तर दिया कि नक्षत्र उस दिन अनुकुल नही। ऐसे दिन वैवाहिक रस्मों को मनाना नही जाना चाहिये। यदि वे मनाई गई तो बहुत अहितकर होगा। और गांव के उस परिवार की अपने साधू में निष्ठा होने के कारण वह परिवार उस दिन वधू को घर ले आने के लिये नही गया। अब वधूवालों ने नगर में वैवाहिक रस्म को उल्हास से मनाने हेतु सभी तैयारियां कर रखी थी। और जब उन्होंने देखा कि वर पक्ष के लोग उस दिन वधू के यहां नही गये तो उनको लगा, ''उन्होंने ही तिथि निश्चित की थी और वे ही नही आये; और इस कारण हमें काफी खर्चा उठाना पड़ा। सचमुच कौन होते है ये लोग? कन्या को किसी और के साथ ब्याह देना चाहिये''। अतः उन्होंने दूसरा वर ढूंढा और कन्या का विवाह उसी वर के साथ पहले से ही मौजूद भोज की तैयारी से बडी धूम–धाम के साथ किया।

दूसरे दिन गांव वाली पार्टी वधू को ले जाने आई। परंतु श्रावस्ती के लोगों ने उनको जवाब दिया, ''आप ग्रामीण लोग बड़े बुरे हो; आप लोगों ने स्वयं तिथि निश्चित की, और उस दिन न आकर हमारा अपमान किया। हम ने कन्या का विवाह किसी और वर के साथ करा दिया है''। गांववाले झगड़े पर उतर आये, परंतु अन्त में वे जिस रास्ते आये थे उसी रास्ते निकल गये।

फिर भिक्षुओं को ज्ञात हुआ कि एक नग्न साधू ने शुभ मुहुर्त को बर्बाद किया, और वे उस मामले के बारे में धम्म सभागृह में चर्चा कर रहे थे। सभागृह में प्रवेश कर, और वार्तालाप का विषय ज्ञात कर भगवान बुद्ध ने कहा, ''भिक्षुओं, यह पहला अवसर नही है कि उस साधू ने उस परिवार की शुभ वैवाहिक घड़ी को नष्ट किया; उनकें साथ अपनी नाराज़गी के कारण उस नग्न साधू ने पहले भी ऐसा ही किया था''। पहले की घटना के बारे में उन्होंने निम्न कहानि बताई।

एक बार जब ब्रह्मदत्त नामक महाराजा बनारस में राज्य कर रहे थे किन्हीं नगरवालों ने अपने एक लड़के की शादी गांव की एक लड़की से संपन्न की और वधू को घर ले जाने का दिन भी घोषित किया। इस बार नगरवालों ने अपने साधू के मना करने पर वधू के ले अपने निश्चित दिन पर न जाकर दूसरे दिन गये तो गांव वालों ने उनको ऐसा जवाब दिया, ''आप नगर के लोग आम शिष्टाचार भी नही रखते हो। खुद तिथि तय कर उस दिन नही आये हो। उस कारण हम ने वधू की शादी किसी और से करा दी है''। नगरवालों ने कहा, ''परंतु हम ने अपने साधू से परामर्श लिया और उनके कहने के अनुसार उस दिन नक्षत्र प्रतिकुल था। इसलिए हम कल नही आये थे। कृपया वधू को हमारे साथ विदा कर दो। गांव वालों ने उत्तर दिया, ''आप लोग समय पर नही आये और अब वह दूसरे की हो गई। उसे हम दो–तीन बार कैसे विवाहित कर सकते है? जब उनमें आपस में तू–तू मैं–मैं हो रही थी तो उस समय नगर का बुद्धिमान व्यापारी भी व्यवसाय हेतु उस गांव आया हुआ था। जब उस ने सुना कि नगरवालों ने अपने साधू की सलाह पर नक्षत्र के प्रतिकुल होने के कारण निश्चित दिन पर वधू को घर ले जाने उस गांव नही जा पाये तो व्यापारी ने अपने उद्गार निकाले,''सचमुच उन नक्षत्रों को क्या लेना देना है? क्या वधू को पाना ही शुभ योग नही है''? ऐसा कह कर व्यापारी ने इस गाथा को बोलाः

नक्खत्तं पतिमानेन्तं, अत्थो बालं उपच्चगा।
अत्थो अत्थस्स नक्खत्तं, किं करिस्सन्ति तारका''ति।।

अर्थात् मुर्ख मनुष्य भाग्य दिवस का इंतजार कर सकता है, तथापि सौभाग्य को नही प्राप्त करेगा। कार्य करते रहना ही कार्य का अपना नक्षत्र होता है। केवल तारे क्या कर सकते है?

3. पियदस्सी थेरा, पिरित पोत, कोलम्बो स्ट्रीट, कैंडी, श्रीलंका 1975 पृ. 27
4. बी. आर. आम्बेडकर, द बुद्धा एण्ड हिज धम्मा, सिद्धार्थ पब्लिकेशन, मुंबई तृतीय संस्करण, पृ. 319
5. डॉ. बी. आर. आंबेड़कर, द बुद्ध एण्ड़ हिज़ धम्म, पृ. 319

6. राहुल सांकृत्यायन, बुद्धाचा गतिवाद, लोकवाङ्मय, मुंबई, तृतीयावृत्ती 1986, पृ. 96
7. वालपोल राहुल, भिक्षुवागे उरुमय, अंग्रेजी में, न्यूयार्क 1974, पृ. XXI
8. डॉ. बी. आर. आंबेड़कर, द राईज एण्ड़ फाल ऑफ द हिन्दु विमेन, हैदराबाद 1965
9. संयुक्त निकाय पृ. 68
10. भदन्त आनन्द कौसल्यायन, एन इंटेलिजन्ट मैन्स गाईड़ टू बुद्धिज्म, नई दिल्ली 1980

अध्याय 4

प्रजातंत्र के महान हस्ताक्षर डॉ. आंबेडकर

प्रस्तावना

डॉ. आंबेडकर का सम्पूर्ण जीवन प्रजातंत्र के लिये समर्पित रहा। उनके लिये प्रजातंत्र सामाजिक, आर्थिक, राजनीतिक और व्यक्ति के जीवन की कला तथा एक नैतिक– न्याय व्यवस्था, सदाचार का वैश्विक साम्राज्य, और संविधानिक विधि का स्थायी अनुशासन् की पद्धति रहा है। प्रस्तुत आलेख में संबंधित विषय के कुछ पहलुओं पर उनके स्पष्ट विचार प्रस्तुत हैं।

अवाम, प्रजातंत्र का आधार

अवाम से अभिप्राय ऐसे बहुसंख्यक श्रमिक, शिल्पकार, बुद्धिजीवी, कृषक और उत्पादक सामाजिक वर्ग से है, जो अपने श्रमाधिक्य से संपूर्ण सामाजिक विलासिता के भार को सहन करते हुये विनष्ट हो रहा है किन्तु अपने परिश्रम का न्यायोचित लाभ उठाने की प्रतीक्षा में निरंतर संघर्षरत है।

अवाम को उनकी इस भयानक लडाई में आगे की विकास सीढी पर पहुचाने के लिये रहबर की भूमिका में योगदान देनेवाली विभूति के रुप में डॉ. आंबेडकर धन्य है। और महान है उनका जीवन और कृतित्व जिसने उनके संपर्क में आनेवाले हर व्यक्तित्व को उज्वल भविष्य की धरोहर का स्वामित्व प्रदान किया और कर रहा है।

अवाम का भावी विकास डॉ. आंबेडकर के विचार और दर्शन को सही भावार्थ में लेने पर निर्भर है। उनके अभियान को निम्न पंक्तियों में अभिव्यक्त किया जा सकता है:

शब्द के इंसान लेकर आ गया मैं, अर्थ का ईमान लेकर आ गया मैं
वक्त की परछाईयों को मोड देने क्रांति का अभियान लेकर आ गया मैं।

अवाम की उपलब्धि इसी बात में है कि वे लंबे अर्से के बाद अपने में से किसी एक को रहबर के गुणों से अभिभूत कर अगली सामाजिक विकास सीढी लांघे और जब वे ऐसी शख्शियत पैदा करें तो वह भी लंबे अर्से तक अपनी ऊर्जा का लाभ उन्हें भेंट करता रहें।

अवाम के आंबेडकर जीवन के प्रति उत्साहित करने वाले दर्शन के समर्थक रहे। उन्होंने अपने शैक्षणिक विचारों से अवाम के सुप्त क्रियाशील भीतरी श्रोतों को अभिव्यक्त कर उन्हें उपयुक्त ऊर्जा में प्रवर्तित किया था।

उन्होंने बताया कि सामाजिक, आर्थिक और राजनीतिक क्रांति का मूलाधार शिक्षा है। डॉ. आंबेडकर के सभी शैक्षणिक विचारों का सार ''सीखो, संगठित हो और संघर्ष करो'' के तत्व में निहित है।

शैक्सपिअर को उद्धृत करते हुये डॉ. आंबेडकर कहते थे, ''हर मनुष्य के आयुष्य में जब अवसर की लहर आती है तो उसका सम्यक प्रकार से उपयोग करने के बाद उसे वैभव प्राप्त होता है''। वे कहते थे, ''माता–पिता संतान को जन्म ही नही बल्कि कर्म भी देते हैं। वे अपनी संतान के जीवन में दिशा दे सकते हैं''। इस बात को घ्यान में रख कर हम सभी को बालकों की शिक्षा के साथ–साथ बालिकाओं की शिक्षा के लिये भी प्रयास करना चाहिये ताकि समाज की प्रगति द्रुत गति से हो सके।

सन् 1986 में भारत सरकार ने नई शिक्षा नीति की घाषणा की थी। उसके अनुसार भारतीय लोगों में साक्षरता का अंतर लिंग भेद और जाति भेद के उच्च और निम्न वर्ग के क्रम में असमान प्रतीत होता था। सवर्ण पुरुष सब से ज्यादा साक्षर, महिला पुरुष से कम साक्षर, अनुसूचित जाति महिलाओं से कम साक्षर और अनुसूचित जमात सबसे कम साक्षर अर्थात् उनकी साक्षरता का प्रति शत क्रमशः 36, 24, 22 और 16.1 था। डॉ. आंबेडकर सामुदायिक शिक्षा के प्रणेता थे। वे चाहते थे कि लोगों की प्रभु सत्ता पर संचालित प्रजातन्त्र में अमीर वर्ग के बच्चों के लिये शाही विद्यालय की व्यवस्था होना और गरीब बच्चों के लिये कोई स्कूल ही न होना असहय दुर्व्यवस्था है।

बुद्ध ने अविद्या में ही सभी मानवीय प्रश्नों के मूल को तलाशा था। फुले ने तो कह दिया था कि ''विद्याविना मति नही, मतिविना नीति नही, नीतिविना गति नही, गति विना वित्त नही, वित्त विना शूद्र गिरा, इतना अनर्थ एक अविद्या ने करा''! लोक शिक्षक गाडगे महाराज और लोक शिक्षिका सावित्रीबाई फुले के शैक्षणिक विचार उक्त कथन से एकदम मिलते–जुलते हैं। गाडगे जी कहते थे कि शिक्षाविहीन मानव पत्थर है। और सावित्रीबाई का वचन थाः *शूदों को बताने योग्य एक ही मार्ग यही कि शिक्षा से है मनुष्यत्व, पशुत्व नही।*

डॉ. आंबेडकर के अनुसार शिक्षा के परिणाम स्वरुप स्वाभिमान, स्वावलंबन और आत्मोद्धार से क्रमशः बंधुत्व, समानता और स्वतंत्रता के मूल्य प्राप्त होने चाहिये। शिक्षा यानी परिवर्तन यह उनके शैक्षणिक विचारों का मुख्य सूत्र रहा है। 13 जून 1953 को रावळी कॅम्प, मुंबई की सभा में संबोधित करते हुये डॉ. आंबेडकर ने कहा था, ''हम लोग शिक्षित हुये यानी सब कुछ हो गया ऐसी बात नही है। शिक्षा के साथ–साथ मनुष्य का शील भी सुधरना चाहिये। उसके बिना शिक्षा का मूल्य शून्य है। ज्ञान तलवार की भांति है। यदि किसी आदमी के पास तलवार है तो उसका सदुपयोग अथवा दुरुपयोग करना उसके सदाचार पर निर्भर करेगा। वह उस से किसी की जान भी लेगा या किसी की जान बचा भी लेगा। ज्ञान भी ऐसा ही हैं। इसके अतिरिक्त उन्होंने कहा कि इस से काम नही चलेगाा कि शिक्षित मनुष्य केवल अपने उदर भरण में ही लगा रहे। जिन्हें स्वार्थ के अलावा कुछ दूसरा दिखता ही नही है वे किंचित भी परार्थ कर नही सकते। ऐसे व्यक्ति मात्र शिक्षित होने से क्या लाभ? समाज का वर्णों में विभाजन व्यवसाय के उद्देश्य से हुआ है। परंतु ज्ञान रोजगार का प्रश्न हो ही नही सकता। ज्ञान जीवन के लिये अत्यंत आवश्यक है। उसके बिना हमारा नुकसान होता है[8]। इस मापदण्ड से वर्तमान भारतीय शिक्षा पद्धति का पीठ किस प्रकार मानवीय चूंजे निर्माण करने का केन्द्र बन गया इस की हम कल्पना कर सकते हैं।

आर्थिक प्रजातंत्र

नीचे सिर झुकाकर चलनेवाले हजारों भेड़ों के विशाल समूह की अपेक्षा वीरता की वृत्ति रखनेवाला सिंह का समूह बेहतर होता है। डॉ. आंबेडकर

डॉ. आंबेडकर ने बताया कि ''भारत ने इंग्लैंड़ के लिये आर्थिक रुप से जो प्रचंड योगदान किया वह जितना आश्चर्य चकित करनेवाला है, उतना इंग्लैंड ने भारत के लिये जो नगण्य आर्थिक योगदान किया वह विस्मयकारक है। ब्रिटीश सरकार द्वारा कानून और शिक्षा द्वारा प्रस्थापित पाशविक शांति का आर्थिक रुप से यतीम किये गये भारतीयों के लिये कोई उपयोग नही था।'' डॉ. आंबेडकर के मार्गदर्शक प्रो. सेलिग्मन ने इसे ''विस्तृत और गहरी मीमांसा''कहा था। उनका रुपये की समस्या नामक ग्रंथ आज भी प्रासंगिक हैं। 1926 में रिजर्व बैंक के स्थापनार्थ जो हिल्टन यंग कमिशन नियुक्त हुआ था उसके सामने अपनी साक्ष्य देते हुये डॉ. आंबेडकर ने कहा था, ''चलन निर्माण करनेवाली संस्था की चलन निर्माण क्षमता पर परिणाम कारक प्रतिबंध होना आवश्यक है। अनिर्बंध चलन पूर्ति और बेहिसाब मूल्य वृद्धि के कारण आर्थिक स्थिरता खतरे में आ सकती है''[9]। *ब्रिटीश भारत में प्रांतीय वित्त का विकास* बयान करते समय डॉ. आंबेडकर ने शासन् की नीतियों में सप्ताह–सप्ताह के सुधार पर टिप्पणी करते हुये उन्होंने कहा था कि, ''संयुक्त कुटुंब पद्धति में कुटुम्ब प्रमुख जिस प्रकार प्रत्येक सदस्य के नाम से बैंक में खाता खोलता है, उसी प्रकार सरकार की व्यवस्था थी[1]।

बौद्ध धर्म तथा मार्क्सवाद, गांधी और कांग्रेस ने अछुतों के लिये क्या किया, और जातिभेद निर्मुलन में उन्होंने बताया कि सामाजिक और धार्मिक शोषण भी आर्थिक शाषण के समान ही घातक होता है, ''अस्पृश्यता केवल धार्मिक रचना न होकर वह गुलामगिरी से भी भयानक आर्थिक रचना है तथा वर्ण व्यवस्था श्रम विभाजन नही बल्कि श्रमिकों के विभाजन की व्यवस्था थी[2]।

छोटी जोतों की चकबंदी करने हेतु डॉ. आंबेडकर ने फ्रांस और इटली में विद्यमान सामूहिक खेती पद्धति और राष्ट्रीयकरण की प्रक्रिया को अनुकरणीय बताया था। उत्पादन साधनों को सामूहिक स्वामित्व में करने के बाद उन्होंने खोति पद्धति (उत्तर भारत की जमींदारी प्रथा की भांति)[3] और वतन पद्धति (बेगार प्रथा की भांति)[3] को समाप्त करने वाले दो विधेयक मुंबई विधान सभा में प्रस्तुत किये थे। खोतों की समाप्ति हेतु एक विधेयक दिनांक 15 सितम्बर 1937 को मुंबई विधान सभा में प्रस्तावित किया था। हालांकि इस से पहले सन् 1927 में श्री एफ. जी. एच. ॲन्डरसन् ने मुंबई विधान सभा में अल्पभूधारक मदद विधेयक प्रस्तुत किया था। इस विधेयक में एक निश्चित आकार से कम जमीन धारणा पर प्रतिबंध और दण्ड़ की व्यवस्था थी। छोटे किसानों को छोटी जोतों से वंचित कर भूमिहीन मजदूर बनने से मुक्ति दिलाने हेतु उन्होंने सामूहिक कृषि की अनुसंशा की।

अर्थशास्त्र के सुप्रसिद्ध विद्वान रॅगनर नर्क्स के प्रछन्न बेरोजगारी और डॉ. आंबेडकर की अतिरिक्त श्रमिक की संकल्पना में अत्यधिक समानता है। आर्थिक जोत से उनका अभिप्राय ऐसे उत्पादक खेत से था जिसकी निवेशित व्यय की पूर्ति हो जाने के बाद शेष उत्पादन की राशी पर एक परिवार अपना खर्च चला सके[5]।

भारत में छोटी जोतें और उनके उपाय में उन्होंने (1918) भारतीय कृषि को बुनियादी उद्योग बनाने और औद्योगिकरण से बेरोजगारों का कृषिभूमि पर पड़ा अतिरिक्त भार अन्य उद्योगों में समायोजित

कर उनको रोजगार उन्मुख और उत्पादक बनाने पर अधिक जोर दिया। सन् 1950 से भूसुधार कानून को भारत के हर राज्य मे लागू करना आर्थिक क्षेत्र में एक बहुत बड़ा परिवर्तन था।

उनका राज्य समाजवाद प्रजातंत्र का आर्थिक, सामाजिक व राजनीतिक दर्शन है। वह सहकारी कृषि, औद्योगिकरण तथा सामुदायिक कृषि से संलग्न है। आर्थिक समानता के विना राजनीतिक स्वाधीनता को अर्थ नही है। इसलिये डॉ. आंबेडकर ने संवैधानिक स्टेट सोशलिज्म के एक अंग के रुप में सामुदायिक कृषि की अनुसंशा की थी। उन्होंने विखंडित और छोटी जोतों के लिये उपाय के रुप में सहकारी कृषि की सिफारिश की थी। उन्होंने भारतीय कृषि सुधार के लिये कृषि पर पड़े अतिरिक्त मनुष्य बल के भार को गैर कृषि क्षेत्र में स्थानांतरित करने हेतु औद्योगिकरण का जो उपाय बताया था वह सामाजिक न्याय की दृष्टि से उचित है, क्योंकि ग्रामीण क्षेत्र में जाति व्यवस्था और अस्पृश्यता है भले ही वह शहरों में उतनी तीव्र नही है।

सन् 1946 में डॉ. आंबेडकर ने अखिल भारतीय अनुसूचित जाति परिषद की ओर से संविधान समिति को *राज्य और अल्पसंख्यंक* नामक एक मसौदा प्रस्तुत किया, जिसमें उन्होंने कृषि जमीन को बीमा और मूलभूत उद्योगों की तरह शासन् के स्वामित्व में रखने की बात कही थी। वह शासन् द्वारा सामाजिक और आर्थिक मामलों में न्याय के हित में हस्तक्षेप चाहते थे। उनका मानना था कि यदि शासन् ने सामाजिक आर्थिक क्रियाकलापों का नियमन नही किया तो वह निजी मालिकों को करना पड़ेगा और ऐसा करते समय वे अपनी आजादी का उपयोग दूसरों पर अधिसत्ता स्थापित करने के लिये भी करेंगे। उस परिस्थिति में जमीनदार भी कुलों पर जबरदस्त जमीन भाड़ा थोपेंगे और पूंजीपति भी कामगारों के काम करने के घंटे बढायेंगे और उनके वेतन कम करेंगे। अर्थात् इस से राजनीतिक प्रजातन्त्र के मुलभूत सिद्धान्त यानी स्वयंभू व्यक्ति, अविछिन्न मुलभूत अधिकार, संवैधानिक अधिकार का बिन शर्त लाभ, और शासन् संस्था द्वारा दूसरों पर लादने योग्य सत्ता का निजी व्यक्ति के हाथों में अहस्तांतरण को ही क्षति पहुंचेगी।

खोतों ने अपनी स्वाधीनता का उपयोग छोटे भूधारकों का शोषण करने में किया था और उस से मुंबई प्रांत में अशांति फैल चुकी थी। अतः खोतों का अन्त करना उस समय के भूमि सुधार की मांग थी, जिसे बाबासाहेब ने पूरी करने की चेष्टा की थी[15]।

डॉ. आंबेडकर के राज्य समाजवाद में व्यक्ति उद्देश्य है। व्यक्ति के कुछ अधिकार अहस्तांतरणीय है। इस की गारंटी संविधान को देनी चाहिये। किसी भी व्यक्ति को अपनी सुख सुविधा का उपयोग करते हुये अपने संवैधानिक अधिकार की तिलांजली देने का अवसर नही आना चाहिये। और शासन् ने किसी भी निजी व्यक्ति को अन्य व्यक्तिओं पर आधिपत्य करने का अधिकार नही देना चाहिये।

जनता नामक पाक्षिक में दिनांक 7 नवंबर 1938 को प्रकाशित अपने एक साक्षात्कार में डॉ. आंबेडकर ने कहा था कि वे एक मुक्त समाजवादी है। जातिभेद निर्मूलन को चाहनेवाले समाजवादी डॉ. आंबेडकर ने लिखा था कि ''भारतीय समाजवादी यूरोप के समाजवादियों के कदमों पर कदम रखकर भारतीय परिस्थिति पर भी आर्थिक सिद्धान्त लागू करने की चेष्टा करते हैं। धर्म भी एक बहुत बडी प्रेरक शक्ति है, इसके प्रति समाजवादियों की उपेक्षा दृष्टि रही है।

डॉ. आंबेडकर को प्रजातन्त्र में दो बातें अभिप्रेत थी। पहली बात मानवीय वृत्ती की है। यह वृत्ती समाज के अन्य सदस्यों के प्रति समानता और आदर से देखने की होनी चाहिये। दूसरी बात यह है कि समाज की सरंचना में सख्त बंधन नही होने चाहिये। अन्यथा प्रजातन्त्र अधूरा रहेगा। अलगाववाद और एकाकीपन प्रजातन्त्र व्यवस्था के विसंगत गुण है। क्योंकि उनकी परिणति विशषाधिकार संपन्न अल्प और अधिकार विपन्न बहुसंख्य वर्गों में होती है। यही उनके राजनीतिक समाजशास्त्र का प्राण है।

इस समाजवाद में सामाजिक संघर्ष के कारकों में धन की तरह धर्म परं भी बल दिया गया है। इस बात में डॉ. आंबेडकर का समाजवादी सिद्धान्त 1917 कीं रशिया कीं राज्यक्रांति, उसके 8 वर्ष के बाद भारत में स्थापित भारतीय कम्युनिस्ट पार्टी, 1926 में स्थापित ''लाहौर नौजवान सभा'', 1928 में प्रस्थापित ''नौजवान भारत सभा'', कॉमरेड एम. एन. राय, 1934 में आचार्य नरेन्द्र देव और जयप्रकाश नारायण प्रभृति मार्क्सवादी; श्री अशोक मेहता जैसे फेबियन समाजवादी; डॉ. राममनोहर लोहिया जैसे गांधीवादी; युसुफ मेहेर अली और संपूर्णानन्द जैसे राष्ट्रवादी और मिनू मसानी जैसे ट्राट्स्कीवादीओं, कॉ. श्रीपाद अमृत डांगे, बी. टी. रणदिवे, नंबुद्रिपाद, कॉ. श्रीनिवास, कॉ. सरदेसाई प्रभृति विद्वानों से विशेष और अनोखा है।

प्रजातंत्र और नेतृत्व

दुःखियों के आंसू पोंछने के लिये तुम्हारे नयन तरसने चाहिये। दीन–दुःखियों की सेवा के लिये तुम्हारा ह्रदय पसीजना चाहिये। संकट ग्रस्त लोगों की रक्षा के लिये तुम्हारी भुजायें फड़कनी चाहिये।

–डॉ. आंबेडकर

सन् 1904 में रामजी मुंबई आकर परेल की एक श्रमिक कालोनी में रहने लगे। भीम ने मुंबई में एलफिन्स्टोन हायस्कूल में दाखिला लिया और वहीं से उस ने सन् 1907 में मैट्रिक की परीक्षा उत्तीर्ण की। भीम 17 वर्ष के हुये तो उन्होंने 9 वर्षीय रमा के साथ विवाह किया। सन् 1912 में एलफिन्स्टोन कॉलेज से अंग्रेजी और पर्शियन आदि विषयों को लेकर और बड़ौदा महाराज सयाजी राव की वित्तीय सहायता से पढाई कर वे ग्रेज्युएट परीक्षा में उत्तीर्ण हुये। उसके पश्चात् भीम राव की बडोदा सैनिक दल में लेफ्टीनेंट के पद पर नियुक्ति हुई। सन् 1913 में बडौदा नरेश सयाजीराव गायकवाड द्वारा पिछडे वर्ग के लिये संस्थापित छात्रवृत्ति के हासिल होने पर भीम राव कोलंबिया विश्वविद्यालय, अमेरिका गये और वहीं उनका संपर्क जॉन डिवि, एडविन सेलिग्मन और ए. ए. गोल्डनवेजर जैसे सुविख्यात दार्शनिक और प्रोफेसरों के साथ आया और उन्होंने *भारत में जातियाः उनकी सरंचना, व्युत्पत्ति, और विकास* नामक एक शोध पत्र प्रस्तुत किया।

सन् 1916 में डॉ. आंबेडकर ने लंदन स्कूल ऑफ एकानामिक्स एण्ड पोलिटिकल सायंस में प्रवेश प्राप्त किया और उनका संपर्क श्री सिडनी वेब, बेट्रिस वेब, एडविन केनन, जे. ए. हाबसन, एल. टी. हाबहाउस प्रभृति विद्वान दार्शनिकों से आया। डॉ. आंबेडकर बार–एट–लॉ की उपाधि हेतु ग्रेज इन नामक विधि संस्थान में भी प्रविष्ट हुये परंतु शिष्यवृत्ति की शर्तों के अनुसार छात्रवृत्ति का नियुक्त समय बीत जाने के पश्चात् उन्हें अब अपनी सेवा बड़ौदा राज्य को अर्पित करना लाजमी हो गया। अतः डॉ. आंबेडकर अपनी पढाई बीच में ही छोडकर सन् 1917 में भारत वापस आ गये। वह बडौदा

में अकाउंटन्ट जनरल के आफिस में प्रोबेश्नर की हैसियत से काम करने लगे। परंतु दफ्तर के अन्दर और बाहर भी तत्कालीन दकियानूसी समाज ने डॉ. आंबेडकर के साथ एक अछूत का सलूक किया। फलतः उन्हें वह स्थान जल्दी ही छोड कर वापस बंबई जाना पड़ा। बंबई लौट कर कुछ दिन डॉ. आंबेडकर को बेरोजगारी में ही काटने पड़े। बाद में वे सिडेनहेम कॉलेज में राजनीति–अर्थशास्त्र के प्रोफेसर पद पर नियुक्त हुये।

सन् 1919 में जब मान्टेग्यू–चेम्सफोर्ड सुधार चल रहा था तो मताधिकार के विषय पर डॉ. आंबेडकर ने अपना अभिमत साउथबरो कमिटी के समक्ष रखा था। उनका मत था कि जब 1916 से ही मुसलमानों को पृथक मताधिकार सरकार द्वारा मान्य हो गया था तो सबसे अधिक पिछडे दलित वर्ग के लिये पृथक मताधिकार क्यों न बहाल किया जाये।

31 जनवरी 1920 को उन्होंने मूकनायक नामक एक मराठी पाक्षिक पत्रिका प्रारंभ की। वह अन्याय के खिलाफ मंथन और समीक्षण करने वाला मुखपत्र था। सन् 1920 में उन्होंने कोल्हापूर के छत्रपति शाहू महाराज की छत्रछाया में प्रथम अखिल भारतीय दलित वर्ग संस्था का नागपूर में सम्मेलन कराया और वहां यह ऐलान किया कि दलित वर्गों की मुक्ति उनके अपने प्रयासों से ही संभव है।

सितंबर 1920 में उन्होंने अपने लंदन विश्वविद्यालय की पढाई फिर से आरंभ की। अगले ही वर्ष उन्होंने एम. एससी. की उपाधि प्राप्त की, जो डॉक्टरल शोध के लिये अनिवार्य शर्त थी। उसके बाद उन्होंने उस समय के सर्वश्रेष्ठ अर्थशास्त्र के विद्वान सर एडविन केनन के मार्गदर्शन में रुपये की समस्या पर एक बृहद् शोध प्रबंध लिखा, जिसे बाद में लंदन के ही पब्लिशर, पी. एस. किंग एण्ड सन्स ने सन् 1923 में *रुपये की समस्या, उसकी उत्पत्ति और उसका उपचार* शीर्षक से प्रकाशित किया। और उसी प्रकाशक ने अमरीका के कोलंबिया विश्वविद्यालय से स्वीकृत उनका पहले से ही तैयार *ब्रिटीश भारत में प्रांतीय वित्त नामक* पी. एच. डी. की उपाधि का शोध प्रबंध सन् 1925 में प्रकाशित किया। सन् 1922 में डॉ. आंबेडकर ने बर्लिन में उच्चतर शोधाध्ययन के लिये तीन माह खर्च किये। उसी वर्ष ग्रेज इन के बार का बुलावा आया।

अगले वर्ष वह भारत लौट आये और वहां उन्होंने मुंबई उच्च न्यायालय में वकालत की।

इंदौर के तत्कालीन महाराज मल्हार राव होलकर के एक राज घराने के बाहर की महिला के साथ वैवाहिक संबंध के बारे में उपजे विवाद में महाराजा की वकालत करने, और एक अन्य इंदौर निवासी के एक मंदिर के पास की जमीन के मुकदमें में पैरवी करने के सिलसिले में डॉ. आंबेडकर इंदौर आये थे। इंदौर के इन दोनो मामले में उनकी वकालत ने संबंधित पक्षों को जीताकर राहत दिलाई थी।

जून 1925 से मार्च 1928 तक उन्होंने वहां के अकाउन्टंसी की बाटलीबोई प्रशिक्षण संस्थान में अंशकालीन प्राध्यापक की सेवायें प्रदान की। जून 1928 से मार्च 1929 तक वे मुंबई के शासकीय विधि महाविद्यालय के प्राध्यापक रहे।

सन् 1924 में उन्होंने *बहिष्कृत हितकारणी सभा* की स्थापना की। उसके तहत उन्होंने सोलापूर में दलित वर्ग छात्रावास खोला। सन् 1927 में उन्होंने महाड सत्याग्रह चलाया और अहिंसा के मार्ग से आम लोंगों की तरह अछूतों के अधिकार को भी कुओं, तालाबों आदि पर प्रस्थापित किया। उससे दलितों का हिंदुओं के साथ सीधा संघर्ष छिड गया। इतना ही नही, बल्कि 25 दिसंबर 1927 के दिन

मनुस्मृति का सामुहिक रुप से दहन कर उन्होंने सिद्ध कर दिया कि अब वे हिंदुओं की गुलामी में नही रहेंगे।

सन् 3 अप्रैल 1927 से डॉ. आंबेडकर ने *बहिष्कृत भारत* नामक पाक्षिक चलाया। उनके संघर्ष का यह एक पायदान था। इसी दौरान डॉ. आंबेडकर ने समाज सुधार और राष्ट्र निर्माण की कटिबद्धता स्वीकार की। अतः उन्होंने मुंबई विधान मंडल में सन् 1927 से सन् 1937 तक कुल 10 वर्ष के कार्यकाल में एक सक्रिय सदस्य की भूमिका निभाई। मुंबई विधान मंडल में उन्होंने गरीबों पर लादे जानेवाले बजट के संबंध में प्रशासन् की लापरवाही पर कठोर प्रहार किया।

उनका वक्तव्य अनोखा रहता था। उन्होंन 29 मई और अक्टूबर 1928 में सायमन कमिशन में मुंबई विधान मंडल कमिटी से हटकर उसके एक सदस्य की हैसियत से अपना अलग वक्तव्य दिया कि भारत के संवैधानिक प्रजातंत्र में दलित वर्गों का दृष्टिकोण ध्यान में रखा जाना चाहिये। वहां उन्होंने मुंबई पैतृक व्यवसाय अधिनियम 1874 के संशोधन का विधेयक प्रस्तुत किया।

समाज में एकता स्थापित करने के लिये उन्होंने क्रमशः समाज समता संघ और समता सैनिक दल की स्थापना सितंबर और दिसंबर को सन् 1927 में की।

उन्होंने बहिष्कृत हितकारणी सभा की ओर से शिक्षा में दलित वर्गों की स्थिति पर प्रकाश डालते हुये वक्तव्य दिया था कि प्रशासन् का आधार सार्वत्रिक वयस्क मताधिकार होना चाहिये। उसी वर्ष उन्होंने दलित वर्ग शिक्षा समाज की स्थापना की और उसके माध्यम से उच्च विद्यालय के दलित छात्रों के लिये पनवेल, ठाने, नासिक, पुणे और धारवाड में छात्रावास खोले।

सन् 1930 में नासिक में ही कालाराम मंदिर प्रवेश सत्याग्रह में उन्होंने दलित वर्ग के धार्मिक हितों की रक्षा के लिये अहम भूमिका निभाई। और उसी वर्ष नागपूर में आयोजित अखिल भारतीय दलित वर्ग कांग्रेस की अध्यक्षता की। उन्होंने ब्रिटीश प्रशासन् के प्रतिकूल रवैये, भारतीय उच्च जातियों का रुढिवाद तथा गांधी और कांग्रेस की सनातनी नीतियों पर अपनी आलोचना से प्रहार किया। और दूसरी गोलमेज परिषद में उन्होंने गांधी से दलित हितों के रक्षणार्थ लडाई मोल ली। उनके विचारों का मायनारिटी पैक्ट पर इतना प्रभाव था कि उनके सुझावों का समावेश 1932 के जातीय समझौता तथा 1935 के भारत अधिनियम में भी है, हालांकि गांधी के आमरण अनशन से दलितों को पृथक प्रतिनिधित्व के स्थान पर संयुक्त प्रतिनिधित्व और आरक्षण से संतोष करना पडा।

उन्होंने 24 नवंबर 1930 को जो *जनता* नामक पाक्षिक चलाया था, वह एक वर्ष बाद साप्ताहिक के रुप में चलता रहा, और 4 फरवरी 1956 से *प्रबुद्ध भारत* के नाम से प्रकाशित होता रहा।

भारतीय मताधिकार कमिटी अथवा लोथीयन कमिटी के एक सदस्य की हैसियत से डॉ. आंबेडकर ने दलितों की प्रातिनिधिक और मताधिकार की स्थिति का जायजा लेने हेतु पूरे भारत का दौरा कर उसका परीक्षण किया।

पूना पैक्ट के बाद एंटी–अन्टचेबिलिटी लीग की स्थापना भी हुई। परंतु डॉ. आंबेडकर ने पाया कि अछूतों पर हिंदू दमन बरकरार रखनेवाली बलात् अवस्था में हुये पूना पैक्ट और हरिजन सेवक संघ यानी एन्टी अन्टचेबिलिटी लीग के द्वारा अछूतों का आत्म सम्मान दांव पर लगा देख कर डॉ. आंबेडकर ने सन् 1933 में संघ से अपना इस्तीफा दे दिया।

उन्होंने 17 नवंबर 1932 से 24 दिसंबर 1932 तक के दौरान आयोजित गोलमेज परिषद में हिस्सा लिया, मुंबई के शासकीय महाविद्यालय में जून 1934 में प्रथम अंशकालीन प्रोफेसर के पद पर कार्य किया और 1 वर्ष पश्चात् वहां के प्राचार्य पद को संभाला। 27 मई 1935 में उनकी धर्मपरायण पत्नि रमाबाई का देहांत हुआ। उन्होंने स्वयं 3 पुत्र और 1 पुत्री के निधन का दुख सहा था। रमाबाई ने डॉ. आंबेडकर के विदेश में अध्ययन करने के दौरान अपना जीवन एकांत और दरिद्रता में बिताकर अब संसार से विदा ली थी।

13 अक्तूबर 1935 को डॉ. आंबेडकर ने नासिक में येवला की दलित वर्ग की सभा में हिंदू धर्म छोडने की बात कही थी। मई 1936 में उन्होंने इस प्रश्न को सुलझाने के लिये एक महार परिषद भी बुलाई। अगले 21 वर्ष तक उन्होंने धर्मों का तुलनात्मक अध्ययन किया।

1936 का उनका अत्यंत प्रखर भाषण जात पात तोडक मंडल, लाहोर की सभा के लिये तैयार किया गया था। उसमें व्यक्त विचारों में धर्म पर की गई समीक्षा पर मंडल के संगठक श्री संत राम व अन्य प्रमुख नेताओं को एतराज होने से वह सभा ही रद्द कर दी गई। अतः उस भाषण को बाद में *जातिभेद निर्मूलन* शीर्षक से एक पुस्तिका की शक्ल में छाप दिया गया। डॉ. आंबेडकर की यह पुस्तिका भारत के मज़लुमों के लिये वही कार्य कर रही है, जो काम कार्ल मार्क्स और एंगल्स के कम्युनिष्ट घाषणा पत्र (1848) ने विश्व के सर्वहाराओं के लिये किया था। डॉ. आंबेडकर की हिंदू धर्म की समीक्षा पर गांधी जी भी खफा हो गये थे, क्योंकि उनके लिये वर्ण व्यवस्था में कोई बुराई नही थी। उसी वर्ष डॉ. आंबेडकर ने खेतीहर श्रमिकों की अल्प जोतों से संबंधित खोति पद्धति को मिटाने का विधेयक मुंबई विधान परिषद में प्रस्तावित किया।

इतना ही नही बल्कि 15 अगस्त 1936 में ही उन्होंने स्वतंत्र मजदूर दल की स्थापना कर 1937 के निर्वाचन में 17 सीटों में से 15 सीटों पर निर्वाचन में जीत हासिल की और 1938 में श्रमिकों के हितैषी के नाते श्रमिक आंदोलन को नियंत्रित करने वाले औद्योगिक श्रम विवाद विधेयक का विरोध भी किया। शासन् की युद्ध नीति पर भी उनका एक विशेष दृष्टिकोण रहा, जिस के आधार पर उन्होंने शासकीय प्रयासों को सराहा था।

गांधी और कांग्रेस के सामाजिक सुधार के प्रति उदासीन रहने के फलस्वरुप मुस्लिम लिग ने लाहौर में अपने अलग राष्ट्र पाकिस्तान की मांग की। सन् 1940 में डॉ. आंबेडकर ने *पाकिस्तान अथवा भारत का विभाजन* और सन् 1943 में अपने दूसरे भाषण–ग्रंथ रानडे, गांधी और जिन्ना के माध्यम से इस खतरे की ओर इशारा किया था। बार–बार चेतावनी देने पर भी सनातनी समाज के कान में जूं तक नही रेंगी। डॉ. आंबेडकर ने भांप लिया कि यहां का समाज राजनीतिक कम और जातिगत अधिक है। अतः जुलै 1942 में, जब क्रिप्स मिशन की चर्चा चल रही थी, उन्होंने शिडयुल्ड कास्ट फेडरेशन की स्थापना की। भारत के संवैधानिक निर्माण में हिंदु और मुस्लिम राजनैतिक दलों के बीच उस फेडरेशन की भूमिका ऐसी ही अपेक्षित थी जैसी दो बड़े धड़ों के बीच एक संतुलन शक्ति की होती है।

27 जुलै 1942 में महाराज्यपाल की कार्यकारिणी में पांच साल के लिये श्रम मंत्री के पद पर नियुक्त हो जाने के पश्चात् दिसंबर 1942 में ही डॉ. आंबेडकर ने पेसिफिक रिलेशन्स कमिटी द्वारा क्युबेक में आयोजित सम्मेलन के लिये *गांधी और अछुतों की मुक्ति* नामक एक शोध पत्र लिखा।

इसी समय के दौरान डॉ. आंबेडकर ने दलितों का नौकरी में आरक्षण, श्रम विधियां व श्रम कल्याण तथा श्रमिक–उद्योगपति–सरकार की परस्परावलंबी त्रिसूत्रीय योजना, बहुउद्देशीय विकास योजना अर्थात् दामोदर घाटी तथा महानदी परियोजना की व्यापक नीतियां बना ली थी। संक्षेप में उन्होंने एक कल्याणकारी शासन् की नींव रखी हालांकि सन् 1951 में श्री नेहरु ने उन्हें पंचवर्षीय योजना विभाग मंत्रालय सौंपने से इंकार किया था।

अपने पचासवे जन्मदिवस समारोह पर अवाम को संदेश देते हुये डॉ. आंबेडकर ने कहा था, "मैं प्रजातन्त्र का कट्टर अनुयायी हूँ। व्यक्तिगत पूजा प्रजातन्त्र विरोधी है। अपने इस भारत में राष्ट्रीय नेता को अवतारी पुरुषों जैसा आदर का स्थान दिया जाता है। भारत के बाहर अन्य देशों में केवल महापुरुषों की ही जयंतियां मनाई जाती है। अगर नेता योग्य हुआ तो उस की प्रशंसा, प्रेम और आदर करना कोई हरकत नही और उतने में ही उस नेता एवं उस के अनुयायियों का समाधान होना चाहिए, परंतु नेता की देव स्वरुप पूजा करना मुझे कतई पसन्द नही। इस से नेता के साथ साथ उस के अनुयायिओं का भी अधःपात होता है। मेरा व्यक्गित जन्मदिन मनाया जाना मुझे बिलकुल पसंद नहीं"।

"परन्तु यहां यह सब बताने से कोई लाभ नहीं। संदेश की बजाय मेरे भाईयों को ग्रीक पुराण में लिखित स्रोत की एक कहानी बताऊंगा, जो ग्रीक देवता पर है, जिसे होमर ने लिखा है। प्रसंग इस प्रकार है –

"ग्रीस में एक डिमेटर नाम की देवी थी। वह अपनी पुत्री के खोज में घूमते–घूमते केलिओस के राज्य में पहुंची। उस ने दाई का वेश धारण किया था। इसलिए उसे कोई पहचान न सका। रानी मेटोनेरा ने अपने छोटे बच्चे डेमोफून की देखभाल के लिए उस को अपने घर रख लिया। डिमेटर देवी प्रति दिन रात के समय राज महल में सब के सो जाने पर द्वार बन्द करके उस बच्चे को झूले से धीरे–धीरे बाहर निकालती और उसे वस्त्र विहीन कर जलते अंगारों पर रखती थी। शायद श्रोताओं को यह कृत्य कृर–सा लगेगा। परन्तु यह वास्तव में वैसा नही था। बड़े प्रेम से वह देवी उसे देवता बनाने में लगी थी। क्रमशः उस बालक में जलते अंगारों की ज्वाला सहन करने की शक्ति एवं सामर्थ्य उत्पन्न हो गई। उस का बल बढने लगा। उस में कुछ तेज, दिव्यत्व एवं असाधारणता के अंश विकसित होने लगे। परन्तु एक रात उस बालक की मां अचानक उस कमरे में पहुंच गई और अपने पुत्र को देवता बनाने का वह प्रयोग देखते ही डिमेटर देवी को धकेल अंगारों में से बालक को शीघ्र उठा लिया। उस का पुत्र उसे मिल तो गया परन्तु साधारण मनुष्य–बालक को असाधारण रुप में न पा सकी"।

यह कहानी बताती है कि अपना भविष्य उज्वल करने हेतु मनुष्य को वर्तमान सुख एवं आवश्यकताओं का भी त्याग करना चाहिये। ऐसा क्यों होता है कि जीवन की दौड़ में भाग लेने का आमंत्रण सब को आता है परन्तु बहुत थोड़े लोग सफल होते है? इस का कारण यह है कि भविष्य की आवश्यकता की पूर्ति हेतु वर्तमान की विलासिताओं का त्याग करने में लगनेवाला धैर्य या निर्धार मनुष्य के पास नही रहता। इसलिये जीवन की दौड़ में इन्हें बड़प्पन नही मिलता[6]।"

बिरले ही पुरुष युग प्रवर्तक होते हैं। जो लोग गरीबी और गुलामी में पैदा होकर गरीबी और गुलामी की जंजीर तोड़ देते हैं वे धन्य हो जाते हैं। बीसवी सदी के आरम्भ और मध्य में जो राजनैतिक पराधीनता थी उस से मुक्त होने मात्र से सामाजिक स्वाधीनता के ख्वाब पूर्ण नही हुये है।

विश्व मे आज आर्थिक विषमता के साथ साथ मुक्त बाजार व्यवस्था के जरिये विकसित देशों के द्वारा अविकसित देशों के हित–साधन को बढाने की अपेक्षा उनके शोषण और दमन को और अधिक उग्र किया जा रहा है। नब्बे के दशक में नई आर्थिक नीतियां भारतीय समाज में कार्यान्वित की गई और उसी के अनुसार बहुराष्ट्रीय निजी कंपनियों ने यहां के उपभोक्ताओं को प्रभावित, यहां के उत्पादकों को प्रताडित और यहां के शासन् कर्ताओं को दिग्भ्रमित करना आरंभ किया।

परंतु अगतिक हुई विश्व व्यवस्था को सार्वभौमिक हिताय और सार्वभौमिक सुखाय के उद्देश्य से नई जीवन व्यवंस्था में प्रवर्तित करने के लिये जिस नैतिक, मानव केंद्रित वैचारिकी और युग प्रवर्तक की जरुरत है, और जिस की कमी सबको खल रही है, उस पूर्ति हेतु डॉ. आंबेडकर जैसे कर्मठ रहबर और सम्यक युगद्रष्टा के दर्शन–ज्ञान को आत्मसात करना होगा। क्योंकि विश्व के हर देश की भांति भारत में भी इस दृष्टा के युग प्रवर्तक वैचारिकी से सबसे खतरनाक मानवता मारक मानसिक कोढ अस्पृश्यता की बिमारी खत्म होने जा रही है।

अतः एक आवाज से ऐसी प्रार्थना करना चाहिये जिस से लोगों के उद्धार की भावना जागृत हो और ऐसा दृढ निश्चय करना चाहिये कि ''जिन लोगों में अपना जन्म हुआ है उनका उद्धार करना अपना कर्तव्य है, यह जिन्हें मालूम हैं वे धन्य हैं। परतन्त्रता पर आक्रमण करने के लिये जो अपना तन, मन, धन और यौवन कुर्बान कर देते हैं वे धन्य हैं। मनुष्य को अपनी मानवता पूर्ण रुप से मिलने तक जो अच्छाई–बुराई, सुख–दुःख, लाभ–हानि, यश–अपयश, शांति–शमसान, संकट–संघर्ष, मान–अपमान, इत्यादि की परवाह न कर सतत संघर्ष करते रहे हैं वे धन्य हैं''।

प्रजातंत्र की मारक अस्पृश्यता

डॉ. आंबेडकर ने स्वयं की लेखनी से इस प्रकार बयान किया है। उन्होंने लिखा हैः

''हमारा परिवार मूलतः मुंबई प्रेजीडेंसी के रत्नागिरी जिले के दापोली तहसील (अंबावडे ग्राम) से आया था। ईस्ट इण्डिया कंपनी के बिलकुल आरंभ से मेरे पूर्वजों ने अपना पैतृक व्यवसाय त्याग दिया था और कंपनी की सैनिकी सेवा में भर्ती हो गये थे। मेरे पिताजी ने भी परिवार की इस परंपरा का अनुकरण किया और सैनिकी सेवा में भर्ती हुये। अपने केरियर में वे अधिकारी की श्रेणी तक पहुंचे और मेजर सूबेदार के पद पर (महू से) सेवा निवृत्त हुये। अपने सेवानिवृत्त होने के पश्चात् स्थायी रुप से बसने के इरादे से मेरे पिता अपने कुटुंब को लेकर दापोली आये। लेकिन कुछ कारणों से मेरे पिताजी ने अपना मन बदला। अतः वे दापोली छोडकर सतारा आये और वहां हम सन् 1904 तक रहे।

सतारा में ही मेरी मां (जिसे मैं *बय* कहता था) शांत हो गई थी। मेरे पिताजी कोरेगांव में केशियर का काम करते थे। यह गांव खाटव तहसील में था। यहीं पर मुंबई सरकार ने हजारों की तादाद में भूख से मर रहे लोगों को आजीविका देने के उद्देश्य से तालाब की खुदाई का उपक्रम शुरु किया था। मेरे पिता ने लिख भेजा था कि हम आगामी ग्रीष्म की छुट्टियां उनके पास कोरेगांव में ही बितायें।

रेलगाडी से कोरेगांव जाने के लिये सब से नजदीक मसूर स्टेशन पड़ता है। वहां पर हम शाम को 5 बजे पहुंचे। सभी यात्री जा चुके थे। हम चार बच्चे प्लेटफार्म पर पिताजी अथवा उनके नोकर, जिसे वे भेजनेवाले थे, का इंतजार कर रहे थे। काफी समय बित गया पर कोई नही आया। हमारे

सुंदर परिधान देखकर स्टेशन मास्टर को लगा कि हम ब्राह्मण लडके होंगे। अतः उन्होंने पूछा कि हम कौन है। मैने महार कह दिया। बंबई प्रेजीडेंसी में महार एक अस्पृश्य जाती होती है। यह बात तांगेवालों तक फैल गई। हमें ले जाने के लिये एक तांगेवाला बडी मुश्किल से तैयार हुआ। वह भी इस शर्त पर कि हम उसे दुगुना भाडा देंगे और तांगा हम खुद चलायेंगे और स्वयं तांगेवाला गाडी के पीछे–पीछे पैदल चलेगा।

शाम के लगभग साढ़े छह बज चुके थे जब हम लोगों ने स्टेशन छोडा। मध्य रात्री भी बीत गई जब मात्र चुंगी नाके तक पहुंचे थे। नाके वाला हिंदू था, उसे पानी मांगा तो उस ने साफ इंकार कर दिया। हम वहां भूखे–प्यासे ही सोये। दुसरे दिन सुबह 8 बजे फिर बैलगाडी में यात्रा जारी रखी तो कोरेगांव सुबह 11 बजे पहुंचे। हमें देखकर पिताजी को आश्चर्य हुआ। हम ने कहा सूचना भेजने पर भी हमें लेने स्टेशन पर क्यों नही आये तो उन्होंने पता लगाया कि उन्हें इसकी सूचना मिली ही नही थी, जो उनके नोकर की भूल थी।

जब वह घटना हुई तो में 9 साल का बालक था। लेकिन उस ने मेरे मन पर अमिट छाप छोडी है। इस प्रसंग के पूर्व मैं जानता था कि मैं एक अछूत बालक हूं और सभी अस्पृश्य कुछ अप्रतिष्ठा और भेद–भाव के शिकार हैं। मिसाल के तौर पर मैं जानता था कि स्कूल में मैं अपने क्रम के अनुसार अपने वर्ग–सहपाठियों के बीच में नही बैठ सकता था और मुझे एक कोने में अकेले ही बैठना पडता था। मैं जानता था कि स्कूल में मुझे एक बोरी की चटाई पर अपनी कक्षा से अलग हट कर बैठना पडता था और जो फर्राश स्कूल की सफाई करता था वह भी मेरे द्वारा इस्तेमाल की गई बोरी की चटाई को नही छूता था। बोरी की चटाई भी मैं प्रति दिन घर से अपने साथ ले कर स्कूल में जाया करता था। स्कूल में अन्य बच्चे प्यास लगने पर अध्यापक की अनुमति से पानी के नल के पास जाते, उसे खोलते और अपनी प्यास बुझाते थे। पर मैं पानी का नल छू नही सकता था और जब तक कोई दूसरा स्पृश्य प्राणी मेरे लिये उसे खोल नही देता तब तक मैं प्यासा का प्यासा ही रह जाता। अध्यापक ऐसे काम के लिये स्कूल के चपरासी को भेजते पर जब वह उपलब्ध नही होता तो मैं बिना पानी के ही रह जाता था। क्योंकि चपरासी नही तो पानी नही ऐसा नियम बन गया था। मैं जानता था कि घर में कपडे धोने का कार्य मेरी बहने करती थीं, इसलिये नही कि सतारा में धोबी नही थे, अथवा हम धुलाई का खर्चा देने योग्य नही थे, बल्कि इसलिये कि हम अछूत थे और कोई भी धोबी अछूत के कपडे नही धोता था। दाढी बनाने और बाल कटवाने का काम मेरी बडी बहन करती थी क्योंकि सतारा का कोई नाई अछूत की दाढी और बाल नही बनाता था। ये सब मैं जानता था। परंतु इरा घटना ने तो मेरे दिल को ऐसी चोंट पहुंचाई जिसे मैंने पहले कभी अनुभव नही किया था। और उस घटना ने मुझे उस अछूतपन के बारे में सोचने के लिये मजबूर कर दिया जो इस प्रसंग के पूर्व मेरे और अन्य कई स्पृश्य और अस्पृश्यों के लिये एक आम बात थी और आज भी है[7]''।

उनके लेखन में अस्पृश्यता का उल्लेख कई बार हुआ है। अस्पृश्यता का अर्थ है ऐसे सामाजिक संबंध जो एक मनुष्य को दूसरे मनुष्य से तोडनेवाले हो। जैसे मनुष्यों में स्वाभाविक रुप से एक साथ बैठने, एक साथ विचार करने, एक साथ निर्णय लेने, एक साथ खान–पान करने, एक दूसरे के गोत्र में शादी–ब्याह करने जैसी बातों में कृत्रिम दूरियां पैदा करना अस्पृश्यता है। अथवा सार्वजनिक तालाबो, कुओं, नदीयां, पनघटों, स्कूलों, संस्थाओं, धर्मशालाओं अथवा अन्य किसी भी सामूहिक उपभोग की

जगहों को किसी वर्ग के लिये प्रतिबंधित कर देना, अथवा जाति–जाति में अंतर्विवाह करने न देना, समाज के समस्त स्त्री–पुरुष सदस्यों में बराबरी की भावना न रखना और समानता, स्वतंत्रता और भाईचारा के सिद्धान्त से सार्वजनिक सार्वभौमिक प्रजातंत्रीय जीवन व्यवस्था को व्यवहार में न अपनाना इत्यादि अस्पृश्यता है।

जिस समाज की दैनंदिन की चर्या अस्पृश्यता के संबंध से निश्चित होती है वह समाज अन्गिनत वर्गों और संवर्गों में लिंग, रुप, रंग, वर्ण, भाषा, प्रांत, परंपरा, धर्म आदि के आधार पर विभक्त होता चला जाता है। ऐसे समाज की सरंचना पिरामिंड की भांति होती है। सबसे ऊपर मुट्ठी भर लोग, और सब से नीचे आम परिश्रमी लोग। सीढी–दर–सीढी के क्रम से कई श्रेणियों में विभक्त क्षत्रिय, वैश्य और शूद्र जातियों की साहसिक, सांपत्तिक और शारीरिक कमाई पर ऐश करने वाले सर्वोपरी अधिकारी ब्राह्मण होते है यद्यपि वे भी कई श्रेणियों में विभक्त होते हैं। इतना ही नही बल्कि हिंदू धर्म शास्त्रोक्त कानून के तहत एक ब्राह्मण मनुष्य कम से कम ब्राह्मणी, क्षत्राणी, वैश्याणी तथा शूद्राणी इन चार–चार महिलाओं के साथ वैधता से यौन संबध रख सकता है। और राजनीतिक, धार्मिक और आचार के नियमों का नियन्ता और न्याय कर्ता भी वही होता है। इस आधार पर हम कह सकते है कि भले ही कोई अस्पृश्य व्यक्ति हो लेकिन वह भी ब्राह्मण का उपभोग्य पदार्थ होता है।

नीचे के सभी वर्ण, वर्ग या जातियां ऊपर की तथाकथित सर्वश्रेष्ठ जाति की तरह आपस में विभक्त तो है परंतु उन्हीं की तरह एक होकर कभी अपना संगठित 'समाज' नही बना पाने के कारण पराधीन हैं।

वर्ण–जाति और लिंग के आधार पर बटे समाज की चौखट से परे एक धर्म या नैतिकता की वरिष्ठता पर आधारित लडाई की भी परंपरा है, जिस से आहत वर्ग एक साथ विद्यमान राजनैतिक सत्ता; आर्थिक संपन्नता, शैक्षणिक विकास, सामाजिक प्रतिष्ठा और सांस्कृतिक गुणात्मकता के बराबरी के हिस्सेदार नही है और न उनके धर्म एक है।

प्रजातंत्र में वर्तमान कमजोर वर्ग शासक वर्ग रहा

देश के राजनैतिक दलों ने यदि देश हित की अपेक्षा अपने दल हित को प्राधान्य दिया तो देश फिर एक बार संकट में गये बिना नही रहेगा और तब फिर अपना सर्वस्व हमेशा के लिये नष्ट हो जायेगा।
–डॉ. आंबेडकर

भारत का इतिहास गैर भारतीय आर्य, ग्रीक, ईरानी, कुशान, शक, हूण, मुस्लिम और अंग्रेज आदि के आक्रमणों और भारतीय जाति, उपजाति और जमातिओं में सामाजिक दुराव, आपसी वैरत्व और द्वेष का रहा है। गाने के लिये हम गाते है कि धर्म नही सिखाता आपस में बैर रखना । परंतु प्राचीन भारतीय पराधीनता का बीज धार्मिक दुराव में ही छिपा था इस से इन्कार नही किया जा सकता। डॉ. आंबेडकर ने सन् 1946 में स्वरचित शोध ग्रंथ ''शूद्र पहले कौन थे'' में इस प्रकार वर्णित किया है:–

''आर्यों से भी ज्यादा पराक्रमी दास या दस्यु लोग थे। वे जंगली आदि–मानव नही थे। वे आर्यों की भांति सभ्य और उन से भी अधिक बहादूर थे। श्री अयंगर ने लिखा है कि ऋग्वेद संहिता के अनुसार दस्यु लोग नगरों में रहते थे और कई लोगों के नाम राजाओं की सूची में आते थे। इन्द्र ने अपने भक्त दिवोदास के लिये दस्युओं के शत शत शीलाओं से बने महलों पर अतिक्रमण किया था।

अग्निदेवता ने आर्यों के खातिर अग्निपूजा के वैरी दस्युओं के नगर तोड कर उन्हें अग्नि में स्वाहा कर दिया था। जिन शीला–कारागृहों में आर्यों से छिनी हुई गौवें सुरक्षित रखी जाती थी, उन्हें ही बृहस्पति ने नष्ट कर दिया था। दस्यु लोगों के अपने रथ, और आयुध थे, जिनका प्रयोग वे आर्यों की तरह, युद्ध में करते थे[8]।

आर्यों के साथ दस्युओं का विवाद नस्ल का नही बल्कि धर्म पर आधारित विवाद था। ऊपरोल्लेखित वही लेखक बताते है कि दस्यु अव्रत थे यानी वे आर्य के संस्कार से नही चलते थे। वे अपवगंत और विभिन्न प्रकार के अन्य व्रत के संस्कार वाले थे। वे अनगनित्र, अग्निविहीन, अयज्यु, अयज्वन या बलिकर्म के विरोधी थे। वे अब्रह्म, वैदिक अर्चना और अर्चक को न माननेवाले, अनरिछः या रिक्विहीन, ब्रह्मद्वेष या ब्रह्मण अर्चना के द्वेष्टा, अनिन्द्र या इन्द्र के शत्रु थे। वे न क्षीर का तर्पण करते थे न किसी ब्राह्मण को चढ़ावा चढ़ाते थे[9]।

स्वाधीनता से वंचित जाति, महार और उनके राष्ट्र, महाराष्ट्र का इतिहास डॉ. आम्बेडकर के जीवन–चरित्र को समझने के लिये आवश्यक है। महाराष्ट्र की उत्पत्ति का एक विचारणीय तर्क यह है कि पूर्व समय में वर्तमान महाराष्ट्र में एक महारट्ठ नामक बौद्ध भिक्षु को प्रचारार्थ भेजा गया था। उस ने वहां के लोगों को बौद्ध धर्म में धर्मांतरित किया था। इस प्रकार बौद्ध धर्म अपनानेवालों को उनके गुरु महारट्ठ के नाम से पहचाना जाने लगा। सब से अधिक महारट्ठ जिस प्रदेश में निवास कर रहे थे, उस प्रदेश का नाम कालांतर में महाराष्ट्र पड़ा। महारट्ठ स्थविर द्वारा नाग लोगों को बौद्ध धर्म की दीक्षा देने का जिक्र श्रीलंका के प्राचीन इतिहास का ग्रंथ "महावंस" में भी मिलता है[10]।

एक दूसरा सिद्धान्त है जिस की मान्यता है कि नाग शब्द नाईक की पर्यायवाची संज्ञा है[11]। इस जाति के लोगों ने समानता की लडाई लडने के लिये काफी कुर्बानियां दी थी।

महार यानी भूमिपुत्र, नाग या नाईक। वह एक लडाऊ जाति थी। और उनका राज्य महाराष्ट्र था जिस की राजधानी नागपूर थी। उनका धर्म बौद्ध था। वे आज भी महाराष्ट्र और उसके इर्द–गिर्द के प्रदेशों में विद्यमान हैं। ऐतिहासिक काल से उन्हें अपना अस्तित्व कायम रखने के लिये कई दुर्दम्य युद्धों का सामना करना पडा था। जब उनका सर्वस्व नष्ट हुआ तो उनका सामाजिक–आर्थिक दर्जा भी घटा और उन पर कई सख्त और हानिकारक पाबंदियां लाद दी गई। हालांकि उनके पास उपजाऊ जोतें, सैनिकी और नागरी प्रशासनिक पद और बस्तीवालों से सभी प्रकार के फसलों का सोलहवा हिस्सा वसूल करने के आय के साधन आदि बावन अधिकार थे। कालान्तर में वे ही अधिकार अहितकर हो गये और वे उनके पैर की बेडियां बन गये, जिसे तुडवाने के लिये वे लड़ते रहे और अन्त में सन् 1956 में बौद्ध धर्म अपना कर सफल हुये।

प्राचीन समय में महार लोग बुद्ध के अनुयायी थे। अस्सी प्रतिशत भारतीय बौद्धों की उत्खनन की सामग्री महाराष्ट्र में और विशेषतः महार बस्तियों के क्षेत्र में पाई गई है। बौद्ध गुफाओं में भी महार नाम उत्कीर्ण किया हुआ प्राप्त हुआ है। परंतु गुप्त काल के दौरान, विशेषतः मुगल काल में महारों ने बौद्ध धर्म के संस्कारों का पालन करना छोड दिया प्रतीत होता है।

यद्यपि महारों ने मुस्लिम, मराठा, पेशवा, ब्रिटीश और भारतीय सेना में अपनीं सेवायें प्रदान की थी और उन्होंने वारकरी, महानुभाव, कबीर और लिंगायत जैसे हिन्दु संप्रदायों, मुस्लिम और क्रिश्चन

मजहबों को अपनाया था तथापि उन की सामाजिक प्रगति और प्रतिष्ठा, आर्थिक बढोतरी तथा सांस्कृतिक हिस्सेदारी बौद्ध धर्म अपनाने के बाद भी और आज भी निरन्तर प्रश्न चिन्ह बनी हुई है।

ईस्ट इंडिया कंपनी के प्रत्येक टुकडी के लिये स्वतंत्र स्कूल और योग्य शिक्षक की व्यवस्था थी। पूणे में नार्मल स्कूल अध्यापक प्रशिक्षण केन्द्र था। रामजी सकपाल ने इसी नार्मल स्कूल में मास्टर का डिप्लोमा प्राप्त किया था। वे 14 वर्षों तक सैनिक स्कूल में हेडमास्टर रहे और बाद में तरक्की करते हुये सूबेदार मेजर बने थे। सेना में 25 वर्षों की सेवा पूर्ण होने के उपरान्त वे सेवानिवृत्त हुये थे।

उस के एक वर्ष बाद श्री गोपाल विठ्ठल वलंगकर (मृत्यु इ. स. 1940 में) को कंपनी शासन् ने महाड के लोकल बोर्ड में नियुक्त किया था। उनका जन्म महाड जिले के रावदक गांव में हुआ था। वे श्री रामजी मालोजी सकपाल के समकालीन और ब्रिटीश सेना में नौकरी और समाज सेवा करनेवाले पहले महार थे। वे महात्मा ज्योतिबा फुले के सानिध्य में लेखन कार्य करते थे। उन्होंने सन् 1886 में सैनिकी सेवा से सेवामुक्त होकर ''विटाळ विध्वंसक'' नामक ग्रंथ लिखा था। उसके चार वर्ष पश्चात् उन्होंने ''अनार्य दोष परिहार मंडल'' की स्थापना की। जब अंग्रेजो ने सन् 1892 में महारों को सेना में भर्ती करना बंद कर दिया तो उन्होंने इसके विरुद्ध प्रतिकार किया था। श्री वलंगकर की तरह श्री रामजी भी वारकरी पंथ, कबीर पंथ और ज्योतिराव फुले के भक्त रहे।

दूसरे महार समाज सुधारक श्री शिवराम जानबा कांबळे थे। उनका जन्म पूना में सन् 1875 में हुआ था। सन् 1904 में उन्होंने ''सोमवंशीय हितचिंतक मित्र समाज''नामक संस्था की स्थापना की थी। उन्हीं का समाचार पत्र ''सोमवंशीय मित्र'' के प्रेरणास्पद वचनों से प्रभावित होकर श्री गणपतराव हनमंत गायकवाड ने उस समय में प्रचलित धार्मिक वेश्या रिवाज में पली जागतीनी, मुरली आदि देवदासिओं में से एक शिबूबाई के साथ विवाह कर लिया था।

सन् 1901 में ''सन्मार्ग निराश्रित समाज'' नामक एक सामाजिक संस्था की भी स्थापना और 1910 से 1918 के दरम्यान ''निराश्रित हिन्द नागरिक'', ''विटाळ विध्वंसक'', और ''मजदूर पत्रिका'' नामक समाचार पत्र चलाने वाले श्री किसन् फागू बन्सोडे पाटील की धर्मपत्नि श्रीमति तुलसाबाई बन्सोडे पाटील पहली महार समाज कार्यकर्ता महिला थी। सन् 1906 में तीसरे महार श्री विठोबा राव मून उर्फ संत पंडे ने ''अंत्यज समाज कमिटी'' की स्थापना की थी। इस प्रकार उपरोक्त संस्था और उनके नेताओं ने डॉ. आंबेडकर के सामाजिक सुधार कार्य हेतु एक खास पृष्ठभूमि तैयार कर रखी थी।

उसके अनंतर डॉ. आंबेडकर भारत के सामाजिक क्षितिज पर उतरे तो उन्होंने दलितों के राजनीतिक पृथक अधिकार हेतु साउथबरो मताधिकार कमिटी के सम्मुख 1919 में अपनी लिखित साक्ष्य दी थी। और बाद में ''बहिष्कृत हितकारिणी सभा (20.7.1924) ''समता सैनिक दल मार्च (1927)'', स्वतंत्र मजदूर दल (15.8.1936), अखिल भारतीय शिडयुल्ड कास्ट फेडरेशन (19.7.1942) और ''रिपब्लिकन पार्टी ऑफ इंडिया (3.10.1957) जैसी देश सुधारक संस्थाओं की स्थापना की थी।

अपने इंदौर आगमन के दौरान वे अपनी जन्म स्थली महू भी आये थे और यहां आपने अपने कार्यकर्ताओं के साथ यादगार के रुप में एक सामूहिक फोटो भी खिंचवाई थी, जो डॉ. बाबासाहेब आंबेडकर राष्ट्रीय सामाजिक विज्ञान शोध संस्थान के कलेक्शन में भी सुरक्षित है।

आर्य, मुगल और ब्रिटीश आक्रमकों से पराजित और अपनी स्वाधीनता के लिये आक्रामकों के साथ अधिक से अधिक समझौता और आत्मीय लोगों से ज्यादा से ज्यादा नफरत करते हुए अपना वैशिष्ट्य कायम रखनेवाले भारतीय समाज की अपनी एक अलग चर्या रही है।

डॉ. आंबेडकर के अनुसार ''भारतीय इतिहास यानी ब्राह्मणवाद और बौद्धवाद के बीच विद्यमान संहारक संघर्ष है। भारतीय इतिहास के तीन काल खंड अर्थात् ब्राह्मणी भारत, बौद्ध भारत व हिंदू भारत है। ब्राह्मणी भारत की जो समाज रचना थी वह बौद्ध धर्म ने बदल डाली। वह एक विशाल क्रांति थी। क्योंकि उस क्रांति से धार्मिक, सामाजिक और राजनीतिक सरंचना में परिवर्तन हुआ है। परंतु हिंदू भारत ने समानताधिष्ठित समाज रचना को क्रमिक असमान जातियों में बदल डाला।

डॉ. आंबेडकर के अनुसार क्रांति के लिये वर्गों में सत्ता संघर्ष होता है जैसा कि वह भारतीय इतिहास में ब्राह्मण और क्षत्रिय वर्गों में रहा है और पराजित क्षत्रिय जाति ही शूदों में परिणत हुई है। इस के लिये मूल्य संघर्ष भी आवश्यक है। बदलते समाज में मूल्य में भी निरंतर बदल होते रहना जरुरी है। यदि मनुष्य की कृति का मुल्यांकन करनेवाले मापदण्ड है तो उसमें भी पुनःसुधारना करने की तैयारी उसे रखना चाहिये। चिरस्थायी मूल्यों के निर्देशन में उसे कालस्थायी मुल्यों में परिवर्तन करना चाहिये। क्रांति के लिये महापुरुष और बुद्धिजीवी वर्ग की भी जरुरत होती है। डॉ. आंबेडकर के अनुसार जब समाज संकटावस्था में होता है तो उसे उस से बाहर निकलने के लिये पथ प्रदर्शन का कार्य मानवी बुद्धि करती है। महापुरुष इतिहास का निर्माता है इस बात को मानने या न मानने के बावजूद भी यह बात अमान्य नही की जा सकती है कि प्रत्येक समाज में बुद्धिजीवी वर्ग होता है और वह सत्ताधारी न होने पर भी अधिक प्रभावशाली होता है[12]।

आरक्षण

सदियों से समाज का एक वर्ग सामाजिक प्रतिष्ठा, दण्ड़विहीन अपराध, शासन् में एक वर्ग केंद्रित सत्ता, शिक्षा में एकाधिकार आदि का भोक्ता रहा है। परंतु उसे बर्दाश्त करते हुये जिन जातियों ने अपना खून पसीना बहा दिया उनके प्रति शासक और शाषक वर्ग की हृदय–शून्यता अबतक अवाक रही है। जब से भारतीय संविधान ने जीवन में सबसे अधिक दलित और पीड़ित जनों के लिये आरक्षण की व्यवस्था बहाल की तब से ही आरक्षण के विरुद्ध आंदोलन ने विकराल रुप धारण कर लिया है। आरक्षण विरोधियों की दृष्टि आरक्षितों के प्रति समाज के एक ऋग्ण वर्ग को स्वस्थ बनाने की नही बल्कि उन्हें अधिक से अधिक वंचित रख कर बेमौत मारने की है ऐसा प्रतीत होता है।

जब बिहार के श्री कर्पुरी ठाकुर के नेतृत्त में जनता दल की सरकार ने मुंगेरीलाल आयोग की सिफारिशों के अनुसार शासकीय नौकरियों में अन्य पिछड़ा वर्ग 8 प्रति शत, अति पिछड़ा वर्ग 12 प्रति शत, अनुसूचित जाति 14 प्रति शत, अनुसूचित जनजाति 10 प्रति शत, महिला 3 प्रति शत, आर्थिक रुप से पिछड़ों के लिये 3 प्रति शत आरक्षण की घोषणा की थी, उसके 3 वर्ष के बाद गुजरात में वैद्यकीय छात्रों ने अनुसूचित जाति–जमातियों के छात्रों को पदव्युत्तर वैद्यकीय अभ्यासक्रम में प्रवेशार्थ प्राप्त आरक्षित सीटों के विरुद्ध हिंसक आंदोलन शुरु किया। 1989 में केंद्र में भूतपूर्व प्रधान मंत्री श्री विश्वनाथ प्रताप सिंग के नेतृत्व में राष्ट्रीय फ्रंट की सरकार ने मंडल आयोग के प्रतिवेदन की कुछ सिफारिशों को कार्यान्वित करने के लिये अधिसूचना निकाली थी कि सामाजिक और आर्थिक रुप

से पिछड़े हुये वर्गों {एस. ई. बी. सी.} के लिये सरकारी नौकरी में 27 प्रति शत आरक्षित सीटें हैं तो इस दौर में नौकरियों में आरक्षित सीटों के विरुद्ध तर्क दिया जाता था कि इस आरक्षण के कारण सभी दलितों को फटाफट नौकरियां मिल जाती है और उस से अन्य जातियों में बेरोजगारी पैदा होती है। शैक्षणिक आरक्षण पर यह एतराज था कि वैद्यकीय और अभियांत्रिकी शाखाओं में दलितों को कम गुणों पर ही प्रवेश मिलता है और उन्हें कम गुणों से ही पास किया जाता है। उस से अधिक गुणवाले और मैरिट के छात्रों की उपेक्षा होती है। और उस से समाज में और व्यावसायिक गुणवत्ता में कोताई आ जाती है। उसी प्रकार राजनीतिक आरक्षण के कारण आरक्षित निर्वाचन क्षेत्र के सवर्ण मतदाताओं को अपने समाज का प्रतिनिधि लड़ाने का अवसर नही मिलता। आरक्षित उम्मीदवार लाद दिया जाता है और निर्वाचन क्षेत्र का विकास रुक जाता है।

1990 के पूर्व और बाद का आरक्षण विरोधी आंदोलन दलितों के विरुद्ध हिंदी भाषाई राज्यों में हुआ था। परंतु इतिहास में आरक्षण के निर्माता सामाजिक असमानता के पुजारी रहे और आज भी हैं।

ऐसे ही एक असमानता के राज, पेशवाई का अन्त 1818 में भले ही हुआ परंतु उसके अवशेष ब्रिटिश–राज में भी विद्यमान थे। 1774 में जिस प्रकार ईस्ट इंड़िया कंपनी का प्रशासन् ब्रिटिश संसद ने अपने हाथ में कर लिया था परंतु उसी संसद ने अगले सौ वर्षों से भी अधिक समय तक कंपनी को नये नये कानून के अंतर्गत नई नई सनद देते रहना जारी रखा था। उसी प्रकार भारत में ब्रिटिश शासन् ने ब्राह्मणों का एकाधिकार खत्म तो किया था परंतु अपने प्रशासन् में सुशिक्षित व्यक्तियों को उच्च पदों पर बिठाने हेतु उन्होंने जो उपक्रम चलाया उस से परिणामतः ब्राह्मणवाद के अवशेष ही नये शासन् में ज्यों के त्यों कायम रहे। भारत की दलित और शोषित जनता अपने शासकों से यह उम्मीद बांधे हुई थी कि विद्यमान सामाजिक ढांचे में बदलाव के लिये हस्तक्षेप किया जायेगा। हस्तक्षेप तो हुआ परंतु स्थिति को जैसी है वैसी ही रखने में। अतः उस बाबत डॉ. आंबेडकर ने एक चीनी दर्जी की मिसाल देते हुये अपनी टिप्पणी में कहा था कि ''एक चीनी दर्जी ने अपने एक ग्राहक का नया कोट सिलाते वक्त उसके एक पुराने कोट का उपयोग कोट को सुंदर तरीके से सिलाने के लिये ही नही बल्कि उस कोट के पुराने पैबंद भी नये कोट पर ज्यो के त्यों उतार देने में किया था''। उसी प्रकार भारत के नये नये शासकों ने अपने अपने शासन् में सदियों से विद्यमान जाति–पांति के पुराने पैबंद को नये सामाजिक ढांचे में ज्यों के त्यों बरकरार रखने में किया हैं।

श्री तिलक राजनीति में क्रांतिकारी और समाज सुधार में सनातनी थे। 1895 में अंग्रेजों ने एक अस्पृश्य श्री नारायणराव लोखण्डे और एक चित्पावन ब्राह्मण श्री विश्वनाथ केशव जोगळेकर को ''रावबहादूर'' की उपाधियां बहाल की थी। इस बाबत् केसरी में छापा गया था कि ''श्री जोगळेकर ऑनरेरी मेजिस्ट्रेट थे। उनको बहाल किया गया सम्मान उचित है परंतु श्री लोखंडे को रावबहादूर की उपाधि बहाल करने में उनकी योग्यता की अपेक्षा उनकी जाति ही विशेष कारक प्रतीत होता है''[13]।

अतः 1882 से 1904 के दरम्यान भारतीय सिविल सेवा में यशस्वी हुये 16 भारतीयों में 15 ब्राह्मण ों का होना कोई आश्चर्य जनक नही था। हालांकि ज्योतिराव फुले ने इस समय के दौरान ब्राह्मण ावाद पर तीखा प्रहार करनेवाली ग्रंथ संपदा प्रकाशित की थी और 19 अक्तूबर 1882 को हंटर शिक्षा आयोग के समक्ष सादर प्रस्तुत निवेदन में बयान किया था कि ''उच्च शिक्षा पद्धति में स्पष्ट झलकने वाली प्रवृत्ति यह है कि उस मे वरिष्ठ अधिकारी के पद क़ेवल ब्राह्मणों की बपौति हो चुके हैं। यदि

शासन् को रयत के कल्याण की वास्तविक चिंता है तो उस का प्रथम कर्तव्य है कि वह इस पद्धति के कई प्रकार के दुरुपयोग को प्रतिबंधित कर, शासकीय नौकरियों में धीरे धीरे अन्य जातियों के लोगों को प्रवेश के अवसर दिला कर उसी अनुपात में ब्राह्मणशाही का नियमन करें"। उन्होंने शासन् से यह भी सिफारिश की कि वे कनिष्ठ जातियों के बच्चों की शिक्षा हेतु स्वतन्त्र विद्यालय की व्यवस्था करें।

फुले के समाज सुधार आंदोलन के कार्यकर्ता श्री भालेकर ने पूना अधिवेशन में सवर्ण बाहुल्य कांग्रेस के रुख के विरुद्ध निदर्शन किया था। श्री वलंगकर ने भी श्री रानडे की मदद से सेना में महारों की भर्ती को प्रतिबंधित करने के आदेश के विरुद्ध ब्रिटिश सरकार से अपील की थी। श्री कांबले ने भी सेना और पुलिस में अस्पृश्यों की भर्ती हेतु मांग रखी थी। वर्तमान के मध्य प्रदेश और तत्कालीन मध्य प्रांत और बेरार के समाज कार्य कर्ता गण श्री बन्सोडे, श्री गवई और श्री नंदागवली ने दलित जागरण का अभियान चलाया था। उसी प्रकार श्री शिंदे की भारतीय निराश्रित सहायक मंडल {डिप्रेस्ड क्लासेस मिशन सोसायटी ऑफ इण्डिया} के तत्वावधान में अस्पृश्यों के हितों के प्रति संवेदनशीलता को बढाया गया।

उक्त समयावधि के दौरान कोल्हापूर के साहू महाराज ने भी जब देखा कि शासकीय नौकरियों में उच्च पदों पर ब्राह्मणों का प्रतिनिधित्व अतिरेकी है तो उन्होंने अपने रियासत में 26 जुलै 1902 को घोषणा की थी कि उनकी संस्थान के प्रशासनिक सेवाओं में पिछड़ी जातियों को 50 प्रतिशत आरक्षण बहाल किया जावेगा। इस से लगभग 17 वर्ष पूर्व राष्ट्रीय कांग्रेस की स्थापना हो चुकी थी। लेकिन वह फुले व रानडे के संगठन की तरह सामाजिक आंदोलन न होकर एक शुद्ध राजनीतिक संगठन था। इस के साथ बाद में हिंदू महासभा {1915} और राष्ट्रीय स्वयंसेवक संघ {1925} नामक ब्राह्मणवादी संगठनों की स्थापना हुई और इसी समय विदेशों के प्रख्यात विश्वविद्यालयों से शिक्षा की उच्चतम डाक्टरेट उपाधि से विभूषित होकर प्रतिक्रांति कारी ताकतों के विरुद्ध अकेले ही लडने के लिये डॉ. आंबेडकर स्वदेश लौटे थे।

राजनीतिक स्थिति

जैसे ही प्रथम महायुद्ध के बाद ब्रिटेन की संसद ने हिन्दुस्तान को जिम्मेदार शासन् प्रदान करने हेतु मॉटेग्यू नीति को लागू कराने की घोषणा की, कांग्रेस ने अपने कलकत्ता के अधिवेशन में अस्पृश्यता को मिटाने की घोषणा की। मॉटेग्यू योजना का मकसद भारत में प्रजातन्त्र राज पद्धति को बहाल कर ब्रिटिश सत्ता को शिक्षित उच्च जातियों के हाथों में हस्तांतरित करना था। इस योजना का विरोध कोल्हापूर के शाहू महाराज (1910), पूना के सत्यशोधक समाज, मद्रास के साउथ इंडियन लिबरल फेडरेशन और जस्टीस पार्टी तथा महाराष्ट्र के डेक्कन रयत समाज ने दर्शाया था। श्री तिलक के बाद कांग्रेस का नेतृत्व गांधी जी ने सम्भाला। फरवरी 1922 में बारडोली में कांग्रेस वर्किंग कमिटी ने दलित वर्ग की शैक्षणिक दशा को सुधारने का नया कार्यक्रम अमल में लाने का निर्णय लिया।

उधर डॉ. आंबेडकर ने मुंबई में मूकनायक नामक पाक्षिक पत्रिका चलाई और नागपूर में अखिल भारतीय बहिष्कृत समाज की स्थापना की। मुंबई में सिडेनहेम शासकीय महाविद्यालय में प्रोफेसर होते हुये भी डॉ. आंबेडकर ने दिनांक 27 जनवरी 1919 के दिन साउथबरो कमिटी के समक्ष दलितों के लिये पृथक निर्वाचन अधिकार की मांग के पक्ष में अपनी साक्ष्य दी। सन् 1928 में उन्होंने उक्त मांग

को संयुक्त निर्वाचन और आरक्षण अधिकार के रुप में सायमन कमिशन के सम्मुख प्रस्तुत किया। 1928 से 1930 तक उन्होंने महाड और नासिक के सार्वजनिक तालाब और मंदिर पर पानी और पूजा के संबंध में समानता का अधिकार स्थापित करने हेतु अपने नेतृत्व में सफल आंदोलन चलाया।

परंतु 1930–32 के दौरान चले बर्तानिया के गोलमेज परिषद ने भारतीय राजनीति की दिशा ही मोड दी। इस गोलमेज परिषद के अधिवशन में जब गांधी जी मुसलमान, ईसाई, (क्रिश्चन), सिख, पारसी, ॲग्लो–इंडियन आदि के स्वतंत्र राजनीतिक अस्तित्व को मान्य कर रहे थे तब वे अस्पृश्य के ऐसे स्वतंत्र राजनीतिक अस्तित्व को मानने से इंकार क्यों कर रहे थे यह समझ में नही आ रहा था। आखिर गांधीजी भी श्री तिलक के नक्शे–कदम पर ही चल रहे थे। ब्रिटेन के प्रधान मंत्री श्री मेक्डोनल्ड द्वारा दलितों को बहाल किया गया स्वतन्त्र निर्वाचन अधिकार निरस्त करने हेतु सन 1932 में गांधी जी ने पूना के येरवडा कारागृह में आमरण अनशन आरंभ किया था।

सन् 1935 में नासिक के येवला में डॉ. आंबेडकर ने घोषणा की थी कि वे हिंदू धर्म में पैदा हुये लेकिन वे हिंदू के रुप में नहीं मरेंगे। सन् 1936 में डॉ. आंबेडकर का ''जातिभेद निर्मूलन'' नामक भाषण उस के आयोजकों को इतना क्रांतिकारी लगा कि लाहौर के ''जात–पांत–तोडक–मंडल ने डॉ. आंबेडकर की अध्यक्षता में होने वाली उस सभा को ही भंग कर दिया। आखिर उस भाषण को समाज हित में एक लघु ग्रंथ की शक्ल में प्रकाशित करने के पश्चात् ही लोगों तक पहुंचाया गया। उस पर गांधी जी की टिप्पणी यह थी कि ''हिंदू धर्म के प्रति अपनी नफरत दर्शानेवालों में अकेले आंबेडकर ही नही है, बल्कि उन लोगों में वह सब से अधिक दृढ और योग्यतम व्यक्ति है''।

द्वितीय महायुद्ध की पृष्ठभूमि में भारतीय राजनीति के घटनाक्रमों में प्रचंड उलट–पुलट हो रही थी। उनमें भारत छोडो आंदोलन, क्रिप्स–व्हेवल योजना, केबिनेट मिशन इत्यादि के साथ साथ धर्म और जातियों का उभार अधिक स्फोटक रहा कहना अतिशयोक्ति नही होगा। इसी बदलाव के कारण डॉ. आंबेडकर ने 1936 में एक व्यापक नींव पर स्थापित स्वतन्त्र मजदूर दल नामक राजनीतिक पक्ष के स्थान पर चार वर्ष के बाद मात्र अनुसूचित जातियों पर केंद्रित शिडयुल्ड कास्ट फेडरेशन नामक पार्टी की स्थापना की। उन्होंने मनमाड की दलित वर्गीय रेल्वे मजदूर परिषद को उदबोधन दिया था कि वे मनुष्यत्व को गिरानेवाले पूंजीवाद से सावधान रहें।

1942 में नागपूर के दलित जाति परिषद के सम्मेलन में दलितों के अधिकारों को भारत के भावी संविधान में अंतर्भूत करने का निर्णय सर्व सम्मति से पारित किया गया।

1945 में पीपल्स एज्युकेशन सोसायटी के तत्वावधान में मुंबई और औरंगाबाद में उच्च शिक्षा के प्रचार और प्रसार हेतु बुद्ध और मिलिंद नामक दो बौद्ध ऐतिहासिक महापुरुषों के नाम पर दो महाविद्यालय शुरु किये गये। डॉ. आंबेडकर ने भिन्न भिन्न जाति और धर्मों को अविभाजित भारत की राजनीति में युक्त प्रतिनिधित्व प्रदान करने हेतु ''जातीय गुत्थी और उसे सुलझाने का उपाय'' नामक योजना एक लिखित पुस्तक की शक्ल में प्रस्तुत की थी। परंतु विभाजित भारत की बदलती परिस्थिति को देखते हुये उन्होंने ''राज्य और अल्पसंख्यक'' नामक योजना को भी एक पुस्तिका के रुप में ही देशवासियों के विचारार्थ रखा।

श्रम मंत्री के पद पर 5 वर्ष तक उन्होंने महा–राज्यपाल की कार्यकारिणी में श्रमिक कल्याण और प्लानिंग का कार्यभार संभाला था। 1947 से उन्होंने श्री नेहरु की केबिनेट में कानून मंत्री का भार वहन कर संविधान का मसौदा तैयार करने और राष्ट्रीय जीवन में स्वाधीनता के संविधान को मूर्त बनाने के लिये स्वयं को खपाया। 26 जनवरी 1950 के अपने संबोधन में उन्होंने भारतीय राजनीतिक जीवन और सामाजिक–आर्थिक लोक चर्या में विद्यमान विसंगति की तरफ इशारा करते हुये उसे मिटाने का देशवासियों को आवाहन किया।

इस विसंगति को मिटाने का एक उपाय आरक्षण पद्धति भी है। परंतु जबतक भारत में मनुष्य और मनुष्य के बीच के संबंध जातिव्यवस्था से निश्चित करने वाली ब्राह्मणी परंपरा चालू रहेगी तबतक सामाजिक, सांस्कृतिक और आर्थिक जीवन में पिछडे हुये वर्गों के लिये ''समान अवसर के लिये विशेष अवसर' के सिद्धान्त पर निर्भर आरक्षण की सीटें रखना ही पडेगी क्योंकि समान मनुष्यों में ही समानता हो सकती है। और असमान लोगों को समान मानना यानी असमानता को कायम रखना है।

पूंजीवाद और ब्राह्मणवाद की ताकतों और उभरती साम्यवादी शक्तियों के बीच का निरंतर सत्ता संघर्ष विश्व के देशों को दो प्रतिस्पर्धी वर्गों में विभक्त कर रहा है।

जो राष्ट्र अभी तक प्रजातन्त्र शासन् के अधीन स्थापित नही हुए वे उक्त दोनों शक्तियों में से किसी भी एक में शामिल हो सकते हैं। नेपाल में अबतक लोकतन्त्र शासन् की स्थापना नही हो सकी है तो उस दशा का उपयोग ब्रिटेन व अमेरिका, भारत तथा कम्युनिस्ट चीन सुगमता के साथ कर सकते है[17]।

हालांकि नेपाल, तिब्बत, चीन और भारत के सांस्कृतिक संबंध बौद्ध धर्मीय थे क्योंकि नेपाल नरेश अंशुवर्मा की बेटी भृकुटी ने तिब्बत के तत्कालीन शक्तिशाली राजा स्रोंङ–त्सान–गैम्पो से विवाह किया था। अंशुवर्मा के समकालीन भारतीय राजा हर्षवर्धन और चीनी सम्राट ताओ–त्सुंग थे। उस सम्राट की राजकुमारी ने भी स्रोंङ–त्सान–गैम्पो से विवाह किया था[14]।

प्रजातंत्र, संविधान और राष्ट्रभक्ति

देश का संविधान कितना भी अच्छा क्यों न हो लेकिन उसको उपयोग में लाने वाले मनुष्य यदि अच्छे नही हों तो संविधान निश्चित ही बुरा सिद्ध होगा। –डॉ. आंबेडकर

आंबेडकर ने क्या किया ग्रंथ के लेखक और मध्य प्रदेश शासन् द्वारा वर्ष 2002–3 में डॉ. बाबासाहेब आंबेडकर स्मृति पुरस्कार के विजेता श्री बाली ने बताया है, ''1927 में लार्ड बर्कन हैड ने भारतीयों को चुनौती दी थी कि वे अपना संविधान बनाकर दिखायें। एक संविधान बनाया गया जिसे 'नेहरु–संविधान' कहा गया, चुंकि संविधान निर्माण समिति के अध्यक्ष पंडित मोतीलाल नेहरु थे इसलिये उसे यह नाम दिया गया किन्तु उस को भारतीयों ने नहीं अपनाया। 1930 में गोलमेज सम्मेलन द्वारा संविधान बनाने का यत्न किया गया किन्तु भारतीय लोग इस में विफल रहे। सप्रू कमेटी द्वारा संविधान बनाने का तीसरी बार यत्न किया गया मगर कोई सफलता न मिली। दिसंबर 1946 में गठित संविधान सभा में सर तेज बहादूर सप्रू, के. एम. मुंशी, ठाकुरदास भार्गव, सरदार पटेल आदि कितने ही वकील थे। उनमें से किसी को संविधान के निर्माण का काम नहीं सौंपा गया। यह

काम डॉ. आंबेडकर ही के जिम्मे सौंपा गया। यह इसलिये कि वह संविधानिक–कानून में कुशल व निपुण थे और एक सच्चे देश प्रेमी थे।"[15]

डॉ. आंबेडकर कैसे देशप्रेमी थे? मुंबई से सन् 1943 में प्रकाशित ग्रंथ, "रानडे, गांधी और जिन्नाह" की भूमिका में उसके लेखक स्वयं डॉ. आंबेडकर ने कहा है:

"यदि मैं श्री गांधी तथा श्री जिन्नाह से घृणा करता हूं, मैं उन से घृणा नही करता। मैं उन्हें नापसंद करता हूँ, तो उसका कारण यह है कि मैं भारत से अधिक प्रेम करता हूँ। यह एक राष्ट्रवादी की सच्ची निष्ठा है। मुझे आशा है कि मेरे देशवासी किसी न किसी दिन यह सीख लेंगे कि देश व्यक्ति से कही महान होता है। श्री गांधी या श्री जिन्नाह की पूजा और भारत की सेवा में आकाश–पाताल का अन्तर है और वह परस्पर विरोधी भी हो सकती है।"

डॉ. आंबेडकर अवाम का एक ऐसा राष्ट्र, एक ऐसा आदर्श समाज और एक ऐसा कारगर प्रजातंत्र बनाना चाहते थे कि जिस में ऐसे जीवन भवन के चारों स्तंभ – विधिपालिका, कार्यपालिका, न्यायपालिका और मीडिया अपनी योग्यता की वेश्यावृत्ति न करें। डॉ. आंबेडकर "कमीनगी को अत्याचार से बदतर" मानते थे[16]। सन् 1942 में उन्होंने कहा था:

"विश्व युद्ध संसार के क्षेत्रों यानी प्रदेशों के बटवारे के लिए नही है बल्कि वे एक ऐसी क्रान्ति है जो इन्सान व इन्सान और राष्ट्र व राष्ट्र के मध्य मेल मिलाप में मूल–परिवर्तनों का तकाज़ा करता है। ये क्रांति सहचारी जीवन को रद्द कर के, समाज के पुनः गठन के लिये है। मजदूरों को इस लिए नाज़ीवाद पर विजय पाने हेतु लड़ना चाहिए क्योंकि ये जीत गया तो ऐसी नाज़ी व्यवस्था स्थापित हो जाएगी जिस से स्वतन्त्रता का दमन हो जाएगा, समता से इन्कार होगा और भातृत्वभाव को घातक सिद्धान्त कह कर मिटा दिया जायेगा। नाजीवाद पर विजय के फल होंगे: आजादी और नई सामाजिक व्यवस्था। केवल स्वतंत्रता काफी नही, स्वतंत्रता की उपयुक्तता तो इस बात में है कि उस से किस प्रकार की सरकार गठित होती है और कैसे समाज का निर्माण होता है। इसलिए कामकरों को 'क्विट इण्डिया के बजाय 'न्यू इण्डिया' पर ज्यादा बल देना चाहिए। हिंसा की शक्तियों के सामने घुटने टेक कर प्राप्त की गई शान्ति, अमन नही हुआ करता। ये तो एक घातक कृति होगी और अच्छे मानवीय जीवन को बनाए रखने के लिए जो कुछ भी उत्तम व अनिवार्य है, उसे बहशी व बर्बर शक्तियों के सामने कुर्बान कर देने जैसा होगा। जब हमला किया गया हो तो युद्ध करने से इन्कार कर युद्ध को समाप्त नही किया जा सकता। युद्ध की समाप्ति के लिए आपको जंग जीतना होगा और न्यायी अमन स्थापित करना होगा[17]।"

डॉ. आंबेडकर ऐसा न्यायी अमन चाहते थे कि शांति के समय अवाम में ऐसी बातें या घटनायें अपनी पुनरावृत्ति न कर पायें। संविधान सभा द्वारा गठित 'अल्पसंख्यक कमिटी' को अपने स्मरण पत्र में डॉ. भीमराव आंबेडकर ने बताया था:

"भारत में प्रशासन् पूर्णतः हिंदुओं के हाथों में है। प्रशासन् पर उनकी इजारादारी है। ऊपर से नीचे तक उनका नियंत्रण है। कोई विभाग ऐसा नही जिस पर उनका प्रभुत्व न हो! पुलिस पर उनका प्रभुत्व है। मैजिस्ट्रेसी व राजस्व सेवाओं पर उनका प्रभुत्व है। वास्तव में प्रशासन् की हरेक शाखा पर उन्हीं का प्रभुत्व है। अगली बात याद रखने की यह है कि प्रशासन् में हिंदूओं का अछूत के

प्रति समाज–विरोधी व शत्रुआना रुख उसी प्रकार का स्पष्ट व्यवहार है जैसा कि प्रशासन् से बाहर के हिंदुओं का बर्ताव है। उनका एक ही मकसद है और वह है अछूतों के विरुद्ध पक्षपात व भेदभाव करना। नतीजा यह होता हैः अछूत हिन्दू आबादी और हिन्दू प्रभुत्व वाले प्रशासन् के बीच स्थान पाते है। हिन्दू अछूतों पर जुल्म जबर ढाता है और प्रशासन् उत्पीडितों की सहायता करने के बजाए अत्याचारी ही की सुरक्षा करता है[18]।''

प्रजातंत्र को राष्ट्रीयता और राष्ट्रवाद का खतरा

राष्ट्रीयता के बारे में अलबर्ट आईन्स्टाइन और डॉ. आंबेडकर के विचार समान और वैज्ञानिक दूरदृष्टि से भी ओतप्रोत है, ''राष्ट्रीयता एक भयानक रुप से संक्रामक बीमारी के समान है''[19]।

डॉ. आंबेडकर ने सन् 1940 में राजनीतिक विज्ञान का ग्रथ *''पाकिस्तान अथवा भारत का विभाजन''* लिखा था। उस में उन्होंने मंगोल, तर्क, स्लोवाकों और ब्रिटन के विदेशी शासनों का उदाहरण देकर उनसे सीख लेने की भारतीयों को विनम्र अपील की।

इस 1230–1240 के बीच मंगोलों ने तुर्कों को अपने निवास स्थान मध्य एशिया से बाहर खदेड दिया था। परिणामतः वे उत्तर–पश्चिम के अनातोलिया में जाकर बस गये।

विशाल तुर्की साम्राज्य धीरे–धीरे खण्ड–खण्ड हो गया। क्योंकि वहां के नागरिक जनों में राष्ट्रीयता की भावना इतनी घर कर गई थी कि एक तरफ ख्रिश्चन यवन, सर्व, बल्गेरियन तथा बाल्कन टर्की से अलग हुये तो दूसरी तरफ स्वयं अरब मुसलमान भी टर्की के अपने सहधर्मीओं के साथ न रह कर अपना पृथक अरब राष्ट्र बनाने पर अडिग रहें। क्योंकि उन्हें तुर्की प्रजा बने रहने की अपेक्षा अरब राष्ट्र बनना अधिक पसंद था। अरब राष्ट्रीयता ने इस्लाम के बंधन को तोडा और अपने साथी मुस्लीम तर्क के विरुद्ध अपनी स्वाधीनता के लिये लडाई लड़ी। उसकी विजय हुई परंतु टर्की का पूर्णतः विभाजन हुआ।

चेकोस्लोवाकिया में यह हुआ कि कुछ वर्षों के भीतर ही स्लोवाकों ने पृथक राष्ट्र का दावा किया। वे यहां तक स्वीकार करते थे कि वे चेकों के एक वंश की शाखा है। उनकी राष्ट्रीयता ने चेकों को यह तथ्य स्वीकार करने पर मजबूर किया कि वे एक अलग प्रकार के जन थे। चेकों ने स्लोवाकों की राष्ट्रीयता को शांत करने के लिये एक हायफन (–) चिन्ह को दो नामों के बीच रख कर उन की भिन्नता को मान्यता दे दी। और एक संयुक्त संज्ञा चेकोस्लोवाकिया की जगह चेको–स्लोवाकिया नामाभिधान को स्वीकृति दे दी। परंतु इस पृथकता की परिचायक हायफन के बावजूद स्लोवाकी राष्ट्रीयता असंतुष्ट रही। क्योंकि हायफन के चिन्ह की स्वायत्तता की कृति दो बातों की सूचक थी– चेकों से अलगांव तथा चेकों से मिलाप। अलगांव सूचक हायफन का स्लोवाकियों ने स्वागत किया परंतु मिलाप सूचक हायफन से वे बेचैन थे। उन्हें उस के स्थान पर बार (/) चिन्ह चाहिये था। अतः जैसे ही हायफन को प्रस्तुत किया गया तो चेक और स्लोवाकों के बीच बार स्थापित करने की लड़ाई आरंभ हुई। इस हेतु किस प्रकार के साधनों का प्रयोग हो इस के प्रति वे चिंतित नही थे। उनकी राष्ट्रीयता इतनी बेकाबू और तीव्र हो गई थी कि जब उनका विभाजन का प्रयत्न असफल हुआ तो उन्होंने अपने ध्येय की पूर्ति हेतु जर्मनी की मदद मांगने से भी परहेज नही किया।

स्लोवाकियों को संवैधानिक सुरक्षा, आनुपातिक प्रतिनिधित्व, संसद में विटो पावर और प्रशासन् और सेवाओं में पृथक प्रतिनिधित्व की बहाली इतनी दी गई थी कि कोई भी यह कल्पना आसानी से कर सकता था कि भविष्य में चेक और स्लाव दोनों एक दूसरे में इतने घुल–मिल जायेंगे कि उनको एक ही जाति–प्रजाति के लोग है ऐसा माना जा सकेगा। परंतु नही इतिहास को ऐसा विलयन मंजूर न था और स्लावों को अपनी राष्ट्रीयता में झुलसकर अपना पृथक देश बनाना अधिक पसंद था। अतः उस का भी हश्र वही होना था जो 1947 में हिंदू–मुसलमान कौमों का भारतवर्ष में हुआ।

इस प्रकार टर्की और चेकोस्लोवाकिया के गहन अध्ययन से ज्ञात होता है कि एक बार राष्ट्रीयता की शक्ति गतिशील हो जाये तो न स्थानीय स्वायत्तता और न ही धार्मिक बाध्यता उसका सामना करने में सक्षम होती है।

अखण्ड भारत के हिंदु और मुसलमानों में कई सदियों की सामाजिक व सांस्कृतिक एकता होने के बावजूद भी सन् 1947 में भारत के विभाजन को कोई ताकत रोक न सकी। आज भी नूतन वर्ष की पावन बेला दिनांक 4 जनवरी 2004 पर इस्लामाबाद में दक्षिण एशिया के देशों की शिखर बैठक संपन्न होने के बावजूद भारत देश के उत्तर में पाकिस्तान, उत्तर–पश्चिम में खालिस्तान, भूटान में उल्फादि संगठन और श्रीलंका में दक्षिण के लिट्टे (एल.टी.टी.ए.) आतंकवाद से विभाजन का इतिहास दोहराना चाहते हैं।

वैसे कहा जाता है कि विश्व में ब्रिटेन का शासन् वहां तक फैला था जहां कभी सूर्य नही डूबता। परंतु ऐसा होने पर भी जो ब्रिटेन का साम्राज्य फैला वह सिमटकर युनायटेड किंगडम तक रह गया है। उक्त तथ्यों के प्रकाश में भारतीय हिंदुओं ने अपने आप से यह प्रश्न पूछना चाहिये कि यदि ग्रीक, बाल्कन तथा अरब राष्ट्रीयवाद ने तुर्की राज्य को ध्वस्त कर दिया और यदि स्लोवाक के राष्ट्रीयवाद ने चेकोस्लोवाकिया को विभक्त कर दिया है परंतु बाद का टर्की और चेकोसलोवाकिया आंतरिक रुप से एक हो गया और इतना ही नही बल्कि चेकोस्लावाकिया के राज्य प्रमुख श्री हॉवेल को भारत सरकार ने गांधी शांति पुरस्कार से भी नवाजा है, तो फिर मुस्लिम राष्ट्रीयवाद से विभक्त भारत को आंतरिक रुप से एक होने में अब क्या अड़चन है?

प्रजातंत्र और संगठन चेतना

डॉ. आंबेडकर जानते थे कि देश में संगठन की चेतना सभी जाति–वर्गों में एक जैसी नही रहती। और भारतीय समाज में संकुचित मानसिकता उनका एक राष्ट्र बनने में बाधक थी। जिस प्रकार विकास के दौर में प्राचीन समाज उपयोगितावाद से उभरकर आधुनिक समय के दौरान वह न्याय तत्व के आधार पर संगठित हुआ। फलस्वरुप विकसनशील देश अपने हितों के प्रति इतने सजग हो गये कि वे अब पहले की तरह विकसित देशों की हॉ–में–हॉ मिलाकर चलनेवाले नही हैं, जिस की प्रतीति कानकुन के विश्व शिखर सम्मेलन में चीन और भारत आदि देशों द्वारा सम्मेलन के विकसित राष्ट्र के प्रस्ताव के विरुद्ध अपना पृथक अभिमत रखने से सिद्ध हुआ है।

दूसरी बात यह है कि यूरोपीय संघ अपना आर्थिक संगठन और युरो मुद्रा को कायम करने में फिलहाल जितना सक्षम है उतना आगे भी होगा या नही यह समय ही बता पायेगा। पश्चिम एशिया में संबंधित देशों का आर्थिक संगठन खडा कर उसे टिकाना उस प्रदेश के युद्ध और अशांति की

परिस्थितियों पर निर्भर है, जो उसका इतिहास रहा है। परंतु जी–21 नाम से परिभाषित देश अपना ''आसियन''नामक संगठन खड़ा कर आर्थिक विकास में पश्चिमी संगठन की बराबरी और प्रतियोगिता करेगा इस उम्मीद में जान लग रही है क्योंकि उनका अतीत और वर्तमान ऐतिहासिक रक्तपात और वैरत्व का न होकर अमन, चैन और बौद्ध संस्कृति की मैत्री से अभिभूत रहा है।

प्रजातंत्र, धर्म और अर्थ

आज विश्व का धर्म राज्य किसी एक जाति, भाषा, रंग, पेशा, लिंग, वंश, और नस्ल के ऊपर निर्भर नही है। तथापि भौतिक शक्ति और हथियार लैस भयभीत मनोवृत्ति से कुछ ऐसी ही चेष्टा विश्व मंच से की जा रही हैं। अमेरिका प्रधान ख्रिश्चन संस्कृति के वैश्विक धर्मराज्य का टर्की प्रमुख अरब शक्तियां इस्लाम के धर्मराज्य का झंड़ा हाथ में थामे किसी भी तरीके से प्रतिकार कर रहा है। जी–21 की ताकतें जपान, चीन और भारत के नेतृत्व में बौद्ध संस्कृति के ध्वज में एकत्रित होकर शायद जो भी रुप और आकार वे विश्व को देंगे वह डॉ. आंबेडकर के स्वप्न का प्रारुप होगा ऐसा लग रहा है[20]।

आंबेडकर पूर्व काल के राजनीतिक साम्राज्य और आंबेडकरोत्तर आर्थिक साम्राज्य में यही फर्क है कि पहले यूरोपियन व्यापार कंपनियां अपने राजनीतिक शासकों से मिलकर अलग अलग होकर व्यवसाय करते थे और आज बहुराष्ट्रीय कंपनिया एकजूट होकर अपने अधिशासक के राजनीतिक बलबूते पर सहकारी और सामूहिक पद्धति से विकसनशील देशों में अपनी वस्तुओं के लिये बाजार खोल रहे हैं। और **जिधर वरिष्ठ शक्तिमान राष्ट्र उधर अधिकतर आर्थिक लाभ** का सिद्धान्त साकार हो रहा है। वाणिज्य, राजनीति, बाजार और वस्तुयें धर्म और संस्कृति पर भी अपना असर डालती हैं। इस मायने में डॉ. आंबेडकर का यह कथन कि **संस्कृति व्यापार की पिछलग्गू होती है** बडा मार्मिक है। इस से निष्कर्ष में यही कहा जा सकता है कि बलिष्ठ राष्ट्र अपने बाजार में वस्तुओं के साथ अपने धर्म और संस्कारों का भी जाने–अनजाने आदान प्रदान करते हैं।

प्रजातन्त्र और धर्म का संबंध बताते हुये डॉ. आंबेडकर ने कहा था – ''मानव समाज को धर्म की दो प्रकार की देन प्राप्त है। प्रथम मानव जीवन में एकता प्राप्त करा देनेवाली मानसिक प्रेरणा का निर्माण करना। धर्म के ही कारण एक विशिष्ट प्रकार का मानसिक वातावरण निर्माण होता है, जो मनुष्यकी एकता का पोषक है। दूसरा, मानव समाज में समानता का निर्माण करना। धर्म से ही मानव समाज में समानता का संचार होता है। इन्हीं दो महत्वपूर्ण बातों के कारण आज की स्थिति में प्रजातन्त्र को बनाये रखा जा सकता है और प्रजातन्त्र को बनायें रखना है तो धर्म निहायत जरुरी है।

धर्म की ऐसी आवश्यकता होने पर भी लक्ष्य धर्म नही है बल्कि मनुष्य है और धर्म एक साधन है। साधन एक समान नही होते, न ही वे समान रुप से अच्छे होते है। अतः जरुरी है कि धर्मरुपी साधन को मनुष्यत्व पाने के उद्देश्य से अपनाते समय ऐसी सावधानी बरतें कि जो धर्म अपनाया जाये, वह समाजद्रोही न हो, पाखण्डी न हो, विडम्बन या सजा न हो, रोग या पागलपन न हो बल्कि वह मानवता, संगठन, सामर्थ्य, समता, स्वतन्त्रता और संसार को इसी जीवन में सुखी बनानेवाला धर्म होना चाहिये।

जिस प्रकार रत्नों में अच्छे रत्न की परख के लिये पारखी की जरुरत होती है उसी प्रकार प्रजातन्त्र, धर्म और देश के परस्पर सम्बन्धों को समझने के लिये भी प्रज्ञादृष्टि की आवश्यकता होती

है। इस बात को डॉ. आंबेडकर ने मणी भवन मुंबई में दिनांक 14 अगस्त 1931 के दिन महात्मा गांधी जी के साथ वार्तालाप में स्पष्ट रुप से बताया था। जब गांधी जी ने तारीफ करते हुये डॉ. आंबेडकर से कहा कि "विदेश में तुम्हारे कार्यों की जो मुझे जानकारी प्राप्त हुई उस से मालूम होता है कि तुम एक महान देशभक्त भी हो" तो बाबासाहब ने बताया, "गांधी जी! मेरी कोई मातृभूमि नही है। जिस धर्म और देश में हमें कुत्तें और बिल्ली से भी नीच माना जाता है, जहां हमें सार्वजनिक स्थानों में पानी भी पीने नही दिया जाता, उस देश को मैं अपना देश, उस धर्म को मैं अपना धर्म कैसे कहूँ?"

"आपके कथनानुसार यदि मेरे द्वारा कोई देश सेवा हुई है तो वह देश सेवा की जानकारी होने के कारण नही, बल्कि मेरी सद्विवेक बुद्धि के कारण हुई है। इस देश को घातक ऐसा कोई भी कृत्य मेरे हाथ से नही हुआ यह मेरी सद्विवेक बुद्धि का फल है"।

प्रजातंत्र में अवाम की भूमिका

अवाम के डॉ. आंबेडकर ने अवाम की आदर्श जीवन पद्धति को प्रजातन्त्र का नामाभिधान देकर उसके खतरों से भी सावधान कराया। उन्होंने कहा, "प्रजातन्त्र के मुख्य दो शत्रु है। पहला – हुकुमशाही या तानाशाही और दूसरा मानवभेद नीति अर्थात् मानव मानव में भेदभाव रखनेवाली नीति। हुकुमशाही से उत्पन्न सामाजिक संगठन हमशा कायम नही रह सकते। क्योंकि उसका आधार मजबूत नही होता। हकुमशाही की प्रेरणा स्थिर नही है और यह प्रेरणा निकल जाने के पश्चात् उस से प्राप्त संगठन शिथिल हो जाता है। यही कारण है कि कम्युनिस्ट शासन् की नींव कमजोर है। उसी तरह मनुष्य मनुष्य में भेदभाव रखनेवाली नीति, सामाजिक, आर्थिक भेद–बुद्धि को प्रेरणा देनेवाली संस्कृति इन दोनों से प्रजातन्त्र को बहुत जबरदस्त खतरा है।

ऐसे खतरों से निजात पाने के लिए ही उन्होंने अवाम को अपनी स्वतन्त्रता के प्रति समर्पित कर्तव्य का एहसास दिलाने हेतु कहा था, "यदि लोग अपने अपने पथ और पक्ष को अपने देश की अपेक्षा अधिक महत्व देने लगे तो उस से अपने भारत की स्वतन्त्रता समूल नष्ट हो जायेगी। इस प्रकार का समय न आवे इस के लिए हम सब अत्यधिक सजग रहें। अपनी स्वतन्त्रता की रक्षा हेतु अपने शरीर के अंतिम रक्त–बूंद के बहने तक तैयार रहना चाहिये। इतना ही नही बल्कि समाज का ऐसा संगठन हो कि यदि इस के चालक नेता चले भी गये तो भी समाज कार्य निरन्तर चालू रहते हुए चिरकाल तक टिका रहे। इस प्रकार की कार्य योजना होने पर ही समाज विश्व में वैभवशाली हो सकता है।

अवाम के आंबेडकर ने सार्वजनिक जीवन में अपना सर्वस्व समर्पित कर दिया था। 24 अप्रैल 1942 में मुंबई प्रांत के राज्यपाल श्री लुमली ने वायसराय श्री लिनलिथगो को लिखा था कि डॉ. आंबेडकर सार्वजनिक कार्य में अरुचि रखते है। यह वक्तव्य डॉ. आंबेडकर की चर्या से असिद्ध हुआ है। भले ही अनुसूचित जाति परिषद दल सन् 1945 के अंत में हुये चुनाव में अयशस्वी रहा, संवैधानिक सभा के लिये भले ही उन्हें बंगाल से निर्वाचित होना पडा, और जब केबिनेट मिशन मार्च 1946 में भारत आया और उसके सदस्य प्रतिनिधियों अर्थात लार्ड पेथिक लॉरेन्स और ए. वी. अलेक्झांडर और उस समय के ब्रिटेन के प्रधान मंत्री श्री ॲटली ने एस. सी. एफ की पराजय को इंगित कर अनुकुल सलूक नही किया, तथापि डॉ. आंबेडकर ने जून 1946 में दलितों की भावी समय में भूमिका के लिये चलाये गये संघर्ष का नेतृत्व किया, सन् 1945 में *गांधी और कांग्रेस ने दलितों के लिये क्या किया* नामक

एक बडा गंथ रचा, सन् 1946 में हिंदू धर्म के विभाजन और ब्राह्मणवाद के परिणाम को दर्शानेवाला गंथ *शूद्र पहले कौन थे* लिखा, और 1948 में अस्पश्यों का मूल बौद्ध बतानेवाला ग्रंथ "अछूत" का निर्माण किया ।

बंगाल का विभाजन होने के पश्चात् वहां से संविधान सभा के लिये डॉ. आंबेडकर द्वारा जीती गई सीट भी निरस्त हुई, अतः कांग्रेस ने मुंबई से उन्हें जिताया। उसके कारण क्रांगेस को उन की सेवाओं को ग्रहण करने का एक अच्छा अवसर मिला और उसका उसने भरपूर फायदा भी उठाया। 3 अगस्त 1947 में डॉ. आंबेडकर से श्री नेहरु की केबिनेट में कानून मंत्री के पद की सेवायें ली गई। 19 अगस्त 1947 में उन्हें मसौदा समिति का सभापति बनाकर उन से संविधान रचा गया, हालांकि उनकी सेहत सन् 1940 से ही खराब चल रही थी और उस वजह से उन्होंने डॉ. शारदा कबीर से अंतर्जातीय विवाह भी कर लिया था। परंतु जब डॉ. आंबेडकर ने हिंदू परिवार तथा समाज की सीढी–दर–सीढी विभाजक स्तरों को मिटाने के लिये हिंदू कोड बिल की संहिता संविधान सभा में पारित करने की अपेक्षा शासन् से की तो कांग्रेस का सनातनी हिंदूत्व आडे आया। सन 1951 में सितंबर माह में डॉ. आंबेडकर ने अपने पद से इस्तीफा सौंप दिया।

भले ही 1952 के आम चुनाव, सन् 1954 भंडारा निर्वाचन क्षेत्र से लोक सभा के उपचुनाव में अस्पृश्य जाति परिषद लोक सभा के निर्वाचन में हार गई थी और भारत के राजनीतिक जीवन में नया प्राण फूंकने वाली रिपब्लिकन पार्टी ऑफ इंडिया की उनकी योजना अधूरी रह गई थी तथापि शिक्षा और बौद्ध वैचारिकी के क्षेत्र में उनके द्वारा नव विश्व निर्माण का बुना हुआ सपना वास्तव में अब साक्षीभूत हो गया और उसकी पूर्णता का अभियान चल रहा हैं।

उन्होंने 8 जुलै 1945 में पिपुल्स एज्युकेशन सोसायटी की स्थापना कर उसके माध्यम से सिद्धार्थ कॉलेज आफ आर्टस् एण्ड सायंस, 1946; सिद्धार्थ नाइट स्कूल 1947; मिलिंद महाविद्यालय, 1950; सिद्धार्थ कॉलेज आफ कामर्स एण्ड एकॉनामिक्स, 1953; मिलिंद मल्टिपरपज हायस्कूल, 1955; और सिद्धार्थ कॉलेज ऑफ लॉ, 1956 इन शैक्षणिक संस्थाओं को खडा कर अपने अभियान को फलिभूत किया है। उन्होंने हिंदू धर्म का पर्याय ही नही बल्कि विश्व का बेहतर मानवतावादी धर्म को 21 वर्ष अध्ययन के परिक्षण के बाद परख कर उसे भारत के लिये अनुशंसित किया। सन् 1949 में उन्होंने काठमांडू में विश्व बौद्ध परिषद में मार्क्सवाद और बौद्धधर्म पर संबोधन दिया, बुद्ध और उनके धर्म का भविष्य नामक आलेख महाबोधि जर्नल में छपवाया, उन्होंने सन् 1950, 1954 और 1956 में श्रीलंका, रंगून और नेपाल में जाकर वहां आयोजित विश्व बौद्ध सम्मेलन में उदबोधन ही नही दिया बल्कि व्यवहार में जीवित बौद्ध संस्कारों का अवलोकन भी किया। 14 अक्तूबर 1956 में उन्होंने नागपूर में लाखों जनता के साथ बौद्ध जीवन पद्धति को अपनाया। उनकी अंतिम रचना **बुद्ध और उनका धम्म** थी।

5 जुलाई 1952 में कोलंबिया विश्वविद्यालय ने उन्हें एलएल.डी. की मानद उपाधि प्रदान की और एक वर्ष पश्चात् उस्मानिया विश्वविद्यालस ने उन्हें डी.लिट. की उपाधि से विभूषित किया। परंतु डॉ. आंबेडकर ने 6 दिसंबर 1956 को महाप्रयाण किया और विश्व के भावी जीवन की खुशहाली के लिये वे हमारे पास अपने द्वारा प्रदत्त शिक्षा, संस्कार और प्रेरणा ही छोड गये, जो हमें कदम कदम पर मार्गदर्शन करते रहेंगे।

क्या आजाद भारत में क्रूरता, दासता, गरीबी और असभ्य जीवन आज भी विद्यमान है? क्या यहां आज भी स्कूलों में दलित बालक–बालिकाओं को घडे में से पानी पाने के लिए अपनी आंख फूटवानी पड़ती है और दलित स्त्री–पुरुषों को अपने सिर पर मैला ढोना, बंधक मजदूरी करना, घरेलू नौकरी व सफाई करना, पत्थर तोडना, खेतों व खानों में सेवा रत रहना इत्यादि की मजबूरी विद्यमान है? अर्थात् क्या फैज अहमद फैज के निम्नांकित पंक्तिओं द्वारा वर्णित किया जा सकनेवाला संवर्ग हमारे बीच मौजूद है?

अर्थात् ''जा–ब–जा बिकते हुए कूच–ओ–बाजार में जिस्म

खाक में लिथडे हुए खून में नहलाये हुए,

जिस्म निकले हुए अमराज के तन्नूरों से

पीब बहती हुई गलते हुए नासूरों से ।''

यदि हॉ तो ऐसी परिस्थितियों में अवाम को क्या करना चाहिये? क्या उन्हें चुप रहना चाहिये?

नैतिकता खतरे में पडने पर भी यदि कोई व्यक्ति मौन धारण करता है तो उसे मानवी जीवन पद्धति के अधःपतन की निशानी माना जाना चाहिये। मज़लुमों के दुःखों पर अवाम की एक बडी जमात चुप्पी साधे तो यह शर्म की बात है और स्वयं मज़लूम भी कुछ न करे तो यह कौम के मौत की निशानी है। डॉ. आंबेडकर ने ऐसी घडी में आम लोगों और विशेषतः शोषित व पददलित वर्गों का जो नेतृत्व किया उसका बखान साहिर लुधियानवी के शब्दों में निम्न प्रकार बताया जा सकता हैः

सितम के दौर में हम अहल–ए–दिल ही काम आए
जबां पे नाज था जिन को वो बेजबां निकले।

लैंगिक समानता अतीत व वर्तमान

मनुस्मृति के श्लोक ''स्त्री हमेशा पराधीन रहे और बचपन में अपनी सुरक्षा पिता के अधीन, जवानी में पति, और बुढापे में पुत्र के अधीन रहकर करें'' और राम चरित मानस की चौपाई ''ढोर, गंवार, शूद्र, पशु, नारी ये सब ताड़न के अधिकारी'' को जब हम पढते हैं तो लगता है कि भारत में नारी शर्म की बात बन गई है। परंतु डॉ. आंबेडकर द्वारा प्रस्तुत स्त्री स्वतन्त्रता का बौद्ध स्त्री का आदर्श चरित्र, और पुरुष के बराबर समान अधिकार के लिये उन्हें विवाह, तलाक, गोद लेना, संपत्ति अधिकार आदि में सशक्त बनाने की हिंदू कोड़ बिल की योजना को देखते है तो लगता है कि भले ही उसे कार्यान्वित करने की दृढ शक्ति तत्कालीन राजनीतिक संगठन में नही थी और न समाज उतना वैचारिक रुप से प्रगल्भ था, परंतु डॉ. आंबेडकर ने स्त्री स्वतंत्रता, सम्मान और मुक्ति के प्रश्न पर प्रतिकारी ताकतों से समझौता न कर प्रधान मंत्री श्री जवाहरलाल नेहरु जी को अपने कानून मंत्री के पद से इस्तीफे का पत्र प्रस्तुत किया और तब से लेकर अपने आयुष्य के अन्तिम क्षण तक विपक्ष में रह कर समानता की लड़ाई के लिये संघर्ष करते रहे। फलतः उनके इस संघर्ष के पचास वर्ष बाद ऐसा लग रहा है कि जो स्त्री पहले भारत की शर्म थी वह आज उस की शान बन गई है।

प्रथम महिला प्रधान मंत्री श्रीमति इंदिरा गांधी, प्रथम महिला आई. पी. एस. ऑफिसर किरण बेदी, प्रथम मिस यूनीवर्स सुष्मिता सेन, प्रथम अंतरिक्ष यात्री कल्पना चावला इत्यादि के उदाहरण हम विश्व

के सामने बड़े गर्व से प्रकट कर सकते हैं जो स्वर्णिम बौद्ध अतीत और वर्तमान एशियन युग के उज्वल भविष्य की याद दिलाता है।

भारतीय इतिहास में तथागत गौतम बुद्ध ही ऐसे पहले व्यक्ति थे, जिन्होंने शूद्र–अतिशूद्रों और दलित महिलाओं को अपनी धर्मशक्ति का हिस्सेदार ही नही, बल्कि अधिकारी भी बनाया था। विद्यमान विश्व व्यवस्था को बदलने के लिये आंबेडकर ने एक हाथ में शिक्षा, संघर्ष और संगठन सूत्र तो दूसरे हाथ में स्वतंत्रता, समानता और बंधुत्व के त्रयी सिद्धांत का हथियार अवाम के लिये बहाल किया।

एल. आर. बाली संपा. भीम पत्रिका, जलंधर जुलाई, 2014 पृ. 7 के अनुसार विश्व में भारत औरतों को पुरुषतुल्य समानता देने में 146 देशों में 132 वें नंबर पर है। 2011 की जनगणना के अनुसार औरतों में शिक्षा का दर 65.46 प्रतिशत है और पुरुषों में 82.14। घरेलु हिंसा की शिकार विवाहिता 37 और विधवाएं 38 प्रतिशत हैं। कडी मेहनत करके अपने परिवार का पालन पोषण करनेवाली भारतीय औरतें लगभग 30 प्रतिशत हैं। हरेक घंटे में एक औरत दहेज के कारण मार ड़ाली जाती है। 2012 में 8233 औरतों की हत्या इसी के कारण हुई। ऐसी घटनायें प्रजातंत्र के लिये खतरे की घंटी है।

डॉ. आंबेडकर कहते थे, ''जिस प्रकार पुरुषों को शिक्षा की आवश्यकता होती है वैसे ही स्त्रियों को भी होती है। यदि तुम्हें लिखना–पढना आ गया तो तुम्हारी बहुत उन्नती होगी। जैसे तुम वैसी तुम्हारी संतान भी होगी''।

समाजिक प्रजातन्त्र और पत्रकारिता

प्रजातन्त्र में जनता की संप्रभुता के बारे में डॉ. आंबेडकेर की यह सोच रही कि ''प्रजातन्त्र के मूल को सामाजिक संबंधों में खोजना पडता है। प्रजातन्त्र सहजीवन की एक पद्धति है। जो लोग उस समाज का गठन करते हैं, उनके सहजीवन के संदर्भ में उस पद्धति के मूल को खोजना पडता है।

तथापि (1) व्यक्ति की स्वतन्त्रता कानून व सुव्यवस्था, नैतिकता और स्वास्थ्य के संदर्भ में निष्पन्न कल्पनाओं से सुसंगत होगी। (2) यह स्वतन्त्रता इस ढंग से अमल में लाई जानी चाहिये कि उस से अन्य मूलभूत अधिकारों का संकुचन न हो। (3) लौकिक बातों से संलग्न धार्मिक आचरण को नियंत्रित करने का अधिकार शासन् के अधीन होना चाहिये और (4) धर्म विषयक स्वतन्त्रता कानून अथवा जाति के कारण हिंदू मंदिर में प्रवेश निषेध न होने हेतु किये गये विधान से सुसंगत होनी चाहिये।

प्रजातन्त्र का चौथा स्तंभ मिडिया है, उस बाबत् डॉ. आंबेडकर का कथन है: ''पत्रकारिता भारत में एक समय व्यवसाय था। अब यह व्यापार बन गया है। इस में साबून तैयार करने से अधिक नैतिक कार्य नही है। यह अपने आपको जनता का एक जिम्मेवार सलाहकार नही समझती। भारत में पत्रकारिता इसे अपनी सर्वप्रथम और महत्वपूर्ण दायित्व नही समझती कि जो समाचार वह दे उन में सच्चाई की रंगत हो। सरकारी नीति के किसी दृष्टिकोण को इस ढंग से प्रस्तुत करे जिसे वह जन कल्याण के हित में बगैर किसी भय के अच्छा समझती है। वह सब को दुरुस्त और ठीक करे, जो गलत और निष्फल रास्ते पर पड़े हो चाहे ऐसे आदमी बड़े हो या छोटे। किसी को अपना नायक मान लेना और उस की पूजा करना इस का प्रमुख कर्तव्य बन गया है। इस व्यवस्था के अधीन समाचारों का स्थान सनसनीदार बातों ने, विवेकात्मिक विचारों का बेतुकी उत्कंठा ने, जिम्मेवार लोगों के अन्तकरणः छुने का स्थान गैर–जिम्मेवार लोगों की भावनाओं को भड़काने ने लिया है[21]''।

संदर्भ ग्रंथ

1. श्री अयंगर, ''मन्त्र युग के प्राचीन भारत में जीवन''पृ. 13 और ऋ. वे. 1.53.8; 103.3, ऋ. वे. 4. 30. 20, ऋ. वे. 7. 5. 3, ऋ. वे. 4. 67. 3, ऋ. वे. 8. 24. 27; 30.5; 5.11.4; आं: 110; डॉ. बी. आर. आंबेडकर, हू वेअर द शूद्राज, ठक्कर, मुंबई 1946, पुमु 1947, 1970, पृ. 110
2. ऋ. वे. 1. 51.8,9; 1.1.32 4; 4.41.2; 5.14.3
3. मुंशी एन. एल. खोब्रागडे, मध्य प्रांत मे दलित आंदोलन का इतिहास, मध्य प्रदेश दलित साहित्य अकादमी, बालाघाट, 1999 पृ. 40–41
4. एम. डी. कांबले, डिप्राइव्ड कास्टस् एण्ड देअर स्ट्रगल फॉर इक्वालिटी, आशिश पब्लिशिंग हाउस, नई दिल्ली 1983, मुख पृष्ठ
5. डॉ. बाबासाहेब आंबेडकर रायटिंग्ज एण्ड स्पीचेज, वाल्युम 1, पृ. 44 और एस. एस. गायकवाड, डॉ. आंबेडकर यांची समाजरचनेची सैद्धांतिक मांडणी, डॉ. बाबासाहेब आंबेडकर गौरव ग्रंथ, महाराष्ट्र राज्य साहित्य आणि संस्कृति मंडळ, मुंबई 1993, पृ.27
6. डॉ. आंबेडकर, वीसा की प्रतिक्षा में , 1942–46, पृ. इस शीर्षक से अपने श्रम मंत्रीत्व के कार्यकाल के दौरान विदेशी पाठकों के सूचनार्थ आत्म–चरित्र की विधा में डॉ. आंबेडकर का लेखन
7. रोड़रिग्ज, एसेनशियल रायटिंग्ज ऑफ डॉ. बी. आर. आंबेडकर, नई दिल्ली, 2002
8. डॉ. बी. आर. आंबेडकर, रायटिंग्स एण्ड स्पीचेस, खण्ड 1 मुंबई 1979 पृ. 227
9. प्रो. बी. एच. कल्याणकर, डॉ. आंबेडकरांचा शैक्षणिक दृष्टिकोण, डॉ. बाबासाहेब आंबेडकर गौरव ग्रंथ, महाराष्ट्र राज्य साहित्य आणि संस्कृति मंडळ, मुंबई 1993, पृ.419–425
10. डॉ. भालचंद्र लक्ष्मण मुणगेकर, डॉ. आंबेडकर यांचे भारतीय शेतीविषयक विचार, डॉ. बाबासाहेब आंबेडकर गौरव ग्रंथ, मुंबई 1993, पुनर्मुद्रण 1999, पृ. 393–394
11. डॉ. भदन्त आनन्द कौसल्यायन, यदि बाबा न होते, नागपूर, 1981, पृ.
12. डॉ. भदन्त आनन्द कौसल्यायन,वही
13. डॉ. नरेन्द्र जाधव, डॉ. आंबेडकरांचे अर्थशास्त्रीय लेखन, डॉ. बाबासाहेब आंबेडकर गौरव ग्रंथ,महाराष्ट्र राज्य साहित्य आणि संस्कृति मंडळ, मुंबई 1993, पृ. 362–372
14. डॉ. नरेन्द्र जाधव, वही, पृ. 362–391
15. श्री गोविंद तळवलकर, डॉ. आंबेडकर यांचे आर्थिक विचार, डॉ. बाबासाहेब आंबेडकर गौरव ग्रंथ, मुंबई 1993, पुनर्मुद्रण 1999, पृ. 399–400
16. डॉ. एस. डी. तुपे, डॉ. बाबासाहेब आंबेडकर आणि जमीनधारणा, वही, पृ. 400–404।
17. विसाव्या शतकातील महाराष्ट्र 1910–1914 खंड 1, पृ. 214 और शांताराम पंदेरे, डॉ. आंबेडकर आणि राखीव जागांचा प्रश्न, डॉ. बाबासाहेब आंबेडकर गौरव ग्रंथ, मुंबई 1993 पुनर्मुद्रण 1999, पृ. 307
18. लेखक के विचार
19. सत्यकेतु विद्यालंकार, एशिया का आधुनिक इतिहास, सरस्वति सदन, मसूरी, उ. प्र., 1964 तृतीय संस्करण, पृ. 896
20. डॉ. बी. आर. आंबेडकर, रानडे, गांधी और जिन्नाह, मुंबई 1943 भूमिका से
21. श्री अरुण शौरी, वरशिपिंग फाल्स गॉड़, एएसए प्रकाशन, नई दिल्ली 1997, पृ.ग

अन्य ग्रंथ

1. एल. आर. बाली, शौरी का शोर, सम्यक साहित्य, नई दिल्ली 1997, पृ. 15
2. एल. आर. बाली, वही,
3. डॉ. बी. आर. आंबेडकर, आकाशवाणी मुंबई का भाषण दिनांक 13.11.1942
4. डॉ. बी. आर. आंबेडकर, स्मरण पत्र, साप्ताहिक मेनस्ट्रीम, नई दिल्ली, वार्षिक नवंबर 1993, पृ. 45
5. दैनिक भास्कर, दिनांक 2 दिसंबर 2003, सुविचार में, संपादकीय पृष्ठ
6. लेखक की कल्पना
7. एल. आर. बाली, शौरी का शोर, सम्यक साहित्य, नई दिल्ली 1997, पृ. 15
8. प्रो. एन. जी. मेश्राम, डॉ. आंबेडकर का दिव्य संदेश, मुंबई (प्रथम आवृत्ति1968), (दूसरी आवृत्ति 1995) पृ. 1–70
9. सी. डी. नाईक, थॉटस् एण्ड फिलासफी ऑफ डॉ. बी. आर. आंबेडकर, सरुप एण्ड सन्स, नई दिल्ली 2003, बुद्धिस्ट ड़ेवलपमेन्ट इन इस्ट एण्ड वेस्ट नामक अध्याय, पृ.
10. डॉ. धनंजय कीर, डॉ. आंबेडकरः जीवन तथा कार्य, प्रकाशन पुणे, 1976,
11. डॉ. बी. आर. आंबेडकर, रायटिंग्स एण्ड स्पीचेस, खण्ड 1 मुंबई 1979 पृ. 54
12. डॉ. बी. आर. आंबेडकर, थॉटस् ऑन पाकिस्तान, ठक्कर एण्ड कंपनी, मुंबई, 1945, विदेशियों से सबक नामक अध्याय

अध्याय 5

घड़ी

105 वें वार्षिकोत्सव पर कारुणिक कौसल्यायन जी की याद फिर अति तीव्रता से आ रही है। किसी ने सही कहा, ''जिंदगी की टूटे ना कड़ी याद कर ले घडी दो घड़ी''।

उन दिनों भारतीय व्यक्ति की औसत प्रत्याशा आयु 24 वर्ष हुआ करती थी। अतः भदन्त जी ने अपनी आयु के 24 वे वर्ष पूर्ण करने पर यह प्रण किया था कि ''अबतक मैंने अपने हिस्से की जिंदगी जी ली। शेष आयु मै दूसरों के लिए जिऊंगा''। तब से अंत तक भन्ते कौसल्यायन जी अनात्मिक परार्थ हेतु जीये।

उनके हर सार्वजनिक सभा के व्याख्यान का आरंभ बुद्धानुस्मृति से होता था। वह घड़ी भर आंखे बंद कर और हाथ जोड़कर कहते, ''करुणा सीतल हदयं पञापज्जोत विहत मोहतमं, सणरा मरलोक गरुण वन्दे तं सुगतं गति विमुत्तं।'' अर्थात् जिनका हृदय करुणा से शीतल है, जिन्होंने अन्धकार का अपने प्रज्ञादीप से नाश किया, और जो सम्पूर्ण भुवन के शास्ता है, ऐसे गतिविमुक्त सुगत त्रिलोकगुरु को प्रणाम है!

उनके इस पावन जयंति वार्षिकोत्सव की घड़ी पर मुझे याद आ रहा है कि भंतेजी समाज से तिरोहित व्यक्तिओं को संवारने की चुनौति अपने कंधेपर वहन कर अपना दायित्व बखुबी पूर्ण कर उसी समाज को अपने द्वारा तैयार किये गये प्रद्रर्श के सामने झुकने के लिए कायल करते थे। श्री गुणाकर मुले विज्ञान विश्लेषक के नाम से संपूर्ण हिन्दी जगत में प्रख्यात रहे। वह उन्हीं की देन थी। आज वह भी नही रहे। श्रीलंका के तेलवत्ते राहुल केनेडा और आस्ट्रेलिया में संस्कृत विभाग के विश्वविद्यालयीन प्रमुख थे। वे भी बहुत पहले ही चल बसे। कौन नही जानता कि भन्ते मेधंकर जी ने अपने आत्मचरित्र में स्वयं अपने को उन्हीं बिरले सौभागयशाली सपूतों में माना है जिन्हें कारुणिक कौसल्यायन जी का अपार आशिष प्राप्त था।

इस घड़ी में मुझे उनके धर्मबंधू महापंडित राहुल सांकृत्यायन को संदर्भित न करना नामुमकीन है। भन्ते मेधंकर जी ने बुद्ध भूमि द्वारा बाद में प्रकाशित धम्मपद की भूमिका में लिखा ही है कि ''आनन्द और राहुल सारिपुत्र और मौदगाल्यायन जैसे आधुनिक काल के धर्म सेनापति रहे''। उन्होंने आगे कहा कि जब राहुल जी का सन् 1963 में विस्मृति लोप में देहांत हुआ तो आनन्द जी उस से विचलित हुए और कुछ देर मौन के बाद उनके मुंह से यह उद्‌गार फुट पड़ा कि ''अब मुझे राहुल जी के हिस्से का भी लेखन करना पड़ेगा''।

राहुल जी को हर घड़ी याद करने के लिए उन्हींसे विरासत में प्राप्त घड़ी भन्ते कौसल्यायन जी की कलाई पर हमेशा दिखाई पड़ती थी।

गृहस्थ जीवन में भी राहुल जी आजीवन भिक्षु रहे कौसल्यायन महास्थविर के लिए उतने ही आदरणीय रहे जितने वह स्वयं हमारे लिए है। अब तक दार्जिलिंग में कमला साकृत्यायन ने राहुल जी की धरोहर जारी रखी, अब वह भी चल बसी। सन् 1998 में जब वह हमारे राष्ट्रीय संस्थान में अतिथि के रुप में आई थी तो लेखक की स्मृतियां भन्ते आनन्द जी और राहुल जी के बारे में तरोताजा हुई। वर्तमान पीढी के पास अब जया और जेता ही उनकी यादगार है।

इस घड़ी में बाबासाहेब आम्बेडकर के भिक्खू सेनानी के रुप में डॉ. भदन्त आनन्द कौसल्यायन जी की याद आ रही है। यूं तो राहुल जी के डेढ सौ ग्रंथें के साथ स्वयं भन्ते जी के लगभग पचहत्तर ग्रंथें की संपदा बौद्ध धर्म की पैनी दृष्टि दिलाने हेतु पर्याप्त है। परंतु कौसल्यायन जी डॉ. आम्बेडकर के बुद्ध, मूर्तिकला, वास्तुशिल्प और उनके सामाजिक बौद्ध धर्म से संबंधित वक्तव्य का अध्ययन करते है तो उनकी वाणी से अनायास यह उदान निकलता है कि ''जिंदगी भर बौद्ध दर्शन के अभ्यासी रहे आनन्द कौसल्यायन को बुद्ध, धम्म और संघ के बारे में ऐसी नई, ताजा, विशाल और अनोखी दृष्टि अन्यत्र नही मिली।'' आश्चर्य नही कि अपने जीवन के पड़ाव पर उनके उदगाार थे, ''यदि मैं मर जाऊं तो आप लोग मेरी कब्र पर यह लिख देना कि डॉ. आंबेडकर की मानवता की लडाई में कुल पुत्र कौसल्यायन भी वीर गति को प्राप्त हुआ।'' मानो एक मानव–सूरज सारे भुवन लोक को प्रकाशित करते रहने पर भी कह रहा है कि ''मैं डूब भी गया तो शफक छोड़ जाऊंगा''।

एक छोटा–सा प्रसंग याद आ रहा है। नागपूर के रेल्वे स्टेशन पर लेखक भन्ते जी के साथ थे। दिल्ली जानेवाली ट्रेन का इंतजार था। प्लेटफार्म पर अमेरिकन विदूषी एलिनार झेलियट भी उसी ट्रेन से जाने के लिए आई। हम तीन हो गये। इस पर भन्ते जी ने अपनी शैली में विदूषी को बोला कि अब हम त्रिरत्न सफर करेंगे। विदूषी ने प्रतिसाद में पूछा कि हम त्रिरत्नों में कौन बुद्ध रत्न है, कौन धम्म रत्न है और कौन संघ रत्न है? इस के उत्तर की घड़ी में ही गाडी आई और स्टेशन की भीड़ के साथ हम त्रिरत्नों को भी प्रस्थान का धक्का दे गई।

कारुणिक कौसल्यायन सन् 1933 के बाद सन् 1979 तथा 1981 में इंग्लैंड में पधारे तो वह लेखक के साथ रहे। उस समय लेखक ही उनके प्रतिनिधि के रुप में वुल्वरहैम्प्टन बुद्ध विहार का अधिपति था। वहां से हम दोनों कनाडा और अमेरिका भी साथ ही गये थे। हवाई जहाज के लंबे सफर में हम लोगों ने 'यदि बाबा न होते' की अंग्रेजी पांडुलिपि को जांचने में व्यतीत किया। वहां के विश्वविद्यालयों में दिये गये भन्ते कौसल्यायन जी के प्रसिद्ध अभिभाषण और दुर्मिल चित्रों का संग्रह कम से कम एक और ग्रंथ की सामग्री है।

हम सभी लोग मिल कर डॉ. भदन्त आनन्द कौसल्यायन जी के व्यक्तित्व को सामूहिक रुप से प्रज्वलित रखने में यशस्वी हुये तो इस से बढ कर उनके इस एक सौ पांच वी जयंति समारोह का उपहार दूसरा कोई नही हो सकता। अन्त में मैं यह कहना भूल ही गया कि भन्ते कौसल्यायन ने अपने कलाई पर बंधी हुई राहुल जी की वह घडी इंग्लैंड से भारत के लिए प्रस्थान करते वक्त लेखक को ही भेट की थी। अस्तु।

कुछ संस्मरण नीचे दिये फोटोग्राफ से निम्नानुसार अंकित है यथाः

1. दिनांक 19 अगस्त 1972 का यह चित्र है, जिसमें दीक्षा भूमि नागपूर के भिक्खू निवास के पूजा

गृह में बीच के प्लेटफार्म पर बैठे हुए हैः भदन्त आनन्द कौसल्यायन जिनके दाये में हैं सत्यशील, ज्ञानविमल, सुमतिपाल, उर्फ चन्द्रबोधि उर्फ चन्द्रशेखर नाईक, शीलधन, काशिनाथ, कमलशील गजभिये, बायी ओर हैं ज्ञानरत्न, नंदवर्धन, विमलकीर्ति, राहुलबोधि, एच. देशभ्रतार उर्फ उत्तमबोधि, बडे भंतेजी के सामने एक बालक बीच में स्थित है, उसके सामने हैं उपासिकायें श्रीमती गणवीर, श्रीमती दवने, श्रीमती चव्हान, श्रीमती मेश्राम, श्रीमती कर्वे, जो बाबासाहेब आंबेडकर की धम्म दीक्षा के समय उपस्थित भिक्खू सुमेध उर्फ नारायणे की बहन है, श्रीमती नन्देश्वर, पीछे की पंक्ति में दाये से बाये हैंः श्री चव्हान, श्री कमलेश मेश्राम, श्री खोब्रागडे, श्री झोडापे, श्री ताकसांडे, श्री नरेन्द्र वाल्दे, श्री चेतराम, श्री सोनकांबले, श्री गोंडाने, श्री पाटिल, श्री फुलझेले, श्री सुभाष गेडाम, श्री खोब्रागडे, श्री अचकारपोहरे, और श्री दवने, जो सबके पीछे खडे है।

2. भदन्त आनन्द कौसल्यायन भिक्खू निवास, दीक्षा भूमि, नागपूर के प्रांगण में टहलते हुए।

Bhadant Anand Kausalyayan is strolling in the premises of Bhikkhu Niwas, Deeksha Bhoomi, Nagpur

3. भदन्त आनन्द कौसल्यायन भिक्खू निवास, दीक्षा भूमि, नागपूर के प्रांगण में पलंग पर बैठ कर समाचार पत्र देखते हुए।

भदन्त आनन्द कौसल्यायन भिक्खू निवास, दीक्षा भूमि, नागपूर के प्रांगण में पलंग पर बैठ कर समाचार पत्र देखते हुए।

4. Bhante Bhadant Anand Kausalyayan seated on a settee flanked by Chandrabodhi, Rahulbodhi, and Satyasheel while Upasaka Narnavre is seated on your left end and Upasaka Lokhande is standing on the right end at the residence in Mumbai.

भदन्त आनन्द कौसल्यायन मुंबई में एक निवास में भिक्खू चन्द्र बोधि, राहुलबोधि और सत्यशील और उपासक नारनवरे और श्री लोखंडे के साथ बैठ हुए।

5. भन्ते चन्द्रबोधि तक्षशिला विद्यालय, सुभाष टेकडी, उल्हासनगर के प्रांगण में आम सभा को संबोधित करते हुए।
6. भदन्त आनन्द कौसल्यायन बुद्ध भूमि, कामठी रोड, नागपूर के अपने कक्ष में पलंग पर शयनासन् में।

Bhadant Anand Kausalyayan taking nap in his chamber at Buddha Bhoomi, Kamptee Road, Nagpur

7. भदन्त आनन्द कौसल्यायन तक्षशिला विद्यालय उल्हासनगर के प्रांगण में भन्ते चन्द्रबोधि के साथ जनसभा की ओर से श्री तायडे जी के हस्ते स्वागत पुष्पहार स्वीकार करते हुए और भन्ते आनन्द थेरो अतिथियों का परिचय देते हुए।

Venerable Dr. Kausalyayan is being garlanded by Shri Tayade with Ven. Chandra Bodhi and Venerable K. Anand present on the podium of the function in Ulhasnagar.

8. भदन्त चन्द्रबोधि उर्फ सी. डी. नाईक नागपूर विश्वविद्यालय के कुलगुरु के हस्ते दीक्षान्त समारोह वर्ष 1994 में एम. ए. पालि में स्वर्ण पदक स्वीकार करते हुए।

Venerable Chandra Bodhi receiving Gold Medal in Pali (M.A.) at the hands of the Vice Chancellor during the Convocation of Nagpur University in 1994.

9. भदन्त आनन्द कौसल्यायन जपानी शिष्ट मंडल के संधरत्न और होळिसावा के साथ भन्ते चन्द्र बोधि और भन्ते मेधंकर की उपस्थिति में चर्चा करते हुए।

Bhadant Anand Kausalyayan talking to the Japanese delegates, Sangharatna, Holisawa with Chandra Bodhi and Medhankar in Nagpur

10. भन्ते चन्द्र बोधि भंडारा के अतिथि गृह में परम पावन दलाई लामा के साथ स्थित है।

Bhante Chandra Bodhi with Dalai Lama in Bhandara, Maharashtra in 1990

11. तिब्बती परंपरा की भिक्षुणी और हॉलिवुड अभिनेता कबीर बेदी की माताजी दिवंगत फरिदा बेदी की शोक सभा, नई दिल्ली में भदन्त आनन्द कौसल्यायन भन्तेजी श्री बेदी जी के साथ बात करते हुए।

तिब्बती परंपरा की भिक्षुणी और हॉलिवुड अभिनेता कबीर बेदी की माताजी दिवंगत फरिदा बेदी की शोक सभा, नई दिल्ली में भदन्त आनन्द कौसल्यायन भन्तेजी श्री बेदी जी के साथ बात करते हुए।

अध्याय 6

विहार निर्माण क्यों?

बौद्ध परंपरा में ''विहार'' का मतितार्थ 'मंदिर' अथवा 'देवालय'बिल्कुल नही है। 23 मई 1932 में बेलगांव जिले के एक निपाणी गांव में[1] आठ हजार जनसंख्यावाले समुदाय को संबोधित करते हुये बाबासाहेब डॉ. आंबेडकर ने कहा था, ''आजतक हमें हिंदू देवताओं के दर्शन नही हुए इसलिये हम मरे नही अथवा आजतक हिंदूओं के देवालयों में जाते रहनेवाले गधे, कुत्ते, बिल्लियां इत्यादी जानवर व्दिपाद नही बने।''

उक्त उद्‌बोधन के बाद उसी वर्ष के 28 सितंबर[2] को श्री देवराव नाईक की अध्यक्षता में बी.डी. डी. चाळ, वरली, मुंबई में आयोजित सभा के सम्मुख डॉ. अम्बेडकर ने कहा था, ''आज जिधर उधर आपके लिए देवालयों के व्दार खुलवाने का यत्न किया जा रहा है परंतु देवालयों में प्रवेश मिलने से आपका उद्धार नही होता, यह बात आपको नही भूलना चाहिए। देवालय की मूर्ति के चारों तरफ खिलनेवाली आध्यात्मिक भावना की अपेक्षा पेट की रिक्ति किस प्रकार भरेगी इस की सावधानी आपको पहले लेनी चाहिए। खाने को पर्याप्त अन्न नही, बदन पर वस्त्र नही, शिक्षा की व्यवस्था नही, द्रव्य के अभाव में औषधोपचार कर नही सेकते, ऐसी दैनावस्था से ग्रस्त अपना समाज है।..... देवालय में प्रवेश के मार्ग खुल गये, अस्पृश्यता मात्र दूर हुई, इसलिए प्राप्त अधिकारों को गंवाना उचित नही होगा।''

विहार के बारे में देवता और मंदिर से हटकर एक शुद्ध समाजोपयोगी निर्माण की कल्पना डॉ. आंबेडकर के हृदय में बसे बुद्ध और उनके दिमाग में विकसित बहुजन हिताय बहुजन सुखाय का ध्येय तक्षशिला, विक्रमशिला, नालंदा, आंदंतपुरी, वल्लभी और जगद्‌दल इत्यादी बौद्ध वैश्विक शिक्षा केन्द्रों के साथ जुड़ी भावना को उजागर करते है।

जहां–जहां विहारों का निर्माण हुआ वहां वहां विशिष्ट बौद्ध मत उस केन्द्र के मध्य में रहा है। ई. पू. 200 वर्ष से ई. स. 200 तक मथुरा से नगरहार और तक्षशिला से काश्मीर तक सर्वास्तिवाद बौद्ध संप्रदाय का बोलबाला रहा है। तक्षशिला विहार में रहे चीनी यात्री फाहियान ने लिखा था, ''धर्मयात्रिओं द्वारा दर्शनीय जितने पगोडा और मंदिर है उनमें से एक भी तक्षशिला की भव्यता और प्रतिष्ठा का सानी नही है। इसके इर्दगिर्द कई विहार थे, जिनका हूणों ने नाश किया था। विद्याकेन्द्र की हैसियत से तक्षशिला का नाम इतना विख्यात रहा कि तत्कालीन गांधार कला के चित्रकार अपनी कूची से वहां पर राजकुमार सिद्धार्थ को हाथ में स्लेट लिए वर्णमाला पढने में मग्न दिखाना नही भूले। वहां मिले कुछ बौद्ध अवशेष महाबोधि सभा द्वारा निर्मित सारनाथ के मूलगंधकूटी विहार में सुरक्षित रखे गये हैं। प्राचीन तक्षशिला का आधुनिक नाम तक्षिला है और वह आज के पश्चिम पाकिस्तान में स्थित है।

विहारों के बारे में यह भी सामान्य कथन है कि हर विख्यात विहार के साथ कई कई महान बौद्ध दार्शनिक अथवा मनीषी जुड़े रहे हैं। उदाहरणार्थ वसुबंधु के शिष्य दिन्नाग नालंदा विहार में थे और

उन्होंने सुदुर्जय नामक ब्राह्मण पंडित को शास्त्राथ्र में हराया था। अपनी महाराष्ट्र और ओडिसा की यात्रा में भी वे विद्वानों से शास्त्रार्थ करते रहे। ईत्सिंग के अनुसार दिन्नाग के प्रमाण–समुच्चय आदि ग्रंथों को तर्कशास्त्र के पाठयपुस्तकों के रुप में पढाया जाता था। उन्होंने वात्सायन के न्याय–भाष्य में स्थापित सिद्धान्तों का खण्डन किया ओर बाद में उद्योतकर को अपने न्यायवार्तिक में वात्यायन के मतों के समर्थन में लिखना पड़ा। दिन्नाग के उत्तराधिकारी धर्मकीर्ति भारत के कांट कहलाते थे। उन्होंने सातवी शताब्दी में ईश्वरसेन के अधीन तर्कशास्त्र का अध्ययन किया। बाद में वे नालंदा गये और वहां महाविहार के संघ स्थविर तथा विज्ञानवाद के आचार्य धर्मपाल के शिष्य बने। उनके सबसे बडे तार्कीक ग्रंथ प्रमाण–वार्तिक की खोज राहुल सांकृत्यायन ने तिब्बत में की थी और सन् 1953 में पटना के जायसवाल शोध संस्थान ने प्रमाण–वार्तिक भाष्य अथवा वार्तिक–अलंकार नामक भाष्य को प्रकाशित किया। धर्मकीर्ति के प्रभाव से ही नौवीं शताब्दी में वाचस्पति मिश्र ने अपने सिद्धान्त के बचाव में न्यायवार्तिक–तात्पर्य–टीका लिखी थी।

नालंदा महाविहार राजगीर के समीप बरगांव में स्थापित था और ई.स. 500 से ई.स. 1200 तक वह फलता–फूलता रहा। इसी में चीनी यात्री व्हेनसांग कुछ समय तक ठहरे थे। यहां 10,000 शोधार्थी थे और उसके संरक्षकों में हर्ष और उसके पूर्व के शासक रहे है। लगभग 200 गावों के राजस्व से नालंदा का व्यवस्थापण किया जाता रहा। उसके तत्कालीन आचार्यों में शीलभद्र, शांतरक्षित, और अतिश अथवा दीपंकर के नाम अधिक विख्यात रहे हैं।

उक्त दो महाविहारों के वर्णन से पाठक कल्पना कर सकता है कि विहार निर्माण का महत्व बौद्ध परंपरा में कितना गहरा और उच्च है। विहार से यहां अभिप्राय निम्नांकित दो बातों से हैः

1. भिक्षु प्रशिक्षण केन्द्र तथा
2. विहार विश्वविद्यालय।

आरंभिक और आधुनिक बौद्ध शिक्षा के केन्द्रों में उपरोक्त दोनों का उल्लेख (ई. पू. 400–1200 ई. स.) अभिप्रेत है। भिक्षु को प्रशिक्षण देने की व्यवस्था से आरंभ होकर इस व्यवस्था ने अपने विस्तार और उद्देश्य की ऊंचाई से नई बौद्धिक रुचि व मानसिक क्षितिज हस्तगत किया और बंद ध्यान समुदाय से संस्कृति और शिक्षा के ज्ञानपीठ में कायाकल्प होने तक इस व्यवस्था का विकास जारी रहा और आगे भी इसका लाभ विश्व और विशेषतः भारत को और मिलता परंतु बारहवी शताब्दी में बख्तियार खिलजी के बिहार और बंगाल की विजय ने इन प्राचीन विहार विश्वविद्यालयों की प्रगति में अकस्मात खण्ड पैदा किया, और डॉ. आंबेडकर के सिद्धार्थ कॉलेज, मुंबई और मिलिंद महाविद्यालय, औरंगाबाद के निर्माण के साथ ही 800 वर्षों का मौन इतिहास वर्तमान से जुड गया।

डॉ. आंबेडकर विहार को देवालय का पर्याय बनाना नही चाहते थे। अतः उन्होंने 18 जून 1939 को परळ, मुंबई आर. एम. भट हायस्कूल हॉल में महार जाति की जनसभा को संबोधित करते हुए सार्वजनिक कार्य हेतु एक प्रशस्त भवन निर्माण के लिए निम्नांकित निर्देश दिये थे।

मुंबई जैसे स्थान में अपने सार्वजनिक कार्य के लिये पर्याप्त होनेवाला एक भवन का निर्माण कम से कम एक लाख रुपये लागत से हो सकेगा। निर्माण कार्य का आरंभ एक दो माह के भीतर ही होना चाहिए। अतः आप अब निश्चिंत न बैठकर आज से इस कार्य का आरंभ कीजिए। हर मोहल्लें

के अपने लोगों में से चार पांच अथवा मोहल्ला बड़ा होने पर पांच–दस योग्य सदस्यों की कमिटी नियुक्त की जानी चाहिए और उनके जरिये अपने अपने मोहल्ले के आदमियों की मर्दुमशुमारी की जानी चाहिए। कमिटी के सभासदों के नाम एक–दो दिन के भीतर सूचित किये जाए। कार्यालय में उक्त जानकारी मिलने के बाद दान की राशि किस प्रकार एकत्रित करना है, इस का निर्देश भी आपको दिया जाना चाहिये। इस सत्कार्य के उद्देश्य से 30 रुपये प्रति माह के वेतनवालों ने कम से कम 2 रुपये और जिनका वेतन 50 रुपये तक है उन्हें 5 रुपये तथा उस से अधिक वेतनवालों को अपने एक महीने का वेतन देना चाहिए। उसी प्रकार शिक्षक, शिक्षिका व क्लर्क की नौकरी करनेवालों को एक महीने की तन्ख्वाह अदा करना चाहिए[3]।

उसी प्रकार दिनांक 14 मई 1945 को दामोदर हॉल के पीछे एक उद्यान में शेडयुल्ड कास्ट फेडरेशन, मुंबई शहर शाखा की ओर से आयोजित चाय पार्टी में अपना वक्तव्य देते हुए बाबासाहेब आंबेडकर ने एक भव्य हॉल निर्माण के बाबत् निम्न वचन बोलेः

"आप सब को मालूम है कि हमें एक बड़ा हॉल बनाना है। उसके लिए 37 हजार रुपये का मूल्य अदा कर एक जगह खरीदी है। युद्ध के कारण उसका निर्माण स्थगित था परंतु युद्ध समाप्त होने के बाद उस कार्य को आरंभ किया जायेगा। युद्ध लगभग समाप्त होने को है तो छह महीनों के बाद कार्य शुरु हो जायेगा कहने में कोई हर्जा नही। इस हॉल के लिये दो लाख रुपयों की लागत लगेगी यह कल्पना मैंने आपको पहले ही दी है। हम जो हॉल बनायेंगे वह इतना सुंदर होना चाहिए कि उसका सानी मुंबई में खोज कर भी नही मिलना चाहिए। कोई प्रतिष्ठित मेहमान यदि यहां आयें और वह सभी हॉलों को देखने का निर्णय ले व उस बाबत् वह अपनी राय व्यक्त करना चाहे तो सबसे उत्तम और श्रेष्ठ प्रकार का हॉल यदि किसी का है तो वह हम लोगों का ही है के उद्‌गार उसके मुंह से निकलने चाहिए। और इस हॉल के लिए अपना ही पैसा व्यय होना चाहिए यह बात आपको ध्यान में रखनी है। क्योंकि अपना हॉल हम स्वयं ही निर्मित करेंगे तो अपनी इज्जत बढेगी"।

इस हेतु पहले ही विज्ञापित सूचना के अनुसार 18 वर्ष के ऊपरवाले प्रत्येक स्त्री–पुरुष ने एक रुपया अदा करना चाहिए। इस हेतु आज तक एकत्रित हुई राशि बैंक में रखकर उसका हिसाब श्री शा. अ. उपशाम के पास है। पैसा एकत्रित करने का काम वार्ड कमिटीओं के संगठन के माध्यम से करना अधिक सुलभ होगा।

यदि हम अपने में जो गरीब हैं उन पर निर्भर होंगे तो पर्याप्त राशि एकत्रित होगी इस बाबत मुझे गारंटी नही है। इसलिये मुझे लगता है कि जिन्हें यह संभव है उन्हें कम से कम पच्चीस रुपये अदा करना चाहिए। अपनी इमारत पूर्ण रुप से तैयार होने के बाद मैं इतिहास लिखनेवाला हूँ, जिस में पच्चीस रुपये देनेवालों की फोटो का अंतर्भाव किया जायेगा। उन लोगों के लिये यह अमूल्य अवसर है ऐसा मुझे लगता है।"

पैसे एकत्रित करने का कार्य अधिवेशन द्वारा स्वीकृत पद्धति के अनुसार ही होगा[4]।

विहार निर्माण क्यों

विहार निर्माण से डॉ. अंबेडकर का अभिप्राय शैक्षिक हेतु सिद्धि को सीमेंट, ईंट, पत्थर की चहार–दीवारी ही था, जिसमें बुद्ध की मूर्ति की प्रतिष्ठापना, धम्म का प्रचार और जनता का सुशिक्षित व

सुसंस्कृत होना निहित है, के बारे में दो राय नहीं हो सकती और इसे हम उनके व्याख्यानों के आधार पर स्पष्ट रेखांकित कर सकते हैं।

दिनांक 8 मई, 1954 को जनता के अंक में यह समाचार छपा था :

''पुणे जिले के ग्राम देहू रोड पर संत चोखोबाराय व बुद्ध ग्रंथालय मंदिर का निर्माण हुआ है। इस मंदिर हंतु आज तक कुल 1200 रुपये जमा हुए। इस राशि में मंदिर की प्रतिष्ठापना हेतु डॉ. बाबा साहेब अंबेडकर लोकावला में आये। उस समय मंदिर समिति के कुछ सदस्यों ने भी उनसे भेंट की।''

''किसी भी संत के जीवन का मूल्यांकन डॉ. अंबेडकर उनके समाज के लिए गए कार्य से करते थे और समाज हितैषी महापुरुष को ही याद रखने की सलाह देते थे। चोखोबा मंदिर समिति के सदस्यों को उन्होंने कहा था,'' आपने चोखोबारा मंदिर बांधा है। जिस चोखोबा की मूर्ति आपके नजर के सामने नहीं अथवा देर नहीं, शायद उस समय चोखोबा को अपने जीवन में कुछ करना संभव नहीं हुआ। उस चोखोबा के बारे में आप अपने जीवन में आस्था रखें यह हितावह नहीं, और इसीलिए हम अब जिस भावा से प्रेरित हुए हैं उस भावा को कम से कम इस को में पैर के नीचे कुचलना असंभव है।

''मेरे कार्य का एक भाग यदि मैं इस विषय के लिए रखा होता तो इस बार जनता में आदर निर्माण हुआ होता और मेरे ध्येय के ताने–बाने निश्चित रूप से जनता –– होते हैं। परंतु मेरे पीछे अनेक कार्यों का व्याप होने के कारण मुझे इस विषय पर थोड़ा भी समय देना मुमकीन नहीं हुआ।''

विहार में किस प्रकार का धर्म कार्य होना चाहिए इस बाबत बाबा साहेब का –– थेः ''धर्म, प्रचलित रुढ़ि के शिकंजे पड़ी दलित जनता अंधश्रद्धा से अधोगति –– गई है। हिंदू धर्म के 33 करोड़ देवताओं की पूजा करते–करते हजारों, बारिसें उन्हें झेली। धर्म का अभिमान कर आज तक यह भोली जनता उसका अनुसरण कर रहा है। परंतु सत्यता, अहिंसा, परोपकार के त्रिवेदी संगम के बहते हुए झरने को शंकर –– ने बांध दिया व आज वही नदी समुद्र बनी, जिसमें कुछ अंध श्रद्धालु पूज्य में स्नान कर पापों का क्षालन कर रहे हैं। जिस धर्म में इंसानियत नहीं उस धर्म के देवताओं के बारे में अपनापन जताना इष्ट नहीं और इसलिए अब इसके आगे हमें जो भावना या हेतु से ही आगे के कार्यों की रूपरेखा बनानी चाहिए। अतः मैं आप सलाह देना चाहूंगा कि आपके द्वारा निर्मित देवालय में बुद्ध के प्रतिमा को प्रतिष्ठा होनी चाहिए।''

मंदिर समिति ने अंत में मूर्ति की प्रतिष्ठापना डॉ. बाबा साहेब के हाथों करने की इच्छा व्यक्त की तो मूर्ति की स्थापना हेतु व्यक्तिगत रूप से उपस्थित –– आश्वासन देकर मित्रों के माध्यम से बुद्ध की मूर्ति भेंट करने की स्वीकृति बाबा साहेब ने उन्हें दी।

दिनांक 25, दिसंबर, 1954 को देहू रोड के बुद्ध मंदिर में डॉ. बाबा साहब अंबेडकर के हस्ते भगवान बुद्ध की मूर्ति की विधिवत संस्कार के बाद प्रतिमा –– की गई। इस मूर्ति की लगभग 2500 रुपये थी और उसे डॉ. बाबा साहब आंबेडकर ने खास करके रंगून (ब्रह्मदेश) से मंगाई थी। इस समारोह में –– हजार जनसमुदाय उपस्थित था।

उपस्थित जनसमुदाय को मार्गदर्शन करते हुए डॉ. बाबा साहेब आंबेडकर ने अपने भाषण में कहाः

''आज इस जगह इस छोटे से मंदिर में भगवान बुद्ध की मूर्ति की स्थापना की गई। यहाँ आज यह नया देवता लाकर स्थापित किया गया है। यह प्रसंग सब की दृष्टि से हमारे बीच नया है।''

''इस देश में नालंदा विश्वविद्यालय था। ज्ञान प्राप्ति करा देना यह इस धर्म का तत्व था। एक आचार्य और उसके दस लड़के इकट्ठा बैठते थे और ब्राह्मण शास्त्र पढ़ाते थे। ऐसी इस धर्म की स्थिति नहीं थी।''

''पहले विश्वविद्यालय बौद्ध धर्मीय लोगों ने स्थापित किए। नालंदा विश्वविद्यालय में तेरह हजार शोधार्थी और एक हजार अध्यापक थे। अपना महाराष्ट्र देश भी सौ फीसदी बौद्ध धर्मीय था। और उसकी साक्ष के रूप में महाराष्ट्र की पुरातन काल की उत्कीर्ण गुफाओं की मिसालों को दिया जा सकता है। भारत के दो हजार गुफाओं में से डेढ़ हजार गुफायें महाराष्ट्र में ही हैं। यह गुफा यानी बौद्ध भिक्षु का निवास स्थान था और यही उनका निवास था। महाराष्ट्र में जो कुछ गुफाये हैं वे पांडवों की है ऐसा बताया जाता है। परंतु कहा विरोट नगरी और कहां पांडवों का राज्य?''

''इस विहार में 25 भिक्षु रहते थे। 15 हजार विहारों में लगभग 35 हजार भिक्षु रहते ते। जनता से भिक्षा मांग कर वे अपनी उपजीविका चलाते थे। भिक्षा पर उनका कार्य चलता था। एक हजार दो सौ पचास वर्ष वे इस प्रांत में टीके रहे।''

''हम टूटा मकान पिफर से बनाते हैं। इस पर नये पतरे डालते हैं। छत नई बनाते हैं हैं। अर्थात् उस घर का जीर्णोद्धार करते हैं। अपने पूर्वजों से भगवान से की पूजा हम करते आये हैं। वही देवता हमें फिर से स्थापित करते हैं। इस देश में धर्म के रूप में कुछ शेष नहीं बचा यह मेरा स्पष्ट मत है।''

''हिंदू लोगों की धर्म की परिभाषा बहुत निराली है। देवालय में जाना, घंटा बजाना, पूजा करना और पुरोहित को दो पैसे भेंट करना इतना ही इस धर्म का कार्य है, मानो पुरोहित के बाप का ऋण अदा करना है।''

''परंतु हमें यह कुछ न जमा। विष्णु की पूजा कर विष्णु प्रसन्न नहीं हुआ। शिव के देवालय में जाकर शिव प्राप्त नहीं हुआ और मरीमां, म्हसोबा, खंडोबा का भी कोई लाभ नहीं हुआ।''

''व्यक्ति और समाज के जीवन के लिए आवश्यकता के रूप में धर्म जरूरी है। धर्म को नीति का बंधन जरूरी है।... मतलबी लोग महाराष्ट्र की गुफाओं को पांडव की गुफायें बताते हैं। इधर 'पांडव' किसलिए आये थे। पांडव दिल्ली के बाहर 80 मीलों के पार नहीं गये। उन्होंने अलवार स्टेट में पन्द्रह सौ गुफाएं कैसे खोदी थीं? उनके पास न कुदाल थी न फावड़ा था।''

''भगवान बुद्ध ने बताया कि आओ और देखो। मैं बताता इसलिए आप इस परम्परा को स्वीकार करो यह बात नहीं है। तेरी अविद्या नष्ट हुई तो ही ती इस धर्म को अंगाकीर कर।''

''हमें एक बात बतानी बाकी है। यह जो देवालय निर्मित किया हुआ है या अत्यंत छोटा है। यदि वह जिस स्थिति में है उसी में छोड़ देंगे तो हमें धिक्कार है इस देवालय को एक सभागृह चाहिए। चंक्रमण के हेतु रिक्त जगह चाहिए। आप —— दान इकट्ठा कर इस मंदिर को भव्य स्वरूप प्रदान करने का प्रयास करना चाहिए परंतु भगवान के नाम पर एकत्रित किया हुआ निधि नहीं खाना चाहिए।''

''1200 वर्षों के बाद भगवान बुद्ध की मूर्ति की स्थापन करने का प्रथम —— हमें मिला है। इसका श्रेय आपको ही जाा है। इसलिए आपको धन्यता का एहसास करना चाहिए।''

दिनांक 24 मई, 1956 को मुंबई के बुद्ध जयंती समारोह में बोलते हुए बाबा साहेब ने कहा था, ''भगवान बुद्ध का जगत में सबसे भव्य और ऊँचा पुतला अफगानिस्तान में है। परंतु धर्मांध मुसलमानों ने सात हजार बौद्ध भिक्षुओं के सिर काट कर रास्ते में उनके शवों को ढेर लगाया और इसलिए वहां से बाकी बचे बौद्ध भिक्षुओं ने पलायन किया।''

''अब बुद्ध धर्म की लहर आई तो वह कभी भी लौट कर नहीं जाएगी।''

''धर्म की स्थापना के लिए विहारों की अत्यंत आवश्यकता है। परंतु –– से मुझे एख ऐसा विहार निर्माण करना है कि जिसे आपने कभी देखा न होगा। पर उसके लिए मैं किसी धनी व्यक्ति के आगे लाचर होकर हाथ नहीं फैलाऊंगा। –– पैसा जमा कर देने होंगे तो निर्माण करूंगा। अपने स्वयं के मेहनत से निर्माण कर –– दूसरों की अंजिल से नहीं बनाऊंगा।''

इस प्रकार विहार का निर्माण कर उसमें जीवन का ज्वलंत रूप बनाये –– एक चुनौतीपूर्ण समस्या है। इस हेतु बौद्धों का आद्य कर्तव्य क्या है, इस –– डॉ. अंबेडकर ने कहा, ''मैं दिनांक 24 नवम्बर, 1956 को अपरान्ह 1 बजे–– से सारनाथ पहुँचा। वहाँ भिक्षुओं को मिला। उनसे चर्चा करते हुए मैंने कहा–– बौद्ध व्यक्ति ने प्रत्येक रविवार को नियमित रूप से बुद्ध मंदिर में जाकर उपदेश –– करना चाहिए। इसी प्रकार उन्होंने प्रत्येक भाग में बुद्ध मंदिर का निर्माण कर–– सभा बुलाने हेतु पर्याप्त आसनोंवाला सभागृह भी होना चाहिए। इस दृष्टि से –– ब्रह्मदेश, तिब्बत, चीन आदि देशों के भिक्षुओं ने आगे आकर और पैसा–– मदद करनी चाहिए।''

''नये बौद्धों का आद्य कर्तव्य है कि उन्होंने प्रति रविवार को बौद्ध मंदिर –– चाहिए। यदि ऐसा नहीं हुआ तो नये बौद्धों को धर्म का परिच्रय नहीं होगा।–– इस हेतु जगह–जगह कुछ मंदिरों का निर्माण होना आवश्यक है।''

अपनी नेपाल यात्रा का वृतान्त देते हुए डॉ. अंबेडकर ने आगे कहा कि ''मुझे काठमांडू के पषुपतिनाथ मंदिर में नहीं जाने दिया गया था असत्य समाचर उस समय के दैनिक अखबारों से प्रसिद्ध होने बाबत मैंने सुना। मैं किसी भी हिंदू मंदिर में नहीं जाता। मुझे सौ बार भी प्रार्थना की होती तो भी मेरा उस देवालय में जाना असंभव था। मेरे निजी सचिव को नेपाल के महाराजा ने इसके पूर्व के दिन बुलाकर डॉ. साहेब को मंदिर में जाने न देने के बाबत् सूचना दी थी व कहा था कि बौद्ध ों को हिंदू मंदिर में जाने देने तक की आज की स्थिति नहीं। नेपाल, लंका व भारतीय भिक्षु मंदिर में जाते थे। उन्हें भी मनाई की गई। जो व्यक्ति देवता पर विश्वास नहीं करता उसने वैसा करना यानी स्वयं के मन को गफलत में डालना है और हिंदू के देवता का अपमान करना है। बौद्धों को कभी भी हिंदू के मंदिर में नहीं जाना चाहिए। बौद्ध मंदिर में सभी समान हैं। किसी को वहाँ मनाही नहीं करनी चाहिए।''

जो अस्पृश्य हिंदू धर्म में रह कर मंदिर में प्रवेश करना चाहते हैं यह उनका मात्र दूराग्रह है। उन्हें अन्याय, अपमान और विडंबना करा लेनी है तो इस बाबत मुझे कुछ बोलना नहीं है। परंतु बौद्धों ने पचड़े में नहीं पड़ना चाहिए। अपनी रोज की वंदना में हम कहते हैं– नत्थि में सरणं अञञ् बुद्धों में सरणं वरं अर्थात् मैं बुद्ध के शिवाय अन्य किसी को भी शरण नहीं जाऊंगा। ऐसा कहने वालों ने हिंदू मंदिर में जाने का आग्रह क्यों करना चाहिए?

''काशी में मदिर प्रवेश एक राजनीतिक पैतरा है। उससे दलितों को कुछ लाभ नहीं है। इसलिए बौद्ध धर्म को स्वीकार करके ही बंधुत्व और समता का दर्जा प्राप्त करना मात्रा ही अपना मुख्य कर्तव्य है।''

उक्त भाषण के बाद भिन्न–भिन्न राष्ट्रों से आये लगभग 150 भिक्षुओं ने बाबा साहेब के वक्तव्य का अनुमोदन कर सभी प्रकार की मदद देने का आश्वासन दिया। सायं 4 बजे डॉ. अंबेडकर ने सारनाथ कि भग्न अवशेषों का अवलोकन किया। सम्यक स्तूप के पास लगभग एक घंटा रुक कर तिब्बती लांमाओं की पूजा का अवलोकन किया और कुछ सुझाव दिए, जिसका सबने दत्त चित्त से स्वागत किया। —— को 7 बजे बाबा साहेब ने मूलगंधकूटी में विधिवत ढंग से बहुत देर तक बुद्ध पूजा की। उसके बाद उन्होंने भिक्षुओं के परित्राण का श्रवण किया और आधा घंटा तिब्बती उपदेश विधि का अवलोकन किया।

अतः उपसंहार में कहा जा सकता है कि उपरोक्त विवेचन से यह निष्कर्ष निकलता है कि विहार निर्माण से मुख्यतः चार ध्येयों की प्राप्ति होती हैः

विहार बौद्ध धर्म के प्रचार–प्रसार, नैतिक नेतृत्व और ऐतिहासिक धरोहर का आगर है।

विहार सार्वजनिक शिक्षा–दीक्षा का केन्द्र होता हैः

3. विहार सामाजिक संगठन और संघर्ष का स्रोत है और

4. विहार समानता, स्वतंत्रता व अबंधुत्व, रोजगार तथा प्रजातांत्रिक गणराज्य सबसे प्रचीन और सबसे विशाल वह भारतीय यंत्रणा है जिसे विश्व आधुनिक युग में सर्वत्र अपनाया है।

संदर्भ

1. जनता, 25 जून, 1932, डॉ. बाबा साहेब अंबेडकर रायटिंग्ज एण्ड —— वाल्यूम 18, भाग 1, पृ. 302
2. जनता, 8 अक्तूबर, 1932, डॉ. बाबा साहेब आंबेडकर रायटिंग्ज एण्ड —— वाल्यूम 18, भाग 1, पृ. 372–73
3. वही. पृ. –270
4. वही. पृ. –536
5. वही. वाल्युम 18, भाग 3, पृ. –391
6. वही. पृ. 424
7. प्रबुद्ध भारत, 2 जून 1956, वाल्युम 18 भाग, पृ. 472
8. वाल्युम 18, भाग 3, पृ. 559–562 दिनांक 24 नवम्बर 1956ः —— 1956 पृ. –244

अध्याय 7

उपसम्पदा और दीक्षांत समारोह

प्रस्तावना

किसी भी व्यक्ति की उपसम्पदा यानी बौद्ध भिक्षु की दीक्षा के लिए आयु 20 वर्ष के ऊपर की होनी चाहिए। भिक्षुणी संघ भारत से लुप्त होने के कारण महिला को उपसम्पदा का लाभ प्राप्त होना यहां और अन्य बौद्ध देशों में भी कठिन–सा हो गया।

इसके विपरित शिक्षा जगत में ग्रेज्युएट, पोस्ट–ग्रज्युएट से डाक्टरेट तथा पोस्ट–डाक्टरेट की विश्वविद्यालयीन उपाधियां कमाधिक आयुनुसार अध्यवसायी तथा अकादमिक शोधार्थी तथा आचार्य को विश्व के किसी भी विश्वविद्यालय में ऋचिनुसार उपलब्ध है।

निम्न में प्रस्तुत पंक्ति के लेखक की उपसम्पदा और उसके कुलपति होने के दौरान सम्पन्न द्वितीय दीक्षांत समारोह का विवरण है।

दीक्षांत समारोह

पहले दीक्षांत समारोह स्मारिका 18 नवंबर 2016 में कवर पृष्ठ पर प्रशासनिक भवन को हाइलाईट किया गया था परंतु द्वितीय दीक्षांत समारोह 17 सितम्बर 2018 में विश्वविद्यालय तथा डॉ अम्बेडकर प्रतिमा को मुख पृष्ठ पर अंकित किया गया था। सूवनिर में पृष्ठों का भी अन्तर था। स्मारिकाओं के इनर पृष्ठ में मुख्य संपादक कुलपति दर्ज है। उनमें कुलपतियों के उद्बोधन का, महान विभूतियों के संदेशों के बाद, समावेश है।

प्रथम दीक्षांत समारोह में 46 तथा द्वितीय दीक्षांत समारोह में 50 एम. फिल. शोधार्थियों को उपाधियां प्रदान कह गई। दूसरे दीक्षांत समारोह में 8 छात्रों को एम.एससी.एग्रीकल्चर, 4 को एमएसडब्ल्यू, 2 को एम. लिब.,1 को एम.ए., 13 को बी.ए., और 1 को पीएच.डी. की उपाधियां, प्रदान की गई।

दीक्षांत समारोह विधि

दीक्षांत समारोह विधि के 1 से 19 बिंदू निम्न प्रकार हैः

1. शैक्षणिक शोभायात्रा का शुभारम्भ
2. दीक्षान्त समारोह मण्डप में शैक्षणिक शोभायात्रा का प्रवेश तथा आसन् ग्रहण
3. दीप प्रज्जवलन
4. कुलगीत
5. कुलपति द्वारा दीक्षान्त समारोह प्रारंभ करने का महामहिम कुलाधिपति से अनुरोध
6. कुलपति द्वारा महामहिम कुलाधिपति तथा मुख्य अतिथि को पुष्पगुच्छ भेंट
7. कुलाधिपति द्वारा कुलपति के निवेदन पर दीक्षान्त समारोह के शुभारम्भ की घोषणा
8. कुलपति द्वारा कुलसचिव के अनुरोध पर स्वागत सम्बोधन एवं प्रतिवेदन एवं दीक्षा उपदेश, छात्रों को अभिवचन एवं प्रतिज्ञा।
9. कुलाधिपति द्वारा कुलपति के अनुरोध पर मानद उपाधि और छात्रों को सत्रवार भिन्न भिन्न उपाधियों का तथा स्वर्ण पदक आदि का वितरण

10. अनुपस्थित अभ्यर्थियों को उपाधि प्रदान करना, अभिलेख हस्ताक्षर हेतु प्रस्तुत करना।
11. मुख्य अतिथि का दीक्षान्त अभिभाषण
12. महामहिम कुलाधिपति का अध्यक्षीय सम्बोधन
13. कुलसचिव द्वारा धन्यवाद ज्ञापन
14. कुलसचिव द्वारा दीक्षान्त समारोह समापन करने हेतु महामहिम से अनुरोध

15. कुलाधिपति द्वारा दीक्षान्त समारोह समापन करने हेतु कुलसचिव का अनुरोध
16. दीक्षान्त समारोह समापन की घोषणा
17. राष्ट्रगान
18. प्रस्थान
19. **आगमन क्रम**

आगमन क्रम	प्रस्थान क्रम
1. कुलसचिव	महामहिम कुलाधिपति
2. सभी विभागाध्यक्ष दो–दो की पंक्ति में	कुलाधिपति के सचिव एवं एडीसी
3. आचार्य	मुख्य अतिथि
4. निदेशक/अधिष्ठाता	कुलपति
5. विद्या परिषद के सदस्य	कार्यपरिषद के सदस्य
6. कार्यपरिषद के सदस्य	विद्या परिषद के सदस्य
7. कुलपति	निदेशक/अधिष्ठाता
8. विशिष्ट अतिथि	आचार्य
9. मुख्य अतिथि	सभी विभागाध्यक्ष
10. महामहिम कुलाधिपति	कुलसचिव

उपसम्पदा विधि

उपसम्पदा और प्रव्रज्या के भी 19 बिंदू हैं। उनमें दस अंग निम्नानुसार हैं: 1. उपसम्पदा देने और न देने योग्य गुरु, 2. अन्य सम्प्रदायी व्यक्तियों के साथ क. लौटे व्यक्ति की उपसम्पदा, ख. ठीक न होने लायक व्यक्तियों की उपसम्पदा, ग. ठीक होने लायक व्यक्तियों की उपसम्पदा, 3. वाणप्रस्थियों के लिए विशेष ख्याल, 4. प्रव्रज्या के अयोग्य व्यक्ति, 5. मुडन के लिए संघ की सम्मति, 6. बीस वर्ष से कम की उपसम्पदा नही, 7. पन्द्रह वर्ष से कम को श्रामणेर दीक्षा नही, 8. श्रामणेर शिष्यों की संख्या, 9. निश्रय की अवधि और 10. किसके लिए निश्रय आवश्यक है, और किसके लिए नही।

उपसम्पदा विधि के नौ अंग हैं: यथा 11. निश्रय के नियम, 12. बडों को गोत्र के नाम से पुकारना, 13. अनुश्रावण के नियम, 14. गर्भ से बीस वर्ष की उपसम्पदा, 15. उपसम्पदा के बाधक शारीरिक दोष, 16. उपसम्पदा कर्म, क. अनुशासन, ख. अनुशासक का चुनाव, ग. उपसम्पदा ज्ञप्ति, अनुश्रावण और धारणा, पन्द्रह वर्ष से कम का श्रामणेर, 17. भिक्षुपन के चार निश्रय, श्रामणेर शिष्यों की संख्या, 18. भिक्षुओं के चार अकरणीय, निश्रय की अवधि, और 19. दुबारा उपसम्पदा लेने पर पहले के दंडो को पूरा करना।

शैक्षणिक–सामाजिक भेदभाव नही

बौद्ध जीवन चर्या में स्त्री–पुरुष, उपासक–उपासिका, अनागारिक–अनागारिका, श्रामणेर–श्रामणेरी, भिक्खू–भिक्खुनी, थेर–थेरी, महाथेर–महाथेरी आदि व्यक्तियों के वर्गीकरण तो है पर उसका सामाजिक मूल्य नही है। सभी को एक मान उनमें विभेदीकरण का एक ही मापदंड बौद्धिक–आध्यात्मिक है। यदि कोई व्यक्ति अपने मन में 1. लोभ, 2. दोष, 3. मोह को स्थान देता है और वचन में 4. मिथ्यात्व, 5. मिथ्या निंदा, 6. दूसरों का कठोर बोल कर अपमान करना और 7. बकवाद आदि करता है तथा 8. हिंसा, 9. चोरी और 10. वैवाहिक जीवन की पवित्रता को भंग करता है तो वह व्यक्ति बौद्ध हो या अबौद्ध हो, वैश्विक रुप से लौकिक स्तर का ही है और जब तक वह यथाभूत ज्ञान–दर्शन विशुद्ध प्रकार से नही पाता और उसे पाने के लिए प्रयत्नशील रहता है, तब तक वह वैश्विक सदाचार स्तर में योगदान देनेवाला लोकोत्तर मार्ग का राही है और उसका दुःख मिट जाना सुनिश्चित है।

तथापि व्यावहारिक रुप से मौलिक मापदण्ड पर लौकिक–अलौकिकों में शोभा यात्रा के उद्देश्य से आगमन–प्रस्थान का क्रम दर्शाना हो तो उसे इस प्रकार प्रस्तुत किया जा सकता है:

लौकिक आगमन	अलौकिक प्रस्थान
1. परिपक्व आयुवाला व्यक्ति अपने शरीर में आत्मा का वास होने की मिथ्या दृष्टि दूर करता है।	
2. अपने मन के संदेह अर्थात् विचिकित्सा को दूर करता है।	
3. धार्मिकता पाने के लिए व्रत–वैकल्य,	**प्रथम संतः स्रोतापन्न फलप्राप्त चित्त**
कर्मकांड आदि का आश्रय लेना उपरोक्त तीनों बंधनो का खात्मा करने पर **प्रथम संतः स्रोतापन्न मार्गारुढ चित्त**	
4. कामराग के बंधन को ढिला करना	**द्वितीय संतः सकृदागामी फलप्राप्त चित्त**
5. व्यापाद के बंधन को ढिला करना **द्वितीय संतः सकृदागामी मार्गारुढ चित्त**	
6. रुपराग के साथ उपरोक्त का समूल नाशद्व करना	**तृतीय संतः अनागामी फलप्राप्त चित्त**
7. अरुपराग के साथ उपरोक्त का समूल नाश करना **तृतीय संतः अनागामी मार्गारुढ चित्त**	
8. अहंकार का समूल नाश करना	
9. औद्धत्य अर्थात् बेचैन का समूल नाश करना और	**चतुर्थ संतः अर्हत फलप्राप्त चित्त**
10. अविद्या का समूल नाश करना चतुर्थ संतः अर्हत मार्गारुढ चित्त	

जीवन यात्रा

शोभा यात्रा तो बताने का एक मंच है। असली यात्रा जीवन यात्रा है। उसमें भी सदाचार दो प्रकार का ही है और विशुद्धि मार्ग में (देखें सातवा द्विक) कहा ही गया है कि सभी आश्रव' सहित शील लौकिक है और आश्रव–रहित शील लाकोत्तर है। वह लौकिक भव सम्पत्ति लानेवाला और भव–निस्तार (मुक्ति) का साधन होता है। जैसे कहा है – "विनय संवर के लिए है। संवर पछतावा न करने के लिए है। पछतावा न करना प्रमोद के लिए है। प्रमोद प्रीति के लिए है। प्रीति प्रश्रब्धि (शान्तभाव) के लिए है। प्रश्रब्धि सुख के लिए है। सुख समाधि (चित्त की एकाग्रता) के लिए है। समाधि यथार्थ–ज्ञान (प्रत्यय के साथ नामरुप को देखने का ज्ञान) को देखने के लिए है। यथार्थ–ज्ञान देखना निर्वेद के लिए है। निर्वेद विराग (अर्हत मार्ग) के लिए है। विराग विमुक्ति (अर्हत फल) के लिए है। विमुक्ति ज्ञान को देखना, (उपादान रुप, वेदना, संज्ञा, संस्कार, विज्ञान रहित) परिनिर्वाण के

लिए है। जो कि कुछ न ग्रहण करते हुए चित्त का मुक्त हो जाना है। इसी के लिए बातचीत (विनय सम्बन्धी) करना है। विचार करना है। सहारा लेना है। सुनने के लिए कान देना है। लोकोत्तर शील भव–निस्तार को लानेवाला और प्रत्यवेक्षण–ज्ञान (प्राप्त किए हुए मार्ग–फल को देखने का ज्ञान) की भूमि होता है। इस प्रकार लौकिक और लोकोत्तर के अनुसार शील दो प्रकार का होता है।

परम पावन दलाई लामा के साथ उपसम्पदा प्राप्त महास्थविर चन्द्र बोधि अतिथि गृह, भंडारा दिनांक 13 जनवरी 1990

प्रव्रज्या

दिनांक 19 अगस्त 1972 का यह चित्र है, जिसमें दीक्षा भूमि नागपूर के भिक्खू निवास के पूजा गृह में बीच के प्लेटफार्म पर बैठे हुए हैः भदन्त आनन्द कौसल्यायन जिनके दाये में हैं सत्यशील, ज्ञानविमल, सुमतिपाल, उर्फ चन्द्रबोधि उर्फ चन्द्रशेखर नाईक, शीलधन, काशिनाथ, कमलशील गजभिये, बायी ओर हैं ज्ञानरत्न, नंदवर्धन, विमलकीर्ति, राहुलबोधि, एच. देशभ्रतार उर्फ उत्तमबोधि, बडे भंतेजी के सामने एक बालक बीच में स्थित है, उसके सामने हैं उपासिकायें श्रीमती गणवीर, श्रीमती दवने, श्रीमती चव्हान, श्रीमती मेश्राम, श्रीमती कर्वे, जो बाबासाहेब आंबेडकर की धम्म दीक्षा के समय उपस्थित भिक्खू सुमेध उर्फ नारायणे उर्फ रत्नाकर आगलावे की बहन है, श्रीमती नन्देश्वर, पीछे की पंक्ति में दाये से बाये हैंः श्री चव्हान, श्री कमलेश मेश्राम, श्री खोब्रागडे, श्री झोडापे, श्री ताकसांडे, श्री नरेन्द्र वाल्दे, श्री चेतराम, श्री सोनकांबले, श्री गोंडाने, श्री पाटिल, श्री फुलझेले, श्री सुभाश गेडाम, श्री खोब्रागडे, श्री अचकारपोहरे, और श्री दवने, जो सबके पीछे खडे है।

उस समय वर्ष 1974 में थाई उपाध्याय फ्रा खू विरानुवत और दो कमट्ठानाचार्य द्वारा थाई बुद्ध विहार, बोधगया में उपसम्पन्न हुए भिक्षु चन्द्र बोधि की उनकी आयु के 16 वे वर्ष में प्रव्रज्या हुई थी और तब आचार्य भदन्त आनन्द कौसल्यायन ने उसका नाम सुमतिपाल रखा था।

उपसम्पदा और प्रव्रज्या देनेवाले की पात्रता और अपात्रता

जिस भिक्षु में अर्हत स्तर का शील, समाधि और प्रज्ञा, विमुक्ति और विमुक्ति–ज्ञान–दर्शन सम्पन्न होने की पात्रता है, उसे ही दूसरों को उपसम्पदा देनी चाहिए। अन्यथा नही। ऐसे ही सुपात्र आचार्य को श्रामणेर प्रव्रज्या देकर उन्हें रखना चाहिए। अन्यथा नही।

उपसम्पदा के लिए अपात्र व्यक्ति

सामन्त, सेठ और सरकार द्वारा आपत्ति लेनेपर निम्न व्यक्तिओं को उपसम्पदा के लिए अपात्र घोषित किया गया। यथा – ऋणग्रस्त, दास–दासी और सैनिक आदि।

अर्हत्व पद

आवास–मात्सर्य, कुल–मात्सर्य, लाभ–मात्सर्य, वर्ण–मात्सर्य, धर्म–मात्सर्य अथवा अकृतज्ञता का त्याग किए बिना प्रथम ध्यान, द्वितीय ध्यान, तृतीय ध्यान, चतुर्थ ध्यान, स्रोतापत्ति फल, सकृदागामी फल, अनागागी फल, अरहत्व फल की प्राप्ति असम्भव है।

ब्रह्मचर्य–वास

उपरोक्त पांच मात्सर्यों (अभिमान) का प्रहाण करने के लिए ही ब्रह्मचर्य–वास किया जाता है। धर्म–मात्सर्य पंच–मात्सर्यों में निकृष्टतम मात्सर्य है।

उपसंहार

इस प्रकार निष्कर्षतः कहा जा सकता है कि आधुनिक विश्वविद्यालयीन दीक्षांत समारोह के

मूल में प्राचीन तक्षशिला और नालंदा जैसे विश्वविख्याल बौद्ध केन्दों में प्रचलित दीक्षा विधि है, जो सामाजिक–धार्मिक चर्या का भी अंग रहा और बौद्ध संन्यासीयों के संगठन का महत्वपूर्ण हिस्सा भी था।

शिक्षा नीति मसौदा 2019

इस मसौदे में कहा भी गया है कि लबरल एज्युकेशन और शोध एक दूसरे को घोषित और सामर्थ्यवान बनायेंगे।

इस चित्र में उपसम्पन्न भिक्षु चन्द्रबोधि वर्ष 1994 में नागपूर विश्वविद्यालय के तत्कालीन कुलपति के हस्ते एम.ए. का गोल्ड मेडल ग्रहण करते हुए।

ग्रंथस्रोत

1. प्रथम दीक्षान्त स्मारिका, ब्राउस 2016
2. द्वितीय दीक्षान्त स्मारिका, ब्राउस 2018
3. राहुल सांकृत्यायन, विनय–पिटक, ल्हासा 1934, पृ. 130.136
4. विशुद्धि मार्ग, भिक्षु धर्मरक्षित, सारनाथ 1956, पृ. 15
5. सी. डी. नाईक, हे नवभारत के निर्माता, नई दिल्ली 2020
6. भदन्त आनन्द कौसल्यायन, अंगुत्तर निकाय, सम्यक प्रकाशन नई दिल्ली 2015, पृ.457, 784

* आश्रव–कामाश्रव, भवाश्रव, दृष्टाश्रव और अविद्याश्रव

अध्याय 8

विश्वविद्यालय कुलगान

शिक्षा शोध संविधान समानता जीवन के आधार।
हे नवभारत के निर्माता नमन तव त्रिवार।।धृ।।

विश्वविद्यालय का बोधिद्रुम तू सामाजिकी मानविकी
कृषि कौशल व्यक्तित्व विकास अभियांत्रिकी भौतिकी
सीमांतक जो गांव थे आज हैं प्रजातन्त्रीय सरकार
हे नवभारत के निर्माता नमन तव त्रिवार।।1।।

बुद्ध कबिर फुले नैतिकी सेलिग्मन केनन डयुई
शिक्षा संघर्ष संगठन से बनाई वज्रछेदिका सुई
न्याय, स्वतंत्रता, बंधुता, भरहुत हैं सांची सतधार
हे नवभारत के निर्माता नमन तव त्रिवार।।2।।

सायबर अपराध, निजीकरण और आभासी अस्तित्व
जल राशि से अधिक दुःखाश्रू जड़ राशि से कर्तृत्व
परमात्मा कोरोना जो भी जाने शून्यता भी अपार
हे नवभारत के निर्माता नमन तव त्रिवार।।3।।

अध्याय 9

मानव

बुद्ध एक मानव ही था जैसे मानव है हम सब लोग।
सिद्धार्थ जैसा बुद्ध बना बन सकते हैं हम सब लोग।।धृ।।

अनन्त हो कितने ही प्राणी पवन अगन जल थल में कहीं भी
एक एक करके पार करेंगे लौकिक मंदी कारोना–दुःख सभी ही
चीर के अंध अविद्या चिन्ह को बोधिधर्म हैं हम सब लोग।।1।।

असंख्य हो कितनी ही कमियां मन वचन या कर्म कर्म में
दूर करेंगे दृढ कर्मठता निगरानी निरंतर रख क्रम क्रम में
कतरे कतरे में भर देंगे सौ सौ सूरज हम सब लोग।।2।।

एक नही अनगिनत ज्ञान है अनन्त अवसर विधा विविध है
अखंड जीवन के झरने से एक बिछुड़ा पल ही बहुत है
विराट हो कितनी ही मुश्किलें सुलझायेंगे हम सब लोग।।3।।

भयभीत मानव की उपासना बहिरंग रुप मरीचिका के
अनुत्तर अभिसम्बोधि पाने नही पथ सानी मध्यमिका के
अंतराल के असीम जाल का छेदक वज्र है हम सब लोग।।4।।

अध्याय 10

समर वीर स्मरण

निर्वाण का मतलब दुःख मुक्ति परवाने वीर को स्मरते हैं
दिल कोई हो पल कोई हो खुदगर्ज हवस से लड़ते हैं।।धृ।।

जब साई–इसाई चल चुके तब वीर्य पहल हम करते हैं
सब घर की बातें किया करें हम गहरे जा मूल ढूंढते हैं
निर्वाण का मतलब दुःख मुक्ति परवाने वीर को स्मरते हैं
दिल कोई हो पल कोई हो खुदगर्ज हवस से लड़ते हैं।।1।।

हम वक्त के पाबंद नही बेशक तकदीर खुद ही बुनते हैं
न्यूटन के सच के हम कतरे अल्बर्ट की गति में झलकते हैं
निर्वाण का मतलब दुःख मुक्ति परवाने वीर को स्मरते हैं
दिल कोई हो पल कोई हो खुदगर्ज हवस से लड़ते है।।2।।

हम तिनके आग की लपटें हैं खून को पसीना करते हैं
संकट के हमला करते ही उस की ही सवारी करते है
निर्वाण का मतलब दुःख मुक्ति परवाने वीर को स्मरते हैं
दिल कोई हो पल कोई हो खुदगर्ज हवस से लड़ते है।।3।।

वे बैठे सोये जाया करें फलते फुलते बुद्धांकुर को
हम शील सौरभ प्रतिवात होकर समन्त ऊंचा उठाते हैं
निर्वाण का मतलब दुःख मुक्ति परवाने वीर को स्मरते हैं
दिल कोई हो पल कोई हो खुदगर्ज हवस से लड़ते है।।4।।

सही में दो या तीन ही हो झूठ में कायर के साथ नही
लावेल की भांति निर्भय हम तुम डरते हो कोई बात नही
निर्वाण का मतलब दुःख मुक्ति परवाने वीर को स्मरते हैं
दिल कोई हो पल कोई हो खुदगर्ज हवस से लड़ते है।।5।।

हम सूर्य–नमन में नही रमते हम स्वयं बनाते सूरज कई
सब ग्रह ब्रम्हांड़ अनित्य क्षणिक मरते हैं नया कछ करते नहीं
निर्वाण का मतलब दुःख मुक्ति परवाने वीर को स्मरते हैं
दिल कोई हो पल कोई हो खुदगर्ज हवस से लड़ते है।।6।।

अध्याय 11

भारत, श्रीलंका, बुद्ध और आम्बेडकर

प्रिय धम्मबंधु तथा भगिनी जन

मैं सबसे पहले समस्त श्रीलंका द्वीप और विद्यमान शासन् को अपनी हार्दिक कृतज्ञता प्रकट करना चाहता हूॅं कि उन्होंने बौद्ध धर्म अपना कर और बुद्ध भक्ति से भारत के महान सुपुत्र सिद्धार्थ तथागत गौतम बुद्ध के वचन या सर एडविन एरनाल्ड के शब्दों में एशिया के दीप के नाम और काम को पूर्व की तरह आज भी चार चांद लगाये हैं।

वास्तव में प्राचीन भारत का नाम जम्बुद्वीप था। उसी में बुद्ध का जन्म हुआ। वर्तमान में उनकी जन्म स्थलि लुम्बिनी वन नेपाल और भारत की सीमा पर स्थित है। ईसा मसीह के जन्म के 600 वर्ष पहले भारत ने मानवता के इस प्रकाश–पुंज की भेंट विश्व को दी थी। हमारे यहां और आपके यहां भी एक प्रचलित और प्रसिद्ध सुभाषित यह है कि:

वरमेको गुणी पुत्रो नच मुर्ख शतान्यपि
एकच्चन्द्र तमो हन्ति नच तारागणैर्रपि।।

अर्थात् जिस प्रकार एक चन्द्रमां समस्त अंधेरे को दूर करता है लेकिन समस्त तारा गण जिसे दूर नही कर सकते उसी प्रकार एक सुयोग्य पुत्र सेकडों मुर्खों से बेहतर होता है।

ऐसे ऐतिहासिक श्रीलंका द्वीप को यह मेरी पहली भेंट है। कन्या कुमारी की पवित्रता और हिन्द महासागर के शीतल जल से आप्लावित यहां के नैसर्गिक सौंदर्य और बौद्ध धर्मावलंबीओं को देख कर मैं अभिभूत हुआ हूँ।

मुझे यह बताते हुए गर्व का अनुभव हो रहा है कि मैं मुख्य मंत्री की हैसियत से भारत में उस प्रदेश का रखवाला हूॅं कि इ. स. पूर्व 300 में प्राचीन भारत में जहां सांची, सतधारा, विदिशा, अवन्तिका या उज्जेनी, बुदेलखंड, मालवा और सम्पूर्ण मध्य–भारत में सम्राट अशोक ने अपना शासन् चलाया, तिष्य रक्षिता से विवाह किया और अपने स्वयं के पुत्र महेन्द्र और पुत्री संघमित्रा को भिक्षु और भिक्षुनी बनाकर धम्म प्रचारार्थ श्रीलंका भेजा था। श्रीलंका की प्राचीन राजधानी अनुराधपुर में जो विश्व का सबसे जेष्ठ बोधिवृक्ष आज भी जीवित है उसकी शाखा बोधगया से अपने साथ लेकर यहां संघमित्रा ने ही रोपा था और उसी ने रानी अनुला देवी के साथ कई राज परिवार की महिलाओं को बौद्धधर्म में दीक्षित भी किया था। भिक्षु महेन्द्र ने भारत से बुद्ध वचन अथवा त्रिपिटक अपने साथ ले जाकर उसका सिंहल भाषा में रुपांतरण किया और राजघराने के सभी पुरुषों को बौद्ध धर्म की दीक्षा दी। महाराजा देवानांमप्रिय तिष्य ने जब उनसे पूछा कि क्या हम लोगों के बौद्ध धर्म ग्रहण करने से हमारे द्वीप में बौद्ध धर्म प्रतिष्ठित हुआ है? तो स्थविर महेन्द्र ने उत्तर दिया, ''नही, राजन''। क्यों? क्योंकि

जबतक यहां भूमि पुत्रों द्वारा समस्त रुप से धम्म का अंगीकार नही किया जाता तब तक धम्म यहां प्रतिष्ठित नही होगा। उसके बाद पूरे द्वीप में बौद्ध धम्म प्रतिष्ठित हुआ।

आपकी जो सिंहल भाषा है वह उत्तर भारत की भाषाओं की भगिनी है। और जिस लिपि में आप लिखते है वह दक्षिण भारत की लिपिओं के समान है। आपके द्वीप ने बुद्ध के धम्म और वचनों को निरंतर संघर्ष करके उसे सुरक्षित रखने का काम किया वह बेमिसाल है। अतः यहां बौद्ध धर्म प्रतिष्ठित ही नही बल्कि भारत में हम बौद्ध ग्रंथों में पढते है, वह यहां अखंड रुप से आपके रहन–सहन से व्यवहार में परिलक्षित होता है।

मैं यथार्थ की अतिशयोक्ति नही करता क्योंकि सत्य स्वयं प्रमाण होता है। हमारी सांस्कृतिक एकता, भौगोलिक नजदीकी और शैक्षणिक आदान–प्रदान अपने दो राष्ट्रों को पहले से और समीप लाने में मददगार होंगे। मैं आपको इस बारे में आश्वस्त करना चाहता हूँ कि जहां तक मध्य प्रदेश शासन् की बात है, इस दिशा में काम करने के लिए हम कोई कसर बाकी नही छोडेंगे। विश्व प्रसिद्ध प्राचीन तक्षशिला और नालंदा विश्वविद्यालय के तर्ज पर पवित्र सांची के पास हम बुद्ध विश्वविद्यालय बनाने के लिए कटिबद्ध है।

मैं चाहता हूँ कि हमारे राष्ट्रों के बीच जो भातृत्व की कडी है, जिसे अनागारीक धर्मपाल और डॉ. आम्बेडकर ने स्थापित की थी, उसे मैं और अधिक सवंर्धित करुं। अनागारीक धर्मपाल ने महा बोधि सोसायटी की स्थापना की और उसके माध्यम से भारत में बोध गया मंदिर और बौद्ध धर्म को पुनर्जीवित करने में अथक परिश्रम किया। उन्होंने कई विहार, दवाखाने, शिक्षा संस्थान के निर्माण और सार्वजनिक सेवाओं का महान कार्य किया। उन्होंने बौद्ध आंदोलन को यहां के भूमि पुत्रों का मिशन बना दिया।

उसी प्रकार भारत में डॉ. आंबेडकर ने सब के हितार्थ सिद्धार्थ महाविद्यालय, मुंबई, नागसेन महावन में मिलिंद महाविद्यालय, औरंगाबाद जैसे कई शैक्षणिक संस्थानों की स्थापना की। भारतीय बौद्ध महासभा के जरिये बौद्ध धर्म का महत्वपूर्ण कार्य किया। उनकी बुद्ध एण्ड हिज धम्म नाम की अंतिम पुस्तक आपके यहां सिंहली में भी उपलब्ध होगी। अमेरिका के कोलंबिया विश्वविद्यालय ने उन्हें एलएलडी की मानद उपाधि दी। हम उन्हें भारतीय संविधान के पिता मानते हैं। उनके जन्मस्थली महू, अब का नाम डॉ. आंबेडकर नगर है, में हम ने भव्य स्तूप का निर्माण किया जहां हर वर्ष श्रद्धालुओं का महाकुंभ मेला लगता है और उन्हीं के नाम पर एक राष्ट्रीय शोध संस्थान भी सामाजिक विज्ञान के कार्य में पिछले प्रन्द्रह वर्षों से चला रहे हैं। यह स्थान हमारे मध्य प्रदेश की हृदय स्थली है।

आपको यह जानकर आश्चर्य और गर्व भी होगा कि हमारी राष्ट्रीय पहचान बौद्ध धर्म ही है। हमारे राष्ट्रीय ध्वज के मध्य में धम्मचक्र अंकित है। हमारे राष्ट्रीय मुद्रा पर चतुर्मुखी सिंह अंकित है, जो हमें अशोक स्तंभ और बौद्ध परंपरा से प्राप्त हुआ है। हमारे राष्ट्रीय भवनों पर बौद्ध वास्तुशिल्प की छाप है। हमारे मध्य प्रदेश के विधान सभा का सदन इसी वास्तुशिल्प का एक नमूना है। हमारे संसद में स्पीकर के सीट के पीछे धम्म चक्र प्रवर्तनाय का ब्रीदवाक्य लिखा हुआ है। इन सब बातों के पीछे डॉ. आंबेडकर का अनुपम योगदान रहा है।

इस प्रकार आप समझ सकते है कि डॉ. आंबेडकर ने बौद्ध धर्म के राष्ट्रीय महत्व के लिए कितना योगदान दिया और हम उनके इस एहसान को याद करते है और अपने दैनंदिन जीवन चर्या में उसे अमल में लाने का प्रयास करते रहते है।

मैं कोई अनागारीक धर्मपाल और डॉ. आंबेडकर का तुलनात्मक ब्योरा नही बता रहा हूँ। मैं केवल इतना ही कहना चाहता हूँ कि बीसवी शताब्दी में डॉ. आंबेडकर हमारे अनागारीक धर्मपाल थे और अनागारीक धर्मपाल आपके डॉ आंबेडकर।

क्योंकि हम दोनो पडोसी राष्ट्र प्रजातन्त्र के हामी है। अतः स्वभावतः हम बुद्ध के बहुजन हिताय बहुजन सुखाय संदेश के सृजनार्थ कटिबद्ध है। चाहे वैश्विक चुनौतियां कितनी भी आये हमें तो अहिंसा और शांति के मध्यम मार्ग का ही अवलंब करना है ताकि विश्व में मैत्री की भावना बढे। मैंने धम्मपद में बौद्ध धर्म का सार इस एक गाथा में पढा थाः

नहि वेरेन वेरानि सम्मन्तीध कुदाचनं
अवेरेनच सम्मन्ति एस धम्मो सनन्तनो।।

अर्थात वैर से वैर शांत नही होता, मैत्री से ही वैर शांत होता है। यही अनन्त समय से प्रतिष्ठित हुआ हुआ धम्म है।

अब समय आ गया है कि हम दोनों पडोसी भ्राता देश अपने अंतर्कृतियों, शैक्षिक गतिविधियों, सांस्कृतिक एकता, धम्म राज्य और राजनीतिक शुभेच्छाओं के साथ अपने समाज के बुद्ध–यशोदरा, रमा–आंबेडकर, भिक्षु–भिक्षुनी और धर्मपाल जैसे महान नर–नारी विभूतियों के नक्शे कदम पर चलकर नये और बेहतर विश्व की नींव रचे, जहां जीवन के मूलतत्व स्वतन्त्रता, समानता और बंधुत्व के मूल्य ऐसे रचबस जाये कि आनेवाली पिढीयां और अधिक सुख और समृद्धि का जीवन स्तर हासिल कर सकें।

नमो नमो श्रीलंका माताः जय भारत माता

Bibliography

1. Vasant Moon ed. Writings and Speeches of Dr. Ambedkar, Vols 1 – 21, Education Department, Govt. of Maharashtra, 1979-2006
2. Rahul Sankrityayan, Darshan-Digdarshan, Kitab Mahal, Allahabad, 1971
3. Dr. B.A. Kausalyayan, Yadi Baba Na Hote, Bhikkhu Nivas Prakashan, Nagpur, 1975
4. C.D. Naik, Buddhism and Dalits: Social Philosophy and Traditions, Samyek Prakashan, New Delhi 2009
5. C.D. Naik, Sri Lanka, Wolverhampton, 1981
6. C.D. Naik, Dr. Ambedkar's Perspective on Buddhism and Other Religions, Kalpaz Publication, New Delhi 2004

अध्याय 12

कबीर

प्रस्तावना

अम्बेडकर विचार मंच, एवीएम, से आज दिनांक 12 जून 2020 को ज्ञात हुआ कि 1986 में भदन्त आनन्द कौसल्यायन ने क्रांतिकारी संत के शीर्षक से संत कबीर पर एक आलेख लिखा था। उसी पर आधारित कबीर जी का दर्शन यहां प्रस्तुत है।

तीन गुरु

डॉ. बाबासाहेब अम्बेडकर ने बुद्ध, कबीर और फुले को अपने तीन गुरु घोषित कर उन्हें अभिवादन किया है। कबीर–पंथियों के मतानुसार कबीर का जन्म 1398 और उनका निधन 1519 में अर्थात् उनकी आयु के 121 वर्ष में हुआ। डूबा वंस कबीर का उपजा पूत कमाल की पंक्ति से बताया जाता है कि उनका पुत्र कमाल था। परंतु लोई, धनिया, रमजनिया नामक उनकी पत्नि या पत्नियों और पुत्र का कबीर साहब के बीजक में कहीं भी उल्लेख नहीं हैं। इस बात की भी कोई साक्षी नही है कि वे गृहस्थ थे। बीजक के आधार पर यही सिद्ध होता है कि कबीर साहब एक विरक्त संत थे।

झीनी चदरिया

झीनी, झीनी, झीनी, झीनी चदरिया, जात कबीरा जतन सो ओढी जस की तस, 'धर दीनी चदरिया' को लोग मानते हैं कि वे एक जुलाहे थे, उसी के समर्थन में उसे उद्धृत करते है। इस पंक्ति में चादर शब्द का प्रयोग शरीर के लिए प्रतीकात्मक रुप से किया गया है। इस में यह कहां कहा गया है कि चादर उन्हीं की बुनी हुई होती थी।

बीजक

कबीर साहब के बीजक में अनेक ऐसे कथन है कि जिनका शब्दशः अर्थ ग्रहण ही नही किया जा सकता। जैसे एक जगह आया है 'हरि मोर पिड, मैं राम की बहुरिया'। तो क्या कबीर साहब स्त्री थे? एक जगह यहां तक लिखा है, 'मेरी माता मर गई, और मैं बहुत सुखी हो गया'। 'अब मैं न अंगरखा पहनूंगा और न मुझे ठण्डी लगेगी'। यहां कितना विरोधाभास है। माता के मरने पर सुखी होने की बात! अंगरखा न पहनने पर ठण्डी न लगने की बात!

ऐसे सभी कथन अध्यात्म–परक है। इसका स्पष्ट अर्थ है कि मेरी जननी तृष्णा मर गई। मैं सुखी हुआ। अब मैं साधक नही रहा, सिद्ध हो गया। सरदी से बचाव के लिए जो अंगरखा पहना जाता है, इस अंगरखे के न पहनने पर भी मुझे सर्दी नही लगेगी।

सर्वजित

दक्षिण भारत के कबीर साहब के समसामयिक प्रसिद्ध विद्वान सर्वजित ने कबीर साहब की शिष्यता स्वीकार की थी। उनका नाम पडा श्री. श्रुती गोपाल साहेब। वे काशी के कबीर चौरा के प्रथम महंत हुए। उन के समय से आज तक वह परंपरा चली आ रही है। वहाँ भी सदगुरु कबीर को विरक्त साधु ही माना जा रहा है।

विराम चिन्ह

यूँ तो बीजक ही कबीरपन्थियों का 'वेद' है। उस में आधुनिक ढंग के विराम चिन्ह नहीं है। अनेक स्थलों पर पूर्व–पक्ष के रुप में कबीर साहब ने जिन मतों को उद्धृत किया है, वे कबीर साहब के ही मन्तव्य मान लिये गये है। वहीं आसपास ही उत्तर–पक्ष होता है। जिसमें कबीर साहब ने पूर्व–पक्ष का खण्डन किया है।

आग जले चुल्हा भुनियावे

कबीर की वाणी की एक और विशेषता उनकी उल्ट वासियॉ हैं। उल्टवा और सी की सन्धि है। मतलब जो बात करारी चोट करनेवाली हो, लेकिन उपरी दृष्टि से विचार करने से उल्टी–सी लगे। नमूना देखिएः

आग जले चुल्हा भुनियावे
खाने वाले को रोटी खावे
कहत कबीर सुनो भाई साधौ
बरसेगा कम्बल भीजेगा पानी।।

यह आज की सामाजिक और आर्थिक परिस्थिति पर गहरी मार है। क्या आज सचमुच 'रोटी'ही खानेवालों को नही खा रही है? खानेवालों को 'रोटी' कहॉ खाने को मिल रही है।

बहु–श्रुत

यह भारतीय अनुश्रुति ही है कि यहाँ सारा प्राचीन ज्ञान श्रुत ही रहा है। पण्डित का पर्याय यहाँ बहु–पठित नही रहा, बल्कि बहु–श्रुत रहा है। लगता है कबीर साहब ने भी पूर्व–पक्ष के रुप में जो ज्ञान प्राप्त किया होगा वह सुनसुना कर ही और शेष सब कुछ तो उनका निजी अनुभव मात्र है, निजी साक्षात्कार उनका 'बीजक' साखी है–

मसि कागद छुवो नहीं, कलम गहो नहीं हाथ। इसका अर्थ है कि मैंने न कभी स्याही का स्पर्श किया न कागज को छुआ और न कलम को हाथ लगाया।

भौतिकवादी

दार्शनिक परंपराओं में कोई अद्वैतवादी एक मात्र 'ब्रह्म' की सत्ता को ही स्वीकार करता है, कोई द्वैतवादी है, कोई विशिष्ट द्वैतवादी और कोई थे त्रैतवादी। कबीर साहब थे पक्के भौतिकवादी।

अध्यात्म के नाम पर वे 'जीव'या आत्मा की सत्ता को स्वीकार करते थे। किसी एक सार्वभौम 'आत्मा' को नही, बल्कि जितने जीव 'उतनी आत्माएँ।

वर्णव्यवस्था

भारतीय समाज व्यवस्था में वर्णव्यवस्था बहुत पुराना सिरदर्द है। किसी ने उसे जन्म–जात माना है, किसी ने कर्मानुसार। सन्त कबीर ने उसे स्वीकार ही नही किया। जो ब्राह्मण ब्राह्मणी का जाया और बाट काहे नही आया। कि हे ब्राह्मण यदि ब्राह्मणी की कोख से जन्म ग्रहण करने में कोई विशेषता है, तो किसी दुसरे मार्ग से तेरा जन्म क्यों नही हुआ? वे वर्णव्यवस्था को नही मानते थे और समाज में व्याप्त छूत–छात की प्रथा को एक सामाजिक पागलपन मानते थे।

जीवनदर्शन

डॉ. हजारी प्रसाद द्विवेदी का कहना है कि कबीर के साहित्य में जीवनदर्शन का मूल्य समाया हुआ है। कबीरा खडा बाजार में लिये लुकाठी हाथ, जो घर जालै अपना चलै हमारे साथ।। अर्थात् पुराने संस्कार तोडो, फिर मेरे साथ चलो।

सन्मार्ग कुछ ऐसी ही तलवार की धार है। उपनिषदों ने भी कहा 'हिरण्यमयेन पत्रिण सत्यस्यापहितं मुखं 'कि सत्य का मुँह सोने के बरतन रुपी ढक्कन से ढका हुआ है। हिन्दुन की हिन्दवाई देखी, तुरकन की तुरकाई। कहत कबीर सुनो भाई साधो, दोउ राह न पाई।।

सिद्ध पुरुष

सन्त कबीर जैसा सिद्ध पुरुष ही कह सकता है: कबीरा खडा बाजार में सब की मांगे खैर। न काहू से दोस्ती, न काहू से बैर। और ना कुछ देखा भाव–भजन में ना कुछ देखा पोथी में। कहै कबीर सुनो भाई सन्तो, जो देखा सो रोटी में।। अथवा भूखे भजन न होय गोपाला। लेले अपनी कंठी माला।।

सारांश

भौतिकवादी इससे बेहतर बात क्या बोल सकता है।

संदर्भ ग्रंथः

1. सी.डी. नाईक, तिगसी ऑफ डॉ. अम्बेडकर, एज्युकेट एजिटेट एण्ड आर्गनाईन, बी.आर. पब्लिशर्स, नई दिल्ली 2019
2. सी.डी. नाईक, बौद्ध धर्म और डॉ. अम्बेडकर, बौद्ध धर्म तथा दर्शन और बौद्ध धर्म व मनोविज्ञान, कल्याण पब्लिकेशन, नई दिल्ली, अगस्त–सितंबर 2020
3. सी.डी. नाई, डॉ. अम्बेडकर और बौद्ध धर्म, बौद्ध धर्म और शांति, युगद्रष्टा डॉ. अम्बेडकर, आयु पब्लिकेशन, नई दिल्ली 2020/21
4. सी.डी. नाईक, हे नवभारत के निर्माता, कल्याण पब्लिकेशन, नई दिल्ली 2021

अध्याय 13

129 वी डॉ. अम्बेडकर जयंती वर्ष संदेश (डिजिटल)

Dr. Ambedkar's 129th birth anniversary message Message (Digital)

Introduction

I am known as C. D. Naik. I have been serving Dr. B. R. Ambedkar University of Social Sciences at birth place of Dr. Babasaheb Ambedkar Dr. Ambedkar Nagar, earlier called Mhow in Madhya Pradesh, India as its Professor, Dean and former Vice Chancellor.

My dear Babasaheb Ambedkar lovers of the universe,

My Jaibhim salute to you for 129th times from the birth place of Dr. Babasaheb Ambedkar. This time we are going to celebrate Dr. Babasaheb Ambedkar Jayanti in a scientific way, in an Ambedkarite way by rousing an awareness towards educate, agitate and organize (p.357, CDWSI, DBAWS-1, 1979), by rousing an awareness towards right understanding, morality and unification of mind and towards liberty, equality and fraternity, which others may like or not.

World Order

Since the 195 countries of the world are all affected by corona epidemic there is a need of universal awareness of individual safety and of eradication of virus so that it will never arise again. As the saying goes that there is light at the end of the tunnel, Covid-19 can be brought under control. Infection may or may not be triggered and virus may or may not be virulent in poor countries but India cannot afford to be in complacency unlike other countries, who will be judged by how they prepare for a democratic system. Let the US re-elect Trump, let the Hungary have Orban as its President, let Af-Pak, Putin and Xi do otherwise, let the middle East remain in mess, let the Islamic State lift its travel advisory and let the wars, conflicts, terrorism predict doomsday we shall only practice brotherhood and Buddha amidst the suffering scene of the existence. Transcending the local celebration of Babasaheb Ambedkar's 129th birth anniversary of 14th April, we can recover from complacency so that we can buy time for everyone to know and act rightly. Even then we need not become Hobbesian entities but must become truth-finders and upholder of the world of righteousness. Let us provide the global public good by benevolence, fairness. and Thought of Dr. Ambedkar.

Wish

I wish may wisdom dawn upon you and may you be Atta Dipo Bhav, self-enlightened)!

वैश्विक व्यवस्था

विश्व की व्यवस्था को बदलने के लिए आंबेडकर ने शिक्षा, संघर्ष और संगठन सूत्र के साथ–साथ स्वतंत्रता, समानता और बंधुता का सूत्रपात किया।

डॉ. आम्बेडकर ने अस्पृश्यता पर अपनी शोध परक रचना को संतों को भेंट की। उन संतों में शिरोमणि रविदास की वाणी है कि चाहूं ऐसा राज मैं जहां मिले सबन को अन्न, छोट बडे सब सम बसै रविदास रहे प्रसन्न।

संविधान

बाबासाहेब आंबेडकर ने प्रजातंत्र को सुव्यवस्थित और संदृढ बनाने हेतु सन् 1919 में साउथबरो कमिटी के सम्मुख भारत में विद्यमान अस्पृश्यता की साक्ष दी, 1939 में उसके अस्तित्व के रहते संघ बनाम आजादी का तथ्य प्रकाशित किया, 1945 में जातीय समस्या निराकरण का पथ खोल दिया और 1947 में वर्तमान वैश्विक छोटे संघ के तर्ज पर अल्पसंख्यकों के सत्ता में प्रतिनिधित्व पर जोर दिया।

संविधान की उद्देशिका में उन्होंने कहा है कि– "भारत के लोग अहम नही बल्कि हम है, जो भारत को एक सम्पूर्ण प्रभुत्व सम्पन्न, समाजवादी, पंथनिरपेक्ष, लोकतंत्रात्मक गणराज्य बनाने तथा उसके समस्त नागरिकों को सामाजिक, आर्थिक और राजनीतिक न्याय दिलाने; विचार, अभिव्यक्ति, विश्वास, धर्म और उपासना की स्वतंत्रता प्रदान करने, प्रतिष्ठा और अवसर की समता प्राप्त करने तथा उन सब में बंधुता बढा कर व्यक्ति की गरिमा और राष्ट्र की एकता और अखण्डता सुनिश्चित करने के लिए दृंढ संकल्प होकर इस संविधान सभा में 26 नवंबर 1949 को इस संविधान को अंगीकृत, अधिनियमित और आत्मार्पित करते है।

ऐसे संविधान रचयिता डॉ. आंबेडकर का समाज निर्माण एक ऐसा सशक्त एवं मजबूत अभियान है कि जो किसी दूसरे देश में देखने को नहीं मिलता और जो प्रत्येक मानव को जीवन जीने हेतु प्रतिबद्ध करता है।

व्यक्ति

व्यक्ति यानी मूलभूत अधिकारो का ऐसा स्कंध है कि जिसकी स्वतंत्रता कानून व सुव्यवस्था, नैतिकता और स्वास्थ्य के बारे में निष्पन्न कल्पनाओं, और लौकिक शासन् और विधान से सुसंगत होनी चाहिए।

डॉ आम्बेडकर के लिए व्यक्ति एक साथ चार बातें हैं यथा– 1. उद्देश्य, 2. कुछ अहस्तांतरणीय अधिकारों से युक्त, 3. जिसे अपनी सुख–सुविधा का उपयोग करने हेतु अपने संवैधानिक अधिकार से वंचित न होना पडे और 4. जिसे शासन् प्रदत्त निजी व्यक्ति के आधिपत्य का मोहताज न होना पडे।

शिक्षा

शिक्षा सामाजिक परिवर्तन का दूसरा और महत्वपूर्ण साधन है। शिक्षा के परिणामस्वरूप स्वाभिमान, स्वावलंबन और आत्मोद्धार से क्रमशः बंधुत्व, समानता और स्वतंत्रता के मूल्य प्राप्त होते है। उस से विचारों की अभिव्यक्ति सशक्त और सुदृढ होती है। लोग शिक्षित होने के साथ साथ शीलवान भी बनते है।

प्रजातंत्र

प्रजातंत्र में जनता की संप्रभुता के बारे में डॉ. आंबेडकर ने कहा था कि प्रजातंत्र के मूल को सामाजिक संबंधों में खोजना पडता है। प्रजातंत्र सहजीवन की एक पद्धति है। जो लोग समाज का गठन करते है, उनके सहजीवन के संदर्भ में उनकी पद्धति के मूल को खोजना पडता है। डॉ. आंबेडकर को प्रजातंत्र प्रतिस्थापित करने हेतु बुद्ध के द्वारा बताई गई बातें अभिप्रेरित करती है। वे हुकुमशाही या तानाशाही और मानव में भेदभाव रखनेवाली नीति के एकदम विरोधी हैं।

राजनीतिक समाजशास्त्र का प्राण

समाज के बिना प्रजातंत्र अधूरा है। अलगाववाद और एकाकीपन प्रजातंत्र व्यवस्था के विसंगत गुण है, क्योंकि उनकी परिणति विशेषाधिकार सम्पन्न अल्प और अधिकार विपन्न बहुसंख्य वर्गो में होती है। मानवीय वृत्ति समाज के अन्य सदस्यों के प्रति समानता और आदर से देखने की होनी चाहिए। इसी का संतुलन उनके राजनीतिक समाजशास्त्र का प्राण हैं।

धर्म

धर्म मानव जीवन में एकता प्राप्त कर देने वाली मानसिक प्रेरणा और वातावरण का निर्माण करना है।

समाज संगठन

डॉ. आंबेडकर ने समाज को संविधानिक सुधार के रुप में एक सुसंगठित एवं व्यवस्थित करने हेतु 1919 में समानता आधारित साक्ष्य, 1939 में सामाजिक आजादी, 1945 में जातीय गुत्थी का निराकरण तथा 1947 में सत्ता में अल्पसंख्यकों की भागीदारी की समाज रचना बनाई। यहां हम सामाजिक सत्याग्रह 1927–30, सामाजिक पत्रकारिता, असामाजिक विचारों का निषेध, सामाजिक पैक्ट और अस्पृष्यता निषेध लीग 1932, राजनीतिक–समाजशास्त्रीय दल 1937–1942–1956, समाजशास्त्रीय शोध 1946–48 और अनु.जाति, जनजाति और अन्य पिछडा वर्ग को उनकी उन्नति एवं विकास के लिए विशेषाधिकार के रूप में संविधानिक–सामाजिक प्रावधान का जिक्र कर सकते हैं।

स्त्री

हालांकि स्त्री भी व्यक्ति है और जिस प्रकार पुरूषों को शिक्षा की आवश्यकता होती है, उसी प्रकार स्त्रियों को भी होती है और डॉ. आम्बेडकर ने स्त्री–विकास हेतु संविधान के अनुच्छेद 15–16 में संदर्भित हिंदू कोड बिल बना कर पुरूष के समान ही स्त्रियों को विवाह, विवाह–विच्छेद, गोद लेना, संपत्ति में उत्तराधिकार आदि में सशक्त बनाने की योजना बनाई थी।

राज्य–समाजवाद

डॉ. आम्बेडकर द्वारा लिखित "भारत में छोटी जोते और उनके उपाय" नामक ग्रंथ भारतीय आर्थिक सोसायटी पत्रिका खंड–1 में 1918 में छपा था। उसमें कृषि–उद्योग पर आधारित औद्योगीकरण पर सारगर्भित विचार है। उसी वर्ष सामाजिक पुनर्रचना नामक बर्ट्रांड रसेल की पुस्तक की समीक्षा में उन्होंने युद्ध का विरोध करना और शांति का पक्षधर होना ये दोनों अलग अलग बातें हैं कहा। सन् 1947 में उन्होंने राज्य और अल्पसंख्यक नामक ग्रंथ में राज्य समाजवाद की कल्पना कर भू–सुधार कानून को भारत के हर राज्य के आर्थिक क्षेत्र में लागू कर भूमि और कृषि सुधार किया।

शोध

डॉ. आंबेडकर ने एम.ए. की शैक्षणिक शोध उपाधि हेतु सन् 1913 में "ईस्ट इंडिया कंपनी का प्रशासन् और वित्त" तथा प्राचीन भारतीय व्यापार पर शोध प्रकाशित किया। उन्होंने पीएच.डी. शोध उपाधि हेतु सन् 1915 में "ब्रिटिश भारत में प्रांतीय वित्त का विकास" पर शोध प्रकाशित किया। एम.एससी. शोध उपाधि हेतु सन् 1917 में "ब्रिटिश भारत में स्रामाज्यीय वित्त का प्रांतीय विक्रेन्द्रीकरण" पर शोध किया और डी.एससी. शोध उपाधि हेतु सन् 1923 में "रूपये की समस्या" पर शोध ग्रंथ लिखा और प्रकाशित किया।

अध्याय 14

2564 वी बुद्ध जयंती संदेश (डिजिटल)

2564th Buddha Jayanti message (Digital)

Introduction

Sriyam parardhyam vidadhvi dhatri jit tamo nirasannabhibhutabhanu bhrita|
Nudannidagham jit charu candrama sa vandyate arhaniyaessa nopaman||

Ashwaghosha (50 A. D.)

I pay my obeisance to such unique triple sacred master of the world, who has surpassed the gifts of the so called creator, who has dispelled the darkness of existence more brilliantly than the sun, who has soothed the heated state better than the cooling beautiful moon.

Babasaheb Ambedkar expressed that the principles of life called liberty, equality and fraternity I have borrowed from my Master Gautama Buddha. Thus Buddha was democratic great man, his teaching was social truth and his society was and is and remain a biography of great men as an ever inspiring force of universal life.

Householder Vimalakirti

In Mahayana sutra the householder Vimalakirti used to reside in Vaisali and would remove anger by the practice of patience, remove all sloth by the practice of diligence, remove all distraction of mind intent on meditation, remove all ignorance by fulness of wisdom.

Though living at home, yet never desirous of anything; though possessing a wife and children, always exercising pure virtues. Though frequenting the gambling house, yet leading the gamblers into the right path:

Benefitting all beings, going wheresoever he pleases, protecting all beings as a judge with righteousness.

Manifesting to all the error of passion when in the house of debauchery; persuading all to seek the higher things when at the shop of the wine dealer.

Place of man in life

Babasaheb Ambedkar clarified in his book, Ranade, Gandhi and Jinnah (WSAV1:212) that Augustine believed in divinity as impersonal force that would compel the mankind to continue to suffer until the divine plan is completed at the day of judgement. Buckle believed in geographical and physical impersonal forces that govern the destiny of man and world. Karl Marx believed in economic impersonal force to determine the lord of the material and economic world. None of these three admitted that man has any place in the world. While there is theological and material truth to some degree in what they said but the whole truth is this that impersonal forces are not everything and that man is a factor in determining this life and world.

That impersonal forces are a determining factor cannot be denied. But that the effect of impersonal forces depends on man. Where flint exists, it needs man to strike flint against flint to make fire. Where the seeds exist, it needs man to grind it to powder, make it paste and as chappatis and consume them to survive with this new covid-19 corona virus or without. Where soils and metals exist, it needs a man to cultivate agricultural produce and make instruments and machines which are the basis of civilization and culture.

So seek cure during this emergency by being an offspring of the Triple Gem and do not just drop into your worn-out arm-chair.

Ashvaghosha

शक सम्राट कनिष्क के धर्मगुरु भदन्त अश्वघोष के सौंदरानन्द काव्य के सोलहवे सर्ग के अंतिम दो गाथाओं में कहा गया है कि

उत्साह खोये बिना पृथ्वी को खोदनेवाला मनुष्य जल प्राप्त करता है। लकडियों को लगातार रगड़नेवाला आदमी अग्नि उत्पन्न करता है। द्रुतगति से बहनेवाली नदियां पर्वत को भी फोड देती है और योगाभ्यासी पुरुष अवश्य अपने परिश्रम से अदृश्य निर्वाण का फल प्राप्त करते हैं ।।97।।

भूमि को जोतकर और अत्यन्त परिश्रमपूर्वक खेतकी रखवाली कर मनुष्य सस्य या फसल प्राप्त करता है। प्रयत्नपूर्वक समुद्र के जल से उत्तम रत्न–राशि हासिल की जा सकती है। तीर चलाने की निपुणता से शत्रुओं को मात देकर विजय प्राप्त कर सकते है। इस प्रकार उद्योग में ही सब समृद्धियों का निवास है।।98।।

अश्वघोष ने कहा है कि जब दीप बुझता है तो वह न पृथ्वी में जाता है, न अंतरिक्ष में, न इस दिशा में या उस दिशा में बल्कि वह तेल के खत्म होने से बुझता है। उसी प्रकार जब निर्वाण होता है तो मनुष्य न पृथ्वी में जाता है, न अंतरिक्ष में, न इस दिशा में या उस दिशा में बल्कि आश्रवों के खत्म होने से वह निर्वाण को प्राप्त होता है।

दीपो यथा निवृत्तिमभ्युपेतो नैवावनिं गच्छति नान्तरिक्षम्।
दिशं न कांचित् विदिशं न कांचित् स्नेहक्षयात् केवलमेति शान्तिम्।
तथाकृति निवृत्तिमभ्युपेतो नैवावनिं गच्छति नान्तरिक्षम्।
दिशं न कांचित् विदिशं न कांचित् क्लेशक्षयात् केवलमेति शान्तिम्।

भन्ते नागसेन

भंते नागसेन ने मिलिंद राजा को लगभग 69 पशुओं, वनस्पति और अन्य वस्तुओं के गुणों से बौद्ध निर्वाण की शिक्षा दी थी। उन में से कुछ सोलह पशु–वनस्पति–वस्तुओं के गुणों की तुलना साधक व्यक्ति के लिए इस प्रकार है:

1. गधे जैसा खबरदार होकर सोयें।
2. मुर्गे जैसा योगी भी ठीक समय पर सोये, ठीक समय पर उठे, जैसे मुर्गा जमीन को खुरेद खुरेद कर दाना खाता है वैसे योगी को पेट की आग मिटाने और जिंदगी बसर करने का ख्याल रख कर खाना चाहिए और जैसा मुर्गा आंख रह कर भी रात में अंधा बन जाता है वैसे ही योगी को रुप, शब्द, गंध, रस, स्पर्श, विपल्लास के प्रति अंधा, बहरा, नकटा, गूंगा, लकवाग्रस्त, और मरे जैसा होना चाहिए। और मुर्गा खदेड़ दिए जाने पर अपने घर में नही घुसतां वैसे ही साधक को अपनी मानसिक तत्परता नही छोड़ते हुए अपनी बपौती जमीन चार स्मृतिप्रस्थान को करते रहना चाहिए। मुर्गे के ये चार गुण योगी मे होने चाहिए।
3. गिलहरी शत्रु के आने पर अपनी पूछ पटक पटक कर फुला लेता है और उसी से उसे डरा कर भगाता है वैसे ही योगी स्म्रति उपस्थान से कामच्छन्द, व्यापाद, उद्धत्त–कुकुच्च, थीन–मिद्ध, और विचिकित्सा को भगाना चाहिए।
4. मादा चीता एक ही बार गर्भ धारण करती है। दूसरी बार नर के पास नही जाती। उसी प्रकार नर को दुबारा गर्भ में नही आना चाहिए।
5. नर चीता छिप कर शिकार करता है और बायी में गिरी शिकार को नही खाता। उसी प्रकार योग साधना करनेवाले को एकान्त में बैठकर अभिज्ञा प्राप्त करना चाहिए और मिथ्या उपजीविका से कुछ भी नही खाना चाहिए।
6. कछुवा पानी में रहता है, वैसे ही योग साधक को मैत्री–भाव में रहना चाहिए। कछुवा शत्रुओं के डर से गहरे पानी में जाता है, वैसे ही योग साधक अपने मानसिक शत्रुओं से दूर गहरे ध्यान में जाना चाहिए। कछुवा कभी कभी पानी के बाहर आकर अपना अंग सुखाता है वैसे योग साधक को अपने को बैठे, खडे, सोते, टहलते मन के क्लेशों को दबाने के उत्साह में अपने आप को सुखाना चाहिए। कछुवा जमीन खोदकर अलग–थलग अपना घर बनाता है, वैसे ही योग साधक को एकान्त में रह कर समाधि में लीन होना चाहिए। कछुवा खतरे के समय अपने शरीर को सिकुड़ाता है वैसे योग साधक को अपने छह ज्ञानेन्द्रियों को सिकुडाकर वितर्क को दबाना चाहिए।

7. बांस जिस तरफ हवा बहती है उसी तरफ झुकता है वैसे ही बौद्ध साधक को बुद्ध के नवाङग धर्मों के तरफ ही झुकना चाहिए।

8. धनुष अच्छा हो तो वह खींचने पर दोनों ओर से नवता है वैसे ही योग साधक को सभी के प्रति नम कर रहना चाहिए।

9. कौआ सदा शंकित और सावधान रहता है और भोजन मिलने पर अपनी बिरादरी को बुलाकर खाता है वैसे ही योग साधक को अपनी इंद्रियों के पति सदा साशंकित और सावधान रहना चाहिए और तपस्वी को जो भी भोजन मिले उसे बांट कर खाना चाहिए।

10. वानर शाखाओं के भारी गाछ पर ही अपना निवास बनाता है और उठना, बैठना, टहलना और सोना भी वह पेड़ पर ही करता है वैसे ही योग साधक को अच्छे गुरु को खोज कर एकान्त में ही सोना चाहिए।

11. लौके की लता अपनी फुनगियों को फैलाती जाती है वैसे ही बुद्ध–पुत्र को ध्यान का आलंबन कर अशैक्ष्य फल तक फैल जाना चाहिए।

12. कमल पानी में रह कर भी आकाश में उठता है और जरासी हवा से उसकी नाल हिलती है वैसे योगी को जिस कुल या गण या संसार से आया उस से उठकर लोकोत्तर श्रेणी की कामना करनी चाहिए और अणुमात्र क्लेश से भी हट जाना चाहिए।

13. बीज थोडे होने पर भी अधिक फल देते हैं और अच्छे खेत में बोने पर वे जल्दी जम जाते हैं, उसी प्रकार भली प्रकार से पालन किये गए शील श्रमण जीवन के सम्पूर्ण फल देते हैं और शुद्ध किया हुआ चित्त स्मृति प्रस्थान मे शीघ्र ही जम जाता है।

14. शालवृक्ष जैसे पृथ्वी के अंदर सौ फुट से भी अधिक बढता है वैसे योगी को एकान्त में ही चारों श्रामण्यफल, चार प्रतिसंविदायें, छह अभिज्ञायें आदि सभी श्रमण धर्म प्राप्त कर लेना चाहिए।

15. नाव बहुत सी चीजों को मिलाकर बनती है वैसे ही योग आचार, व्रत, नियम आदि कई कर्तव्यों से बनता है। जिस प्रकार नाव तरंगों को भली प्रकार सहती है उसी प्रकार मानापमान के तरंगो को योगी ने सहना चाहिए। जिस प्रकार नांव बडी–बड़ी मछलियां और तिमिंगिल और घड़ियाल से भरे गरजते गहन समुद्र को संभालती है वैसे ही योगी को चार आर्य सत्य को तिहरा कर बारह आकार से जानना चाहिए।

16. दुख होने पर वह दुख है जानना, दुख का कारण होने पर दुख का कारण है जानना और उसे दूर करना, दुख का निरोध होने पर दुख का निरोध है जानना और उसका साक्षात्कार करना और दुख का मार्ग होने पर दुख का मार्ग है जानना और उसे कार्यान्वित करना ये चार आर्य सत्य के तीन वर्तुल और बारह आकार हैं। बुद्ध ने चार आर्य सत्यों के सम्यक सम्बोधि का धम्मचक्र प्रवर्तित किया है उसे ब्रह्म भी नही रोक सकता। फिर सरकार और विपक्ष के बारे में क्या कहे। जब तक दुनिया का अस्तित्व है और मानव है तब तक दोनों के सन्निकर्ष से हम अच्छे अच्छे रुप, अच्छी अच्छी वेदनायें और संज्ञायें, अच्छे अच्छे संस्कार और विचार से विश्व निर्माण करेंगे

तो श्रमण–ब्राह्मण, देव, ब्रह्म, मार सहित प्रजा में अभूतपूर्व परम सुख का द्वीप पैदा कर सकेंगे। इसी मंगल कामना के साथ। सबको संवेदनशील और संबोधिशील नमोबुद्धाय।

संदर्भ ग्रंथ

1. बर्ट ई. ए. संपादक द टिचिंग ऑफ कम्पेशनेट बुद्ध न्यूयार्क 1955, पृ. 238–9
2. मून व. संपादक डॉ. बाबासाहेब अम्बेडकर लेखन व भाषण, खंडा, 1989, पृ. 212

अध्याय 15

जार्ज फ्लायड

पुलिस भेश में करोना ने
फ्लायड का गला दबा दिया
क्या लॉ–आर्डर क्या तगमा था
हत्या कर्तव्य तमाम किया।।धृ।।

क्या कम पड़ा चीन का घुटना
जो नस्लभेद को जोड दिया
लाखों के मारे जाने पर
अपना मुख लाश से मोड दिया।।1।।

भारत से मांगी साकेत तूने
औषध के नाम अयोध्या लिया
चीन को कोविद से मढ दिया
निहत्थों का खुद घात किया।।2।।

क्यों चीन चीन चिल्लाने लगे
चीन–पाक में मध्यस्थ बन बन के
भारत के आतंक चुनौती पर
खुद जल जल डंका बजा दिया।।3।।

तुम परम शक्ति को क्या जानो
परमाणु जमीनी रखते हो
पूरब अरब से निकलो जरा
घर में ही घुटना दबा दिया।।4।।

अध्याय 16

सापेक्षता

विनय में खुद को ढाल लिया संवर साध लिया,
उस से पैदा अविप्पटिसार से पछतावा गया,
उस के न होने पर हुआ उत्पन्न प्रमोद,
अंदर अंदर हुआ उसी से प्रीति या आमोद
परिणामतः प्रश्रब्धि का हुआ यहां प्रवेश,
लदनंतर योग खुशी से अपने सुखों का बड़ा ऐश
उतना ही शान्त शान्त–सा निज मन हुआ प्रतीत
एकाग्रता की महफिल सज गई हुआ शोर अतीत
यथाभूत ज्ञान–दर्शन वर्तमान हुआ
निर्वेद से निर्मल निर्मल कैसे होता गया,
विराग आया पाया अर्हत मार्ग दायभाग,
विमोक्ष आया और ले आया उस का फल–विपाक
विमुक्ति–ज्ञान–दर्शन ने परखा जो था विद्यमान
अनुपाद चित्त विमोक्ष अनुपाद परिनिर्वाण
क्षय होना था हो गया दोनो तृष्णा उपादानों का,
सत्र चला फिर लोकुत्तर भवनिस्सारणावहं का
स्थित है तट पे पररक्षण में प्रत्यवेक्षण ज्ञान भूमि,
विनय कथा का ध्येय है कि बुद्धं सरण गच्छामि,
विनय मंत्रणा कहे साथियों धम्मं सरणं गच्छामि,
श्रोतावधान सुने साथियों संघं सरणं गच्छामि।।

अध्याय 17

मैं

मैं नाचीज सूक्ष्म धूलकण ही सही
कई अंतराल हैं मुझ में भी
मैं विराट दावा नहीं करता
अद्वितीय हूँ मेरा नही सानी ।।धृ।।

मैं तुझ से क्यों छिप छिप के लढ़ूं
तू कायरता से आती है
मुझे श्वसन् यंत्र तू ना समझ
मैं स्वतंत्र तेरे वश में नही।।1।।

यह जन्म–मरण परिपाठी है
तू ख्वाहिश विषय–बेहोशी है
मैं सचेत सावध प्रजानन हूँ
मैं आता हूंजब तू मरती।।2।।

तू कैसे महामारी बनी
छुप छुप के कर दुनिया सुनी
कर रोना अब तुझे जान गया
तू पाक–चीनी मैं हिन्दुस्तानी ।।3।।

अध्याय 18

हे बुद्धत्व के मुसाफिर!

सम्यक सति
हे बुद्धत्व के मुसाफिर पल पल सजग रहना,
हर मोड दुक्ख–कंटक चुन चुन के दूर करना।।धृ।।

सम्यक व्यायाम
उभरी बुरी चीजों को तत्काल ही दबाना
दबी बुरी बीजों को ऊपर न उठने देना
उठे कुशल कणों को उठने बढने देना
उभरे कुशल चैत्य असीम तक फैलाना।।1।। हे बुद्धत्व के मुसाफिर

सम्यक वाणी
बोलो ना शब्द बेकार सख्त या निरर्थक
बोलो सदा ही सत्य शांत वा अहिंसक
बहने दो चराचर में वाणी निसर्ग निर्मल
निः शब्द गर हो जाओ आर्य मौन ही रखना।।2।। हे बुद्धत्व के मुसाफिर

सम्यक कर्मान्त
वाचिक कायिका कर्म से
मन–कर्म सूक्ष्मतर है
अहिंसा सत्य अस्तेय ब्रह्मचर्य करना
है कोई पापन करना।।3।। हे बुद्धत्व के मुसाफिर

सम्यक आजीवो
सम्यक आजीविका है जीविका कमाना
परहित का ध्यान रखके स्वरोजगार करना
राष्ट्र–एकता गरिमा व्यक्ति की ही बढाना
गंदे धंदों से खुद को अलिप्त भी रखना ।।4।। हे बुद्धत्व के मुसाफिर

सम्यक समाधि
सब चैत्य–धम्म मन में बनते बिगडते जाते हैं
सुंदर हो या कुरुप ये आते जाते बिछुड़ते हैं
वितर्क विचार प्रीति सुख एकाग्रता पाकर
साकारअनात्म करना।।5।। हे बुद्धत्व के मुसाफिर

सम्यक संकल्प
अस्तित्व सारा दुःख है–कर उसक मूल प्रहाण
दुःख निरोधगामी मार्ग है धर उसका ही ध्यान
जब तकत मिटे न दुःख के सब पल
निर्वाण कामी रहना।।6।। हे बुद्धत्व के मुसाफिर

सम्यक दृष्टि
मिथ्या–आवृत्त दुक्ख कारक अनेक
प्रज्ञा करेगी नष्ट एक–एक
घोर अंधत्व हटने तक
मन में सम्यक दृष्टि रखना।।7।। हे बुद्धत्व के मुसाफिर

अध्याय 19

दर्शन

प्रस्तावना

प्रति वर्ष नवंबर माह के तृतीय गुरुवार को वैश्विक दार्शनिक दिवस मनाये जाने बाबत यूनेस्को का ऐलान है। हम सब उस का स्वागत करने आगामी नवंबर 16 को बाहें फैलाकर आलिंगन करने के लिए तैयार हैं।

प्राचीन दर्शन कौनसा

प्रश्न पूछा जाता है कि भारत के दर्शनों में सबसे प्राचीन दर्शन कौनसा है? उत्तर है कि प्राचीन से आपको क्या अभिप्रेत है और दर्शन को आप क्या समझते है? ग्रंथ प्रमाण माननेवाले ग्रंथ में जो तिथि अंकित है उसे ही सही मानकर प्राचीन तथा अर्वाचीन का ढोल बजायेंगे तो दर्शन के क्षेत्र में भी मेरा देश गलत या सही के तर्ज पर मेरा ग्रंथ गलत या सही की राजनीति करनी पड़ेगी। यू तो ग्रंथ प्रमाण के साथ ऐतिहासिक, पुरातात्विक और भौगोलिक साक्षी से संलग्न हैं तो दर्शन की प्राचीनता का वैज्ञानिक आधार उपलब्ध होता है। इस दृष्टि से बौद्ध दर्शन ही ऐतिहासिक प्रमाणों के आधार पर सर्वाधिक प्राचीन माना जायेगा।

उसी प्रकार दर्शन से दुःख दूर करने का उपाय यह अभिप्राय ग्रहण करेंगे तो परिवर्तनवादी दर्शन से बढकर कोई और दर्शन हो ही नही सकता।

दार्शनिक रूपरेखा

मानव का अस्तित्व पृथ्वी पर यद्यपि लाखों वर्षों से है। खेती, नहर, सौर–पंचाग और समाज की कायापलट करनेवाले आविष्कार के बाद उसके दिमागी चिंतन का सबसे भव्य युग 5000–3000 ई. पू. था। तथापि 3000–2600 ई. पू. का समय मानव–जाति के बौद्धिक जीवन के अपकर्ष का रहा। उसमें मानव ने बहुत कम आविष्कार किए। दो सहस्राब्दियों के कडे मानसिक श्रम के बाद 1000–700 ई. पू. में विश्राम के दौरान मानव ने दर्शन की उपज की। दर्शन का सुवर्णयुग 700 ई. पू. से बाद की तीन और चार शताब्दियां हैं। इसी वक्त भारत में उपनिषद से लेकर बुद्ध तक के, और यूरोप में थेल्स से लेकर अरस्तू तक के दर्शनों का निर्माण हुआ। इस तरह की मानव–मस्तिष्क की तीव्रता हम फिर 1760 ई. के बाद से आधुनिक आविष्कारों के सिलसिले से शुरू होती देखते है।

भारत और यूरोप की ये दोनों दर्शन–धाराएँ सिकन्दर के बाद आपस में मिलकर नव–अफलातूनी दर्शन के नेतृत्व में विश्व की सारी दर्शन–धाराओं का उद्गम बनी। इस समय का शक्तिशाली दर्शन अलग–थलग नही बल्कि एक बहुमुखीन प्रगति की उपज था। हालांकि सभी देशों में इस प्रगति के एक साथ होने का कोई नियम नही रहा।

सर राधाकृष्णन् ने अपनी हिस्ट्री ऑफ इंडियन फिलासफी, वाल्युम 1, पृ. 22 पर यह अंकित करने के बावजूद कि (In ancient India philosophy was not an auxiliary to any other science or art, but always held a prominent position of independence) प्राचीन भारत में दर्शन किसी भी दूसरी साइंस या कला का लग्गू–भग्गू नही रहा, तथापि राहुल सांकृत्यायन कहते है कि भारतीय दर्शन साइंस या कला का लग्गू–भग्गू न रहा हो, किन्तु धर्म का लग्गू–भग्गू वह सदा से चला आता है, और धर्म की गुलामी से बदतर गुलामी और कोई नही है।

भारत, यूरोप, और अरब के दार्शनिकों का कालक्रम निम्नानुसार रहा है। चीन–जापान' की दार्शनिक धारा को नही जोडने पर भी यह निष्कर्ष नही बदलेगा कि विश्वव्यापी दर्शन राष्ट्रीय की अपेक्षा अन्तर्राष्ट्रीय ज्यादा है और इसीलिए हम जितना गंगा, आमू–दजला और नालंदा–बुखारा–बगदाद–कार्दोवा अर्थात् भारत, चीन, इरान, इराक और स्पेन का स्वतंत्र स्नेहपूर्ण समागम दर्शनों में पाते है, उतना साइंस के क्षेत्र से अलग कहीं नही पाते।

अ. क.	नाम	स्थान	काल	दर्शन
1	**भारद्वाज**	उत्तर–पंचाल (रुहेलखंड)	ई. पू. 1500	अंगिरा के पौत्र तथा बृहस्पति के पुत्र, राजा दिवोदास् के पुरोहित थे।
	विश्वामित्र देशी आर्यों को विदेशी आर्यों की पुरोहित–शाही के कारण, जो रक्त में आर्यावर्त के ब्राह्मण–क्षत्रियों, आर्यों से कहीं अधिक शुद्ध थे – व्रात्य, पतित कहा जाता था।	दक्षिण–पंचाल (आगरा कमिश्नरी का भाग)	ई. पू. 1500–1000	(आगरा कमिश्नरी का भाग) से संबंधित। ऋग्वेद उत्तर–दक्षिण–पंचाल देशों, पश्चिमी युक्त–प्रांत में बना। यह आर्यों के भारत आगमन के बाद तीसरा बसेरा है। यही यमुना–गंगा–रामगंगा की मैदानी उर्वर उपत्यका है। उनका दूसरा बसेरा सप्त–सिन्धु (पंजाब) में था। पहिला बसेरा काबुल और स्वात नदियों की उपत्यका, (अफ़गानिस्तान) में था। पीछे प्रयाग और सरस्वती घाघर के बीच के प्रदेश को वेद और आर्यों का पुनीत, तीर्थक्षेत्र तथा आर्यावर्त कहा गया।
	आर्यावर्त्तीय आर्यों के देवता भारत की तीन दर्शन प्रणालियॉं थी–वैदिक (ब्राह्मणनुयायी)आर्य, अ–वैदिक (ब्राह्मणों से स्वतंत्र, या व्रात्य) आर्य, और न–आर्य। वैदिक और अवैदिक आर्यों के राजनीतिक आर्थिक क्षेत्र जनपद सीमा लांघ चुके थे। लेकिन न–आर्य दोनों में थे। गणों (प्रजातंत्रो) में खून की प्रधानता मानी जाने से राजनीति में वे सीधे दखल नही दे सकते थे, किन्तु राजतंत्रों में वे राजपद पर भी पहुंच सकते थे।	**कुरु–पंचाल** मल्ल–वज्जी तब भी अनार्य संस्कृति से आर्य–संस्कृति को अलग रखने ही की कोशिश की जाती रही। अथर्ववेद के सिवा किसी भी वेद–संहिताओं, ब्राह्मणों में कहीं अनार्य–धार्मिक रीति–रवाजों को लेने या समन्वय का प्रयास नही मिलता।	700–600 सिन्धु–उपत्यका और दूसरे भू–भागों में भी जिस जाति (असुर) से आर्यों का संघर्ष हुआ था, वह सामन्तवादी थे, राजतांत्रिक थे, सभ्य थे, नागरिक थे।	इन्द्र, वरुण, सोम, पर्जन्य आदि प्राकृतिक शक्तियां थे। भारतीय आर्यों का प्रारंभिक समाज जब अपनी पितृसत्ताक व्यवस्था से आगे सामन्तवाद की ओर बढा तो उसकी दो शाखाएं हुई, एक तो वह जिस ने कुरु–पंचाल (मेरठ–रुहेलखंड) और आसपास के प्रदेशों में जा राजसत्ता कायम की, दूसरी वह जिस ने कि पंजाब तथा मल्ल–वज्जी (युक्तप्रान्त–बिहार की सीमाओं पर) में अपने सामन्तवादी प्रजातंत्र कायम किये। दास–स्वामी दो वर्गों में विभक्त समाज में मानसिक तौर पर वैदिक (उपनिषद्) दर्शन का प्रयत्प जितना हुआ, उस से कहीं अधिक प्रयत्नशील अ–वैदिक दर्शन हुए। बुद्ध ने जातिभेद या रंग (आर्य–अनार्य–भेद) के प्रश्नों को उठाया। यही बात जैन, आजीवक आदि धर्मो के बारे में है। आथर्वण या अड़िरसग नही, बल्कि अथर्ववेद निम्न मंत्र–तंत्रों, टोने–टोटकों के तल पर आर्य–अनार्य धर्मों के मिश्रण का प्रथम प्रयत्न है।
	देव	ई. पू. 600–500		जब प्रजा के अधिकार बहुत कम रह गए, और राजा सर्वेसर्वा बन गया, उसी समय देव राजा का पर्यायवाची शब्द बना।

	एकदेववाद			ऋगवेद के सबसे पीछे के मंत्र, पुरुषसुक्त से एकदेववाद प्रकट होता है।
	अग्नि, यम, सूर्य एकं सद्विप्रा बहुधा वदन्ति अग्निं यमं मातरिश्वामाहुः।		ऋग्वेद 1/164/46	एक ही देवता है। अंत में ब्रहम, (नपुंसक) और प्रजापति, (सर्वेश्वर)बनता है।
	वशिष्ठ	कुरु		मेरठ और अम्बाला कमिश्नरियों के भाग, कुरु–राज के पुरोहित थे।
	वामदेव बौद्ध साहित्य में उल्लेखित ब्राह्मण ऋषि।	कुरु–पंचाल	1000	ऋग्वेद के ऋषियों में वामदेव का उल्लेख तेविज्ज–सुत्त (दी. नि. 1.13) में अन्य नौ ऋषियों के साथ हुआ है। उन्होंने भी कभी ब्रहमा या ईश्वर को नही देखा था। वामदेव के पुत्र वृहदुक्थ, मूर्धन्वा, अहोमुच थे। उनके नाम ऋग्वेद का एक सूक्त उल्लेखित है।
	वेदान्त ईशदत्तं इदं सर्वं यत् किंच जगत्यां जगत्। तेन समाना भुंजीथा मा गृधः तस्य तद्धनम्।।		700–100	वेद के बाद ब्राह्मण, उसके बाद आरण्यक और अन्त में उपनिषद होने से उसे वेदान्त कहा गया। उपनिषद में यह शिक्षा नही थी कि जगती में जो कुछ है, वह ईश की देन, सब के लिए समान है, इसलिए मिलकर भोग करो, ईश के उस धन में लोभ मत करो। छान्दोग्य और बृहदारण्यक बड़े और पहले उपनिषद हैं जो कर्मकांड को ज्ञान से पक्का करते हैं।
2	**प्रवाहण् जैवलि** जैवलि, आरुणि और याज्ञवल्क्य को सर्वज्ञ कहा जाता है। उनके राहु, चन्द्र और सूर्य के बारे में मत से उनकी सर्वज्ञता की पोल खुलती है।	कुरु–पंचाल आरुणि के पुत्र श्वेतकेतु जैवलि को राजन्यबंधू कहता है। पुनर्जन्म के सिद्धान्त प्रवाहन जैवलि जैसे क्षत्रियों ने गढा।	700–650 छान्दोग्य ऋषि राजा जैवलि और ब्राह्मण आरुणि ने कर्मकांड पर उठता विश्वास थमाने के लिए पुनर्जन्मवाद गढ लिया।	प्रवाहन जैवली आरुणिका गुरु था। जैवलि, आरुणि और उसके शिष्य याज्ञवल्क्य पंचाल के राजा थे। और सामवेद के उद्‌गीथ (गान) में गवैयों शिलक शालावत्य, चैकितायन दाल्भ्य, के साथ प्रवाहन जैवलि भी एक थे। प्रवाहन क्षत्रिय थे। उपनिषद–दार्शनिक। छान्दोग्य के अनुसार ज्ञानी को पापकर्म नही लगता परंतु इसका अर्थ 'वह पापकर्म नही कर सकता' नही है। छान्दोग्य ने सब से पहले पुनर्जन्म की बात की। ब्राह्मण, क्षत्रिय, वैश्य की योनी मानव नही दूसरी ही है। यह पुरुष सूक्त से भी आगे निकल गए।

3	**उद्दालक आरूणि गौतम** यह सद्ब्रह्म (शारीरक ब्रह्म) वादी थे। और भौतिक तत्वों में अग्नि को प्रथम मानते थे।	कुरु–पंचाल यह ब्राह्मण थे। यह प्रथम ब्राह्मण दार्शनिक था। इस से पहले दर्शन–चिन्तन शासक (क्षत्रिय) वर्ग करता था।	700 उसने कहा था कि मन अन्नमय है।	पंचालराज प्रवाहन जैवलि के पास देर तक शिष्य रहे। राजा अश्वपति कैकय तथा चित्र गार्ग्यायणि से भी दर्शन की शिक्षा ग्रहण की थी। छान्दोग्य उपनिषद के प्रधान दार्शनिक (सर्कात), अद्वैत विज्ञानवादी कर्मकांड के लिए। सत्कार्यवादी। ह्रदय से रीढ़ की हड्डी की ओर 72000 नाड़ियां जाती हैं।
4	**याज्ञवल्क्य वाजसेनय** तीसरे अध्याय में याज्ञवल्क्य के दर्शन है। वह जनक को उपदेश करते है। यूनानी दार्शनिक थेल की भांति यहां भी प्रथम भौतिक तत्व जल को माना गया। याज्ञवल्क्य जनक वैदेह का गुरु था। कैकय (पंजाब), काशी और विदेह में भी बाद अनूचानतमों (शिक्षितों)में ज्ञान–चर्चा होने लगी थी। याज्ञवल्क्य को अपनी भार्या मैत्रेयी और कात्यायनी से कोई सन्तान न थी। इसलिए उस ने अपनी भार्यायों में सम्पत्ति का बंटवारा किया था।	कुरु–पंचाल याज्ञवल्क्य के गुरु आरुणि के गुरु प्रवाहन जैवलि के बारे में छठे अध्याय में कहा गया है। यही भरद्वाज के यजमान राजा दिवोदास्का समृद्धशाली शासन् था। यही उनके पुत्र सुदास् ने पहिले वशिष्ठ और पीछे विश्वामित्र को पुरोहित बना अनेक याग कराये, और पश्चिम के दश राज्यों को पराजित कर पंजाब में भी सतलज–व्यास तक अपना राज्य फैलाया।	650 इसी में कहा है कि इस महान भूत, ब्रह्म का श्वास है वेद, उपनिषद आदि। सर्वश्रेष्ठ ब्रह्मज्ञानी याज्ञवल्क्य यज्ञ के वेद (यजुर्वेद) के मुख्य आधार तथा यजुर्वेद के कर्मकाण्डीय ब्राह्मण–शतपथ ब्राह्मण के महान कर्ता हैं। उपनिषद के आचार्यो में सत्यकाम जाबाल, सयुग्वा (गाड़ीवाला) रैक्व का शुमार है। उसका दर्शन था वायु ही मूलतत्व है।	उद्दालक आरुणि के शिष्य, छान्दोग्य उपनिषद का (अफलातूँ) दार्शनिक, अद्वैत विज्ञानवादी कर्मकांड के लिए। हालांकि उसके विचार बृहदारण्यक में मिलते है, जो शुक्ल यजुर्वेद के शतपथ ब्राह्मण का आरण्यक है। उसमें भी छ में से आधे अध्याय में कर्मकांडी धारा बह रही है। काशिराज अजातशत्रु और ब्राह्मण गार्ग्य का संवाद और दध्यच् आथर्वण. के विचार दूसरे अध्याय में हैं। बृहदारण्यक में ही कहा गया है कि जगत ब्रह् का रुप है। यह पिथागोर जैसे ब्रह्म का शरीर माननेवाले दार्शनिकों का मत है। बाद में बृहदारण्यक ने ब्रह्म को अभावात्मक बनाया। नेति नेति। उपनिषद काल में यहीं उद्दालक आरुणि था। जनक की परिषद में याज्ञवल्क्य ने विजय प्राप्त की थी और उस में यहीं के विद्वान मौजूद थे। तत्रह कुरुपञ्चालानां ब्राह्मणा अभिसमेता बभूवः। याज्ञवल्क्य के समय से दो शताब्दी बाद बुद्ध ने इसी भूमि में महासतिपट्ठानसुत्त और महानिदानसुत्त जैसे दार्शनिक उपदेश दिये थे। क्योंकि कुरु देश–वासी देश के अनुकुल ऋतुआदि–युक्त होने से हमेशा स्वस्थ–शरीर स्वस्थ–चित्त होते हैं। उस से प्रज्ञाबलयुक्त हो गंभीर कथा के ग्रहण करने में समर्थ होते हैं। इस देश में दास और कर्मकर, नौकर–चाकर भी स्मृति–प्रस्थान (ध्यानयोग)–संबंधी कथा ही को कहते हैं। पनघट और सूत कातने के स्थान आदि में भी व्यर्थ की बात नही होती। यदि कोई स्त्री – 'अम्म! तू किस स्मृति–प्रस्थान की भावना करती है' पूछने पर 'कोई नही', बोलती है; तो उसको धिक्कारती है–'धिक्कार है तेरी ज़िन्दगी को, तू जीती भी मुर्दे के समान है।

	महिदास ऐतरेय	कुरु–पंचाल	600–500	द्वितीय कालीन ऐतरेय–उपनिषद के रचयिता। प्रज्ञान में ज्ञान के 16 नाम बताये गए। उसी को ब्रह्म कहा गया। यूनानी दार्शनिकों की भांति विश्व को उसके भीतर की हरकतों को देखकर सजीव समझा गया है।
5	**चार्वाक** जीवन के भोग ग्राह्य हैं। सत्य के अन्वेषण के लिए तजर्बे (अनुभव) और बुद्धि का उपयोग करना चाहिए।	कुरु–पंचाल चार्वाक दर्शन जीव या चेतना को भौतिक उपज मानता है। यह अनात्म भौतिकवाद है।	600 उस के अनुसार सृष्टि के निर्माता की आवश्यकता नही है।	बुद्ध के समकालीन। चार्वाक का मतलब है चबाने के लिए मुस्तैद। भौतिकवादी दर्शन। यह नाम नही है बल्कि परलोक, पुनर्जन्म, देववाद से इन्कार करनेवाले के लिए दी गई गाली है। जडवादी दर्शन के आचार्यों में बृहस्पति का भी नाम है। उसने सूत्र रुप में अपने दर्शन को लिखा। परन्तु सूत्र–रुपेन दर्शनों का निर्माण ईसवी सन् के बाद से शुरु हुआ। अग्निहोत्र, वेद बुद्धि और पौरुष–हीन लोगों की जीविका है। सुख दुःख से संयुक्त होने के कारण त्याज्य नही है जैसे चावलवाले धान तुष या भूसी में लिपटे होने के कारण त्याज्य नही है। यावत् जीवेत् सुखं जीवेत् ऋणं कृत्वा घृतं पीबेत्, भस्मीभूतस्य देहस्य पुनरागमनं कुतः के तर्ज पर जड़ को कूटस्थ माननेवाले दार्शनिको में एक चार्वाक थे। इसे लोकायत दर्शन से भी अधोरेखांकित करते हैं।
6	**कृश सांकृत्य**	कुरु–पंचाल	600	बुद्ध के समकालीन
7	**थेल्**	यूनान	640–550	पानी ही प्रथम तत्व है।
8	**अनक्सिमन्दर**	यूनान	610–545	मूलतत्व को अत्यन्त सूक्ष्म होना चाहिए।
9	**अनक्सिमन**	यूनान	590–550	पानी मूलतत्व है।
10	**पिथागोर**	यूनान	570–500	बिन्दु या संख्या ही सब की जड़ है।
11	**क्सेनोफोन (Xenophanes)**	एलिया	570–480	ईश्वर और जगत अभिन्न है। जगत भगवान् का शरीर, एक सजीव शरीर है। भगवान् विश्व का आत्मा (लोगो–logos) है।
12	**परमेनिद**	एलिया	540–483	न सत् से असत् हो सकता है और न असत् से सत् की उत्पत्ति कभी हो सकती। नासदः सदुत्पत्तिः। वैशोषिक और गीता 3/16 नासतो विद्यते भावः। पर्मेनिद की शिक्षा थी कि हर एक चीज अचल–अनादि, अनन्त, एकरस, अपरिवर्तनशील, अविभाज्य, अविनाशी है।

13	**हेराक्लितु** दर्शन (अनित्यतावाद) की व्याख्या करते वह द्वन्द्ववाद पर पहुंचे। विरोधिता या द्वन्द्व सभी सुखों की मां है।	एलिया, एफेसु	535–475 उसके साथी क्रातिलो ने कहा, उसी नदी में दो बार उतरना असंभव है, क्योंकि नदी लगातार बदल रही है।	स्थिरता का भ्रम परिवर्तन की शीघ्रता तथा सदृश–उत्पत्ति, उत्पन्न होनेवाली चीज अपने से पहिले के समान होना, के कारण होता है। द्वन्द्वात्मक–क्षणिक–भौतिकवाद का विधाता। जेनो के स्थिरता के सिद्धान्त के विरुद्ध हेराक्लितु कहते थे, कि संसार में कोई ऐसा पदार्थ नही जो गतिशील न हो। कोई चीज खड़ी नही है (पान्त रेह)। उसी नदी में हम दो बार नही उतर सकते, क्योंकि दूसरी बार उतरते वक्त वह दूसरी ही नदी होगी।
14	**वर्धमान महावीर**	उत्तर भारत	500	आयु में बुद्ध से जेष्ठ थे। ज्ञातृपुत्र देखें।
15	पूर्ण काश्यप, प्रक्रुधकात्यायन प्रक्रुध कात्यायन नित्यपदार्थवादी था। वह भी तीर्थंकर था। वह भी भाग्यवादी मक्खलि गोशाल और अक्रियवादी पूर्ण काश्यप की तरह शुभ कर्मों को निष्फल बताता था।	उत्तर भारत प्रक्रुध कात्यायन	523	बुद्ध के समकालीन नित्यतावादी दार्शनिक थे। पूर्ण काश्यप अक्रियवादी था। वह तीर्थंकर था। उसका यह उपदेश कि दान–दम–संयम से सत्य बोलने से न पुण्य है न पुण्य का आगम है, परलोक में भोगे जानेवाले पाप–पुण्य के संबंध में था। इस लोक में चोरी, हत्या, व्यभिचार का फल राजदंड के रुप में अनिवार्य है, इसे वह जानता ही था। मक्खलि गोशाल नित्यपदार्थवादी होने से हर वस्तु को अचल, नित्य मानता था, इसलिए कोई कर्म वस्तुस्थिति में किसी तरह का परिवर्तन ला नही सकता है।

	बुद्ध स्वयं बुद्ध और उनके शिष्य मुंडक थे। शाक्य प्रजातंत्र की गण–संस्था (सीनेट या पार्लामेंट) के शुद्धोदन, भद्दिय और दण्डपाणि जैसे सदस्यों को लिच्छविगण की भांति राजा कहा जाता था। मगध के सारिपुत्र, मौद्गल्यायन, महाकाश्यप, उज्जैन के राजपुरोहित महाकात्यायन जैसे विद्वान ब्राह्मण उनके शिष्य बने। सति केवट्टपुत्त को तब भी ऐसी धारणा हुई कि दूसरा नही बल्कि वही एक विज्ञान (जीव) संसरण–संधावन (आवागमन) करता है। उपनिषद में आत्मा नित्य–ध्रुव–वस्तूसत है। बौद्ध दर्शन में अनात्मा भावात्मक है और वह अनित्य, अ–ध्रुव–वस्तुसत् है। चूलसच्चक–सुत्त (म. नि., 1.4.5) में कहा है कि रुप, वेदना, संज्ञा, संस्कार, विज्ञान सारे धर्म अनात्मा है। धर्म शब्द घटना शब्द का पर्यायवाची है। उनके समकालीन लौहित्य, पायासी और चार्वाक भौतिकवादी थे। यह वाद भी ब्रह्मचर्य और समाधि के वेसे ही विरोधी थे, जैसे आत्मवादी।	नेपाल–भारत अभौतिक क्षणिक अनात्मवादी दार्शनिक थे। लुम्बिनी शालवन, (कपिलवस्तु से कुछ मील पर रुम्मिनदेई, नेपाल–तराई, नौतनवा–स्टेशन से 8 मील पश्चिम) में पैदा हुए। मगधराज बिंबिसार, कोशल–नरेश प्रसेनजित्, शाक्य, मल्ल, लिच्छविओं में उनके अनुयायी थे। पांच उपादान स्कन्ध विच्छिन्न प्रवाह के तौर पर उत्पन्न है। जिस जिस प्रत्यय से विज्ञान (जीव) चेतना उत्पन्न होता है, वही उसकी संज्ञा होती है। बुद्ध आत्मवादी नही थे, न भौतिकवादी। प्रतीत्य–समुत्पाद के आविष्कर्ता के लिए विचार–स्वातंत्र्य स्वाभाविक चीज थी। प्रतीत्यसमुत्पन्न नामरुप तृष्णा के गारे से मिलकर जो एक	563–483 नागार्जुन, असंग, वसुबंधु, दिङनाग, धर्मकीर्त्ति जैसे अप्रतिम दार्शनिक क्षणिक अनात्मवाद धारा में ही हुए। उनका उपदेश था कि अटूट चित्त की मुक्ति के लिए ही ब्रह्मचर्य (भिक्षु का जीवन) है। इसी विच्छिन्न प्रवाह पर नागार्जुन ने अपने शून्यवाद को विकसित किया। अ–जात, अ–भूत, अ–कृत, असंस्कृत जैसे निषेधात्मक विशेषण से किसी भावात्मक निर्वाण को सिद्ध तभी कर सकते है, जब उसके आनन्द का भोगनेवाला कोई नित्य ध्रुव आत्मा हो।	दर्शन (क्षणिकवाद) की व्याख्या करते वह द्वन्द्ववाद पर पहुंचे। उनके वक्त वेद तीन ही माने जाते थे। तिन्नं वेदानं पारगू कहा जाता था। बुद्ध के समय परिव्राजकों के नाम से प्रसिद्ध धार्मिक सम्प्रदाय इन्हीं मुंडकों का था। पोट्ठपाद–सुत्त, दीघनिकाय, 1/9, पालि सूत्रों के अनुसार इनका मत था कि मरने के बाद आत्मा, अरोग एकान्त सुखी होता है। परिव्राजक कर्मकांड–विरोधी भी थे। इसी स्थान पर उनके जन्म के 318 वर्ष बाद तथा अपने राज्याभिषेक के बीसवें साल अशोक ने इसी स्थान पर एक पाषाण स्तम्भ गाड़ा था, जो अब भी वहॉ मौजूद है। सिद्धार्थ की मॉ मायादेवी बालक के जन्म के सप्ताह बाद ही चल बसी। सिद्धार्थ का पालन–पोषण उनकी मौसी तथा सौतेली मॉ प्रजापती गौतमी ने किया। पड़ोसी कोलिय गण (प्रजातंत्र) की सुन्दरी कन्या भद्रा कापिलायनी (या यशोधरा) से सिद्धार्थ का विवाह हुआ। बुद्ध कार्य–कारण की निरन्तर या अविच्छिन्न सन्तति को नही मानते। एक के विनाश के बाद दूसरे की उत्पत्ति इसी नियम को बुद्ध ने प्रतीत्य–समुत्पाद नाम दिया है। प्रत्यय से उत्पाद का अर्थ है, बीतने से उत्पाद। एक के बीत जाने पर दूसरे की उत्पत्ति। प्रत्यय ऐसा हेतु है, जो किसी वस्तु या घटना के उत्पन्न होने से पहिले क्षण सदा लुप्त होते देखा जाता है। चक्षु और रुप के बीतने पर चक्षुर्विज्ञान होता है। बुद्ध का धर्म पार होने के लिए है, पकड़ रखने के लिए नही। उपनिषद के इतने परिश्रम से स्थापित किए आत्मा के महान सिद्धान्त को प्रतीत्यसमुत्पाद सिद्धान्त तुच्छ समझता था। आत्मवाद नैसर्गिक नही है। जर्मन दार्शनिक शोपेन्हार ने सर्वशक्तिमती तृष्णा का बहुत व्यापक प्रयोग किया। बुद्ध की शिष्या पंडिता धम्मदिन्ना पांच उपादान–स्कन्धों को सत्कायदृष्टि और आवागमन की तृष्णा को सत्कायदृष्टि का कारण बताती थी। सत्काय (आत्मा) की धारणा दर्शन संबंधी एक भारी दृष्टि–संयोजन है। सच्चे ज्ञान की प्राप्ति के लिए इसे नष्ट होना चाहिए। आत्मवाद के लिए सत्काय–दृष्टि शब्द का प्रयोग होता है।

		जीवन–प्रवाह का रुप धारण कर प्रवाहित हो रहे है, इस प्रवाह का अत्यन्त विच्छेद ही निर्वाण है।		अपने पूर्व के नित्यतावादियों के आत्मा–संबंधी विचारों को बुद्ध ने दो भागों में बॉटा। रुपी आत्मवादी और अ–रुपी आत्मवादी। फिर इन दोनों में कुछ अनन्त आत्मवादी थे और कुछ सान्त आत्मवादी। फिर ये दोनों नित्यवादी और अनित्यवादी दो भागों में बॅटे हैं। भगवान ने कहा ही है कि जब तक उन्हें चार आर्य सत्यों का ज्ञान–दर्शन तिहरा कर बारह प्रकार से विशुद्ध रुप से नही हुआ तब तक उन्होंने अनुत्तर अभिसम्बोधि पाने का दावा नही किया। और ऐसा ज्ञान–दर्शन विशुद्ध रुप से पा लेने पर ही उन्होंने अपना दावा कर लोक और प्रजा में ऐसे अनुत्तर ज्ञान–दर्शन का प्रवर्तन किया जो दुनिया में किसी ने भी नही किया। वह ज्ञान–दर्शन क्या है की स्वाभाविक जिज्ञासा है।
17	**अजित केशकम्बल** आदमी के केश को सयुग्वा रैक्व की बैलगाड़ी की भॉति उसने अपना बाना बना रखा था।	उत्तर भारत	523 ई. पू.	बुद्ध के समकालीन। यह जड़वादी/भौतिकवादी दार्शनिक थे। परंतु धार्मिकता को पसंद करते थे। यह बुद्ध से उम्र में ज्यादा थे। एक बार बुद्ध और इन छओं तीर्थंकरों का वर्षावास राजगृह में (523 ई. पू.) हुआ था।

18	**संजय बेलट्ठिपुत्त,** निगंठ नातपुत्त या महावीर उनके पिता सिद्धार्थ गण–संस्था (सीनेट) के सदस्यों (राजाओ) में से एक थे। उनकी शादी, यशोदा से हुई थी जिस से एक लड़की हुई। 30 वर्ष की उम्र में उन्होंने गृहत्याग किया। 12 वर्ष शरीर को सुखानेवाली तपस्याओं के बाद उन्होंने केवल या सर्वज्ञ–पद पाया। 42 वर्ष तक उन्होंने अपने धर्म का उपदेश मध्यदेश (युक्तप्रान्त और बिहार) में किया। संजय की चार भंगी या अनेकान्तवाद परलोक, देवता, कर्मफल, मुक्त पुरुष जैसे परोक्ष विषयों पर लागू था परंतु जैनों का स्यादवाद प्रत्यक्ष वस्तु पर भी लागू है।	प्राचीन वज्जी (जिला मुजफ्फरपुर, बिहार) प्रजातंत्र की राजधानी वैशाली (बसाढ, पटना से उत्तर में 27 मील) और उन का देहान्त कुसीनारा (कसया) से पपउर (जिला गोरखपुर) में 84 वर्ष की उम्र में हुआ। वर्धमान महावीर 569–485 सर्वज्ञतावादी थे। लिच्छवियों की एक शाखा ज्ञातृवंश में बुद्ध के जन्म से छह वर्ष पहले उनका जन्म होने से उन्हें ज्ञातृपुत्र (नातपुत्त) भी कहते है।	523 जैन उन्हें वीर या महावीर कहते है। बौद्ध उन्हें निगंठ नातपुत्त (निर्ग्रंथ ज्ञातृपुत्र) कहते है। महावीर की शिक्षा के बारे में बौद्ध त्रिपिटक में लिखा है कि निर्ग्रंथ या जैन साधु संवरों से संवृत्त रहने के कारण गतात्मा (अनिच्छुक), यतात्मा (संयमी) और स्थितात्मा कहलाता है।	बुद्ध के समकालीन अनिश्चिततावादी दार्शनिक थे। यह भी तीर्थकर था। उसके और महावीर दोनों के दर्शन अनेकान्तवादी हैं। पहले का जोर 'नही'पर ज्यादा था और दूसरे का जोर 'हॉ' पर था। धर्म की कल्पनाओं पर संदेह किया जाने लगा था। मज्झिम निकाय में महावीर के शिष्य दीर्घ तपस्वी ने बुद्ध के साथ वार्तालाप में कहा था कि काय–दंड (कायिक कर्म) सब से महादोष–युक्त है। जोतने, काटने, निराने जैसे कामों में प्रत्यक्ष अगनित जीवों को मारे जाते देख, जैन लोग खेती छोड़ बैठे। यूरोप में यहूदियों ने राज द्वारा खेत के अधिकार से वंचित होने के कारण मजबूरन् बनिया–व्यवसाय स्वीकार किया। आधुनिक जैन–दर्शन का आधार स्याद्वाद संजय बेलट्ठिपुत्त के चार अंगवाले अनेकान्तवाद को लेकर उसे सात अंगवाला किया गया है। संजय ने तत्वों (परलोक, देवता) के बारे में अनिश्चयात्मक रुप से कहा था, 1. है?–नही कह सकता। 2. नही है? –नही कह सकता। 3. है भी और नही भी?–नही कह सकता। 4. न है और न नही है?–नहीं कह सकता। स्यादवाद है: 1. है?–हो सकता है स्याद् अस्ति, 2. नही है?– हो सकता है स्याद् नास्ति, 3. है भी और नही भी? हो सकता है स्यादस्ति च नास्ति च, 4. स्याद हो सकता है यह वक्तव्य कहा जा सकता है?–नही। 5. स्याद् अस्ति क्या यह वक्तव्य है?–नही। 6. स्याद नास्ति क्या यह वक्तव्य है?–नही, 7. स्याद् अस्ति च नास्ति च क्या यह वक्तव्य है?–नही । संजय के भंग 'न है और न नही है' को छोड़कर, स्याद् भी अवक्तव्य है यह सातवां भंग तैयार कर अपनी सप्तभंगी पूरी की।

19	**मक्खलि गोशाल** अकर्मण्यवादी दार्शनिक गोशाला में उत्पन्न हुआ था। पाणिनि 400 ई. पू. ने मस्करी शब्द को गृहत्यागियों के लिए माना है। मक्खलि गोशाल यानी साधु गोशाल।	उत्तर भारत यह भाग्यवादी था। वह कहता था कि जीवन का रास्ता नपा–तुला है, पाप–पुण्य उसमें कोई अन्तर नही डालते।	523	बुद्ध के समकालीन भौतिकवादी दार्शनिक थे। वह अकर्मण्यवादी थे। पहले वह जैन मत का साधु था। उसने जैन–तीर्थंकर, निगंठ नातपुत्त को जानसे मारने की कोशिश की; ब्राह्मण–देवता की मूर्ति पर पेशाब–पाखाना किया। वह आजीवक सम्प्रदाय के तीन आचार्यों, निर्याताओं–नन्द वात्स्य, कृश सांकृत्य के साथ मक्खलि गोशाल भी है। यह नंगे रहते हुए कुछ संयम–नियम की पाबन्दी भी करते थे। गोशाल सम्प्रदाय नन्द और सांकृत्य सम्प्रदायों के बाद हुआ।
	पिप्पलाद नचिकेता और यम की प्रसिद्ध कथा कठोपनिषद की ही है। मांडूक्य में जागृत, स्वप्न, सुषुप्ति और तुरीय का विवेचन है।	कुरु–पांचाल आत्मा रथी, शरीर रथ, इन्द्रिय घोडा, मन रस्सी और बुद्धि सारथी जानो।	500–400 मुंडक के अनुसार मुक्त जीव ब्रह्म के समान है, द्वैत है।	तृतीय काल के उपनिषद प्रश्न, केन, कठ, मुंडक, मांडूक्य आदि हैं, उसमें पिप्पलाद ने प्राण (जीवन या विज्ञान),को सर्वश्रेष्ठ माना, और रयि (या भौतिक तत्व) को द्वितीय या गौण स्थान दिया। कठोपनिषद गौ से कृष्ण ने अर्जुन के लिए गीतामृत दूध का दोहन किया यह कहावत इसी से निकली है। मुंडक में पहिली बार उपनिषद या ज्ञानकांड के लिए वेदान्त शब्द का प्रयोग किया गया। ब्रह्म (अ–क्षर) जगत का निमित्त और उपादान कारण दोनों है। मुंडक उपनिषद में चार पादवाले आत्मा का प्रथम पाद या जागृतावस्था को वैश्वानर कहा गया। स्वप्न अवस्थावाला दूसरा पाद तैजस है, तीसरी अवस्थावाला सुषुप्त प्रज्ञान–घन आनन्द–मय चेतोमुखवाला है और तुरीय अवस्था वाला जीव अ–व्यपदेश्य (बेनाम) एक आत्मा रुपी ज्ञान (प्रत्यय) के सारवाला, प्रपंचों का उपशमन करनेवाला, शान्त, शिव, अद्वैत, ओंकार अक्षर है।
20	**एम्पेदोकल**	युनिक	490–430	जैसे मिलने और हटने के कारण शरीर में राग, द्वेष होते हैं, उसी तरह अग्नि, वायु, जल, पृथ्वी इन चार बीजों में राग और द्वेष मौजूद हैं।
21	**सूक्रात**	अथेन्स	469–399	ठीक करने के लिए ठीक सोचना जरुरी है।
22	**देमाक्रितु**	यूनान	460–370 सभी वस्तुओं, खासकर परमाणुओं की गति का आधार गति है।	यह एपीकुरु और स्तोइक से बढकर भूतात्मवादी थे। वस्तुतः यहां है (अतोमोन् –एटम या परमाणु) और शून्य। जिस पर मार्क्स ने पीएच. डी. की थी। यह भूतात्मवादी (Hylozoist, हायलोजोएस्ट यानी हुलो, हेवला, भूत और जोए या जीवन, आत्मा) थे।

23	**अफलातूं**	अथेन्स	427–347	वह ज्ञान (idea) के लिए इन्द्रिय–प्रत्यक्ष पर नही, बुद्धि पर जोर देता है। प्रत्यक्ष जगत से अलग, बुद्धिगम्य विज्ञान–जगत् (मूल–स्वरुप) ही उसका वास्तविक जगत् है। बाहरी दुनिया को वह विज्ञानजगत का बाहरी प्रकाश (बाह्यार्थवादी) कहता है। सारी दुनिया को मिलानेवाले महाविज्ञान (ईश्वर, ब्रह्मवाद, demiurge) स्वीकार करता है। भौतिक तत्व और उससे बनी दुनिया को वह प्रधान नही गौण मानने से भौतिकवादी नही है।
24	**दियोजेन** कुरु–पंचाल का सयुग्वा रैक्व अध्यात्मवादी नहीं ठेठ भौतिकवादी दार्शनिक था। वह संसार का मूल उपादान याज्ञवल्क्य के समकालीन अनक्सिमनस् (Anaximanes, 588-524 B. C.) की भांति वायु को मानता था।	यूनान	412–322	यूनान में दियोजेन (Diogenes) था, जो चन्द्रगुप्त मौर्य के राज्यारोहण के साल मरा। वह सयुग्वा रैक्व की तरह एक फक्कड दार्शनिक था। वह अपने स्नान–भाजन में बैठे उपदेश देता था। याज्ञवल्क्य ने जो ब्रह्मज्ञानी को बालक की भांति रहने की बात कही थी, वह सयुग्वा रैक्व जैसों ही के आचरण से आकृष्ट होकर कही थी।
25	**कपिल** कपिल ने सत्ता और चेतना दोनों को अलग–अलग माना जिसमें सत्ता को परिणामी और चेतना को अपरिणामी माना।	कपिलवस्तु	400	बुद्ध के बाद पैदा हुए। कुछ दार्शनिक उन्हें बुद्ध के पूर्व मानते है। परिणामवाद परिवर्तनवाद का दूसरा नाम है। यह सबसे पुराणा वाद है। इसके प्रथम संस्थापक कपिल ही थे। उनके अनुसार प्रकृति के 16 परिणाम है, जिनका फिर परिणाम नही होता। 1. अहंकार, जिनका परिणाम 11 इन्द्रियां हैं, 5 तन्मात्रायें, जिनका परिणाम पंच महाभूत है, और ये 16 परिणाम (इन्द्रियां और तन्मात्रायें) प्रकृति के चरम परिणाम हैं। परंतु उनका पुरूष अपरिणामी है। इस प्रकार कपिल ने दो परस्पर विरोधी तत्व प्रतिपादित किए। पुरूष की कल्पना क्यों की गई जब वह प्रकृति से अछूता रहता है? कहा गया है कि उनका परिणामवाद उस नित्य–शाश्वत–पुरूष–आत्मा के मोक्ष प्रक्रिया में सहायक है।

	कणाद कणाद अपनी नित्य दृष्टि नये तरीके से सिद्ध करते है। उन्होंने द्रव्य, गुण, कर्म, सामान्य, विशेष और समवाय छः पदार्थों में सत्ता वर्गीकरण किया। इनमें से सामान्य को कणाद ने नित्य–दृष्टि के सिद्ध करने का साधन बनाया।			कणाद ने कार्य के कारण का होना आवश्यक माना और बताया कि कारण के गुण कार्य के गुणों के आरम्भक होते हैं। कारण–कार्य के कणाद–सिद्धांत में कार्य के गुण भले ही कारण से आते हों पर कार्य कारण से अभिन्न नही माना जाता था। कपिल जहां कार्य को अपनी कारणावस्था में सत मानते थे वहां कणाद कार्य को अपनी उत्पत्ति से पूर्व असत अर्थात प्रागभाव मानते है।
26	**पाणिनि** नागसेन ने भी अशोकाराम पटना में आकर विद्याध्ययन किया था।	पटना	400	संस्कृत व्याकरणकार पाणिनि कुमारी अन्तरीप से हिमालय, सुवर्णभूमि बर्मा की सीमा से हिन्दूकुश तक के भारत की शासन् और व्यापार बन्दरगाह पटना से सुपरीक्षित हो सारे भारत में कीर्ति पाते थे।

27	**अरस्तू** जो विद्या या दर्शन आदिम या चरम कारण पर विचार करता है वह अरस्तू का प्रथम दर्शन और आज–कल का अध्यात्मशास्त्र है। तर्क दर्शन तक पहुंचने के लिए सोपान है। तर्कशास्त्र में प्रमेय या ज्ञान के विषय हैः वह क्या है (द्रव्य, मनुष्य); वह किनसे बना है (गुण); वह कितना बड़ा है (परिमाण, 3.5 हाथ); वह क्या संबंध (बृहतर, दुगुना) रखता है; वह कहाँ (दिशा या देश या सडक पर) है; वह कब होता है (काल); वह किस तरह है (आसन, लेटा या बैठा); किस तरह है (स्थिति, कपड़े पहिने या हथियार–बन्द); वह क्या करता है (कर्म, पढ़ता है); उसका क्या परिणाम (निष्क्रियता, कुछ नही करता है)। विज्ञान या मूलस्वरुप परिवर्तन–रहित कूटस्थ आधारभूत है।	स्तगिरा भूत और विज्ञान के मिलने से ही परिवर्तन और गतिया हरकत होती हैं। वह गति चार प्रकार से होती है। द्रव्य–संबंधी (उत्पादन, विनाश); परिमाण–संबंधी (संयोग, विभाग से पिंड के परिमाण में परिवर्तन); गुण–संबंधी (एक चीज का दूसरी चीज में परिवर्तन, दूध का दही) आदि; और देश–सम्बन्धी (एक जगह से दूसरी जगह जाना)। परिवर्तन या वृद्धि का आश्रय या आधार होना चाहिए। अरस्तु व्यक्ति, विशेष को वास्तविक परिवर्तनशील, और भूत या विज्ञान को वस्तुओं के अनादि सनातन मूलतत्व मानता है।	384–322 वृद्धि या विकास एक सीमा रखता है। पत्थर मूर्ति बन सकता है, वृक्ष नही। एक पौदा या अमोला बढकर पीपल बन सकता है, पशु नही बन सकता। अरस्तू के प्राणिशास्त्रीय कार्य को उसके शिष्य थ्योफ्रास्तु (270–311) ने जारी रखा जिसे आगे दो हजार शताब्दियों बाद डार्विन ने बढाया।	322 में यबोइया में मृत्यु। सिकन्दर की मृत्यु 323 इ. पु. के समय मकदुनिया–विरोधी दल के समर्थक। विज्ञान (मूलस्वरुप) और भौतिक–तत्व, स्थिरता (एलियातिक) और परिवर्तनशीलता (हेराक्लितु) का समन्वयक। मूर्ति में संगमर्मर भौतिक तत्व है और उसकी आकृति मूर्तिकार के दिमाग से निकला विज्ञान है। वनस्पति, पशु या मनुष्य में शरीर भौतिक तत्व है, और पाचन, वेदना आदि विज्ञान–तत्व। पृथ्वी, जल, आग और हवा मूल गुण रुक्षता, नमी, उष्णता, सर्दी (सांख्य की तन्मात्राएं, भूतों का कारण) के भिन्न–भिन्न योगों से बनी आकृतियां हैं। जाति–स्थिरता के सिद्धान्त ने अरस्तू को प्राणिशास्त्र में जाति–परिवर्तन तक नही बढ़ने दिया। अपरिवर्तनशील विज्ञान अरस्तू का ईश्वर विधाता (कर्ता) नही है। अरस्तू चार कारणों को मानता हैः उपादान (घड़े के लिए मिट्ठी), मूल–स्वरुप या विज्ञान जिससे कार्य (घडा) बनता है, निमित्त जिसके कारण उपादान कार्य की शकल लेता है, जैसे कुम्हार मिट्ठी से घड़ा और मूर्तिकार पत्थर से मूर्ति बनाता हैं। अंतिम या प्रयोजन जिसके लिए कि कारण बना। इनमें से पहले तीन कारण नैयायिकों ने लिए। द्रव्य, गुण, कर्म प्रमेय को वैशेशिकों ने अपने छः पदार्थों में रखा और काल, दिशा को नौ द्रव्यों में। बाकी का भी जिक्र वैशेशिक और न्याय करते हैं। इन बातों का सिकन्दर के आक्रमण पूर्व (ई. पू.323 जब यूनान दर्शन, कला, साहित्य आदि उन्नति के शिखर पर था। उनका रुधिर–मांस और ज्ञान हमारे रूधिर–मांस और ज्ञान में समा गया। गंधार–गुप्त मूर्ति कला में यवन और हमारे मठों, पाठशालाओं में शिक्षित सभ्य यूनानी थे।) किसी भारतीय ग्रंथ में विवेचन नही हैं।
28	**सिकन्दर**		356–323	अरस्तू का शिष्य। उस की मृत्यु के बाद यूनानी साम्राज्य कितने ही टुकड़ों में बॅटा। तथापि उसकी शासनप्रणाली, सभ्यता आदि एकसी थी।

29	**पिर्हो** पिर्हो के भारत आने के समय वपैुल्यवादी मौजूद थे। नागार्जुन के वर्णन में इसकी समानता है। दोनों का उद्गम वही वैपुल्यवाद, हेतुवाद या उत्तरापथवाद थे। नागार्जुन ने 'विग्रह–व्यावर्तनी' में ठीक इन्हीं युक्तियों द्वारा प्रमाण की प्रामाणिकता का खंडन किया है।	एलिस कोई भी सिद्धान्त पेश किया जावे, उतनी ही मजबूत युक्ति प्रमाण के साथ ठीक उससे उल्टी बात कही जा सकती है; इसलिए अच्छा यही है कि अपना अन्तिम बौद्धिक निर्णय ही न दिया जावे; जीवन को इसी स्थिति में रखना ठीक है।	365–270	जब सिकन्दर ने पूर्व की दिग्विजय–यात्रा की, तो पिर्हो भी उसकी फौज के साथ था। ईरान में उसने पारसी धर्माचार्यों से शिक्षा प्राप्त की थी। भारत में उसने जिम्नो–सोफी (Gymno-sophist, जैन और बौद्ध अपने संस्थापकों को 'जिन' कहते हैं।) दार्शनिक सम्प्रदाय का अध्ययन किया। पिर्हो ने ज्ञान को असाध्य साबित करने के लिए तर्क दिए कि किसी चीज को ठीक साबित करने के लिए या तो उसे स्वतः प्रमाण मान लेना होगा; जो कि गलत तर्क है, या दूसरी चीज़ को प्रमाण मानकर चलना होगा; जिसके लिए कि फिर प्रमाण की जरुरत होगी। उसका विचार है, वस्तुओं का अपना स्वभाव क्या है, इसे जानना असम्भव है।
30	**एपीकुरू** रोम के लफर्केशियन भी भौतिकवादी थे।	समोस् द्वीप	341–270	यदि अपनी इंद्रियों पर विश्वास न करें, तो हम किसी ज्ञान को नही प्राप्त कर सकते। भौतिकवादी अथवा सन्देहवादी एपीकुरियों ने बुद्धिवादी स्तोइकों की भांति अवसाद में धर्म या आचार–सम्बन्धी शिक्षा को याद किया।

31	**ज़ेनो** नैयायिकों ने स्तोइकों से तर्क की बाढ का ख्याल लेकर कहा, तर्क तत्व–निश्चय की रक्षा के लिए कॉटे की बाड़ है –तत्वाध्यवसायसंरक्षणार्थ कण्टकशाखावरणवत्। न्यायसूत्र 4/2/50 रोमन सम्राट मक्रस औरेलियस (121–180), जो नागार्जुन का समकालीन था, भी स्तोइक दार्शनिक था। पिरहो के अनुयायी स्तोइकों के ब्रह्म/ईश्वरवाद का खंडन करते थे। फिर विश्मात्मा को वेदना और अनुभव कर्ता होना चाहिए। इस प्रकार जिसके चलने को लोग ऑखों से साफ देखते हैं, उसने उससे भी इन्कार कर स्थिरवाद को दृढ करना चाहा।	एलिया, साईप्रस फिनिशिया उनका ख्याल कि भौतिक–तत्व को सर्वत्र शक्ति या ईश्वर से व्याप्त मानना चाहिए, उपनिषद के अंतर्यामीवाद से मिलता है। स्तोइक और वेदान्ती भी ईश्वर को विश्वात्मा मानते हैं। स्तोइक कहते थे प्रयोजनवाद ईश्वर की हस्ती को सिद्ध करता है।	336–246 490–430 ईपू 264–232 स्तोइकों का कहना है, दर्शन एक खेत है; जिसकी रक्षा के लिए तर्क एक काटों की बाड़ है, भौतिक–शास्त्र खेत की मिट्टी, और आचार–शास्त्र फल है। ईसाई धर्म के उपरले वर्ग में स्तोइकवाद का प्रचार था। विश्वात्मा अनुभव करता है तो वह परिवर्तनशील है। सन्देहवादी (पिर्हो) कहते थे जगत में ऐसा प्रयोजन नही दीख़ पड़ता।	एलियातिक जेनो के अनुसार, वास्तविकता का साक्षात्कार चिन्तन द्वारा ही किया जा सकता है। साईप्रस का जेनो स्तोइकों का आचार्य था। वह यूरोप से ज्यादा एशिया के नजदीक है। उसका विद्यालय स्तोआ पोईकिले या नुकीली अटारी (Stoa Poikile) पर होने से उसके सम्प्रदाय का नाम स्तोइक या नुकीला पड़ गया। उसका अगला आचार्य क्लियन्थ (Cleanthes 264–232) अशोक का समकालीन था। स्तोइकों का अंग–अंगी अवयव–अवयवी वाला सिद्धान्त वेदान्त सूत्र, उनकी बोधायनवृत्ति, और रामानुज–भाष्य में पाया जाता है। उपनिषद में शरीर–शरीरी भाव था किन्तु उसे स्तोइकों ने और तर्क–सम्मत बनाने जो युक्तियॉ दी, उनसे वादरायण, बौधायन आदिने फायदा उठाया। जगत में न बुद्धिपूर्वकता, न शिवसुन्दरता दिखाई पड़ती हैं। बुद्धिपूर्वकता होती तो गलती कर–कर के – हजारों ढांचों को नष्ट कर–कर के –नये स्वरुपों की अस्थायी हस्ती के आने की जरुरत नही होती। स्वप्नालु लोग ही दुनिया को शिव सुन्दर कह सकते हैं। जे परिवर्तनशील है वह नित्य एक–रस नही हो सकता। यदि वह अपरिवर्तनशील है तो वह नित्य एक–रस नही हो सकता। यदि वह अपरिवर्तनशील एक–रस है, तो वह एक कठिन निर्जीव पदार्थ है। उसका ज्ञान असंभव है। ईसाइयत ने स्तोइकों के साथ निषेधात्मक/ध्वंसात्मक कोरे फिलासफरों का खात्मा कर दिया। जेनो ने बाण के दृष्टान्त को देकर सिद्ध करना चाहा, कि बाण हर क्षण किसी न किसी स्थान पर स्थित है, इसलिए उसकी गति भ्रम के सिवा कुछ नही है।
32	**चन्द्रगुप्त मौर्य**	पटना	321–297	सिकन्दर के समकालीन भारत के सम्राट। चन्द्रगुप्त ने यूनानी शासन् को भारत से हटाया। तथापि उस से यूनानी भारत से नहीं हट सके। पंजाब में उनकी कितनी ही बस्तियां बसी हुई थी। हिन्दूकुश पार से उनका विशाल राज्य शुरु होता था, जो मध्य–एसिया, ईरान या पारस, मेसोपोतामिया, क्षुद्र–एसिया होते मिश्र और यूरोप तक फैला था।

	यूनान इन जातियों में शक तो यूनानियों के क्षत्रप, उपराज या वाइसराय होकर मथुरा और उज्जैन में रहते थे, और यूनानियों के शासन् के उठ जाने पर स्वतंत्र साम्राज्य कायम करने में समर्थ हुए।	बाख्तर	150	मौर्य साम्राज्य के नष्ट होते ही यूनानी फिर हिन्दूकुश पार हो यमुना और नर्मदा के पश्चिम के सारे प्रदेश पर स्थायी तौर से अधिकार जमाने में सफल हुए। इन यूनानी शासकों के मध्य–एसियाई साम्राज्य में शक, जट्ट, गुज्जर, आभीर आदि जातियॉं रहती थी। इसलिए पश्चिमी भारत में यूनानियों के शासन् स्थापित होने पर यह जातियां भी आ–आकर भारत में बसने लगी, और आज भी उनकी सन्तानें पश्चिमी भारत की आबादी में काफ़ी संख्या रखती हैं।
33	**थ्योफास्तु**		287	ऊपर बताया है कि वह अरस्तू के शिष्य थे।
34	अशोक मौर्य	पटना	269	अशोक के शासन् के साथ भारत के विशाल साम्राज्य की राजधानी पटना में एक राजकीय भाषा मागधी, एक तरह के सिक्के, एक तरह के नाप–तोल होने से भारतीय समाज में एकता आने लगी थी।
	महेन्द्र, संघमित्रा	विदिशा	269	त्रिपिटक की अट्ठकथायें इसा पूर्व तीसरी शताब्दी में भारत से सिंहल गई और ईसवी चौथी सदी में लेखबद्ध हुई थी।
	राजा बृहद्रथ वृहस्पति श्वेताश्वतर (सफेद–खच्चर) की मुख्य मंशा त्रैतवाद–प्रतिपादन करना है। यह रचना व्यास के सामने थी। उसने पांचरात्र–शैवों के मुकाबिले में वैष्णवों का भी एक जबरदस्त ग्रंथ –गीतोपनिषत्– तैयार करना था। वह उत्तरी भारत में देरी से ही सही पुराने वैष्णवों को प्रधानता दिलाने में सफल हुआ।	राजगृह–मगध इस में भौतिकवादी दार्शनिक वृहस्पति का जिक्र है। मैत्री का उपदेश बुद्ध के दुःख सत्य वर्णन से मिलता है। श्वेतास्वतर में ईश्वर या ब्रह्म को शिव, रुद्र या महेश्वर एक ही है, जो इन लोकों पर अपनी ईशनी (प्रभुताओं) से शासन् करता है। उसे मायी और प्रकृति को माया कहा गया।	200–100 वृहद्रथ पुत्र को राज्य दे इस शरीर को अनित्य मान वैराग्यवान् हो जंगल में गया। जिस सांख्य योग का पीछे समन्वय गीता में किया गया, उसकी नींव श्वेताश्वतर में है। उसमें निरीश्वर सांख्य को सेश्वर बनाया।	चतुर्थकालीन उपनिषदें, कौषीतकि, मैत्री तथा श्वेताश्वतर बुद्ध के पीछे की हैं। राजा वृहद्रथ बुद्धकालीन शासक–समाज के निराशावाद और वैराग्य साक्ष्य है। वह शाक्यायन राजा के पास जाता है। शाक्यमुनि गौतम बुद्ध शाक्यायन बुद्ध भी है। शाक्यायन के गुरु मैत्री है। मैत्री के उपदेश में दो प्रकार के आत्माओं की बात है। एक शुद्ध आत्मा, जो शरीर में प्रादुर्भूत हो अपनी महिमा से प्रकाश–मान होती है। दूसरी भूत–आत्मा, जिस पर अच्छे बुरे कर्मों का प्रभाव होता है, और यही आवागमन में आती है। शुद्धात्मा शरीर को वैसे ही संचालित करता है, जैसे कुम्हार चक्के को। श्वेताश्वतर तेरह उपनिषदों में सब से पीछे की है। उसमें शैव आदि सम्प्रदायों के जमाने में चले जाते हैं। उसके खास विषय हैंः रुद्र (शिव)की महिमा, सांख्य–दर्शन की प्रकृति, पुरुष (जीव) में ईश्वर को जोड़ त्रैतवाद और योग। इस में पंचम अध्याय में कपिल ऋषि का उल्लेख है। यह बुद्ध से कुछ समय बाद पैदा हुए सांख्य कपिल से बहुत पीछे की उपनिषद है।

	मिनान्दर यूनानीओं को भारत भर बसाने हेतु मिनान्दर की प्रमुख और प्रथम पहल थी। उस की राजधानी बाल्हीक, बलख या बाख्तर थी।	स्यालकोट इनके प्रश्नों के कारण ग्रंथ का नाम मिलिन्द–प्रश्न पड़ा। पहिले दिन मठ में जाकर नागसेन से प्रश्न किये; दूसरे दिन महल में निमन्त्रण कर प्रश्न पूछे।	150	मिनान्दर (मिलिन्द) का राज्य यमुना से आमु वक्षु दरिया तक फैला हुआ था। उसकी एक राजधानी बलख (वाल्हीक) भी थी। परंतु मुख्य राजधानी सागल (स्यालकोट) नगरी थी। मिनान्दर ने वहां के बड़े पंडित आयुपाल को चुप कर दिया था। नागसेन जब असंखेय परिवेण मठ में थे, तब मिनान्दर ने अपने एक अमात्य देवमंत्री दिमित्री से नागसेन से मिलने की इच्छा प्रकट की। जब वह पॉच सौ यवनों के साथ गया तो नमस्कार और अभिनंदन के बाद प्रश्न शुरु किये।
	प्लुतार्क	यूनान–रोम	150	प्लुतार्क ने लिखा है कि मिनान्दर बड़ा न्यायी, विद्वान और जनप्रिय राजा था। उसकी मृत्यू के बाद उनकी हड्डियों के लिए लोगों में लड़ाई छिड़ गई। लोगों ने उसकी हड्डियों पर बड़े–बड़े स्तूप बनवाये। मिनान्दर को शास्त्रचर्चा और बहस की बड़ी आदत थी, और साधारण पंडित उसके सामने टिक नहीं सकते थे।
35	**नागसेन** नागसेन ने जीव, आत्मा, निर्वाण के बारे में मिलिन्द राजी की सारी जिज्ञासा शांत की और उन्हें बौद्ध बनाया।	पंजाब	150 यह यूनानी दार्शनिक नेलुस के समकालीन थे।	यवन–शासित पंजाब के कजंगल गॉव, जिला स्यालकोट में नागसेन पैदा हुए। बाद में उनका संपर्क रोहन नामक भिक्षु से हुआ। वहां से अश्वगुप्त के पास पहुंचे। तब उन्हें पटना के अशोकाराम विहारवासी आचार्य धर्मरक्षित के पास भेजा गया। वहां से बौद्ध तत्वज्ञान का अध्ययन कर अपने गृहराज्य में वापस लौटा। भिक्षुओं ने कहा, "नागसेन! राजा मिलिंद वादविवाद में प्रश्न पूछकर भिक्षु–संघ को तंग कर उन्हें नीचा दिखाता है; जाओ उस राजा का दमन करो।"

	कनिष्क पश्चिम से आई जातियां भारी संख्या में भारतीय बन भारत में बस गई थी। पेशावर में विक्रम संवत् 57 ई. पू., ईसवी सन् या शक संवत 78 ई. में पूरब चीन, पश्चिम ईरान और यूनान तथा भारत के विचारों के सम्मिश्रण से पैदा हुए नये प्रयोग की नाप–तोल हो रही थी। इसी समय अश्वघोष का काव्य और नाटक, गुणाढ्य की बृहत्कथा, चरक का आयुर्वेद निखरता है। राजा बौद्ध सभा बुला अपने त्रिपिटक पर नये भाष्य या विभाषा तैयार करवाते हैं।	पेशावर जतियों के साथ नाना सभ्यताओं, नाना विचारों का भारत में संमिश्रण हो रहा था। दर्शन में विज्ञानवाद, शून्यवाद, बाह्यार्थवाद या सौत्रान्तिक, और सवार्थवाद स्पष्ट होने लगा।	100 इसी समय भारत ने यूनानी ज्योतिष से 12 राशियॉ होरा, घंटा और फलित ज्योतिष का होड़ाचक्र सीखा।	ईसा की पहिली सदी में शक सम्राट् कनिष्क प्रायः सारे उत्तरी भारत और मध्य–एशिया तक का शासक था। शक तीसरी सदी तक गुजरात और उज्जेन पर शासन् करते रहे। आभीर शकों के प्रधान सेनापति तथा कभी–कभी स्वतंत्र शासक भी बने थे। गुप्त राजवंश जत्र या जट्ट था। होड़ाचक्र की वर्णमाला क–ख–ग नहीं बल्कि यूनानी अल्फा, बीता, गामा ... है। गन्धार–मूर्तिकला इसी काल की देन है। इसी समय भारतीय कार्षापण चौकोर की जगह यूनानी सिक्कों की तरह गोल और राजा के चित्र से अंकित बनने लगे। यूनानी नाटकां की भांति भारतीय नाटकों का प्रथम प्रयास भी इसी समय शुरु हुआ, उपलभ्य नाटक हमें अश्वघोष, (50) ई. से पहिले नहीं ले जाते। दार्शनिक क्षेत्र में भी इस काल की देनों में आकृतिवाद (पिथागोर ई. पू. 570–500), परमाणुवाद (देमोक्रितु 460–370 ई. पू.),विज्ञान–विशेष–जातिवाद (अफलातूँ 427–347 ई. पू.), उपादान–निमित्त–कारण, (अरस्तू 384–322 ई. पू.) और द्रव्यगुणपरिणाम–देश–काल–वाद (अरस्तू) हैं।

	नागार्जुन विग्रहव्यावर्त्तनी में कहा गया कि वस्तु विच्छिन्न प्रवाह मात्र है, कांट के वस्तुसार के विरुद्ध उन्होंने वस्तु–शुन्यता बताया। वह कारिका शैली के प्रवर्तक थे। कारिका में पद्य में अधिक बातों को थोड़े शब्दों यानी सूत्र में कहना होता है। शून्यता से नागार्जुन का मतलब प्रतीत्य–समुत्पाद यानी विश्व घटनाएं है, वस्तु समूह नहीं। वस्तुसार से इन्कार का मतलब है विचिन्न प्रवाह के रुप में उत्पत्ति सिद्ध है। प्रमाण–विध्वंसन् में उन्होंने प्रमाण का प्रबल खंडन किया। उपाय–कौशल में निग्रह–स्थान, सामान्य जाति आदि शास्त्रार्थ–संबंधी बातें हैं जो अक्षपाद के सूत्रों में भी मिलती हैं। माध्यमिक–कारिका में नागार्जुन प्रतीत्य–समुत्पाद के दो अर्थ 1. वस्तुएं अपनी उत्पत्ति में प्रत्यय पर आश्रित है और 2. उत्पत्ति विच्छिन्न–प्रवाह –सी क्षणिकता हैं। प्रतीत्य–समुत्पाद का दूसरा नाम मध्यम–मार्ग है। अशाश्वत और अनुच्छिन्न या परिवर्तनशील सत्ता में जो सत्ता की प्रतीति हो रही है वह	विदर्भ, बेरार तंत्र–मंत्र और सिद्धि से उनका कोई संबंध नही था। वे आन्ध्रराजा गौतमीपुत्र यज्ञश्री (166–196 ई.) के समकालीन थे। उनकी अन्य कृतियॉ हैं: माध्यमिककारिका, युक्तिषष्ठिका, प्रमाणविध्वंसन, उपायकौशल्य और विग्रहव्यावर्त्तनी (शुन्यतासप्तति)। बुद्ध न आत्मवादी थे न भौतिकवादी। वह इन दोनों के बीच का विच्छिन्न प्रवाह मानते थे, जो सतत विद्यमानता और उच्छेद या विनाश के विरुद्ध है। उत्पत्ति–स्थिति–विनाश के सिद्ध होने पर संस्कृत नही सिद्ध होगा। फिर असंस्कृत कैसे सिद्ध होगा? नागार्जुन, आर्यदेव, चंद्रकीर्ति, भाव्य, बुद्ध पालित शून्यवाद के दाशनिक हैं। कार्य और कारण की व्यवस्था	175 ई. उन्होंने श्रीपर्वत (नागार्जुनीकोंडा, गुन्टूर) को अपना निवास स्थान बनाया। वे वैद्यक और रसायन शास्त्रज्ञ भी थे। उनकी वैद्यशास्त्रीय कृति अष्टांगहृदय तिब्बत में मशहूर है। जिन शब्दों का शून्यवाद प्रयोग करते है वे अवास्तविकता की उक्ति हैं। नागार्जुन से 400 वर्ष बाद बाण के हर्षचरित में एकावली हार को नागराज सें मांगा और पाया भी, फिर उसे अरब सागर, दक्षिण भारत सागर और बंग–खाड़ी के स्वामी शातवाहन सुहृद का नागार्जुन ने दिया।	दर्शन का नया युग नागार्जुन से आरम्भ होता है। इस काल में दर्शन कितने ही अनीश्ववादी और कितने ही ईश्वरवादीयों में बंटा है। अनीश्वरवादी बुद्धिवाद, स्याद्वाद (जैन) और शब्दवाद (मीमांसा) इन तीन समूहों में विभक्त हुआ है तो ईश्वरवाद भी बुद्धिवाद (न्याय), रहस्यवाद (योग), और शब्दवाद (वेदान्त) इन तीनों में विभक्त है। फिर बुद्धिवाद के दो भाग हैं, एक अनात्मवाद और दूसरा आत्मवाद (वैशेषिक)। अनात्मवाद के दो विभाग हैं 1. भौतिकवाद (चार्वाक) और 2. अभौतिकवाद (बौद्ध)। फिर अभौतिकवाद के चार प्रकार बने यथा 1. सर्वार्थ (सर्वास्तिवाद), 2. बाह्यार्थ (सौत्रान्तिक), 3. विज्ञान (योगाचार) और 4. शून्य (माध्यमिक)। ईश्वरवाद वेदान्त तक ही सीमित हुआ। जगत की अवास्तविकता बतानेवाली शब्दावली शून्यवाद की प्रतिज्ञा के अनुरुप है। शून्यता को सिद्ध करने के प्रमाण यह है कि भावों की वास्तविकता सिद्ध करने वाले प्रमाण ही अप्रमाणित है। एक प्रमाण दूसरे प्रमाण से कैसे सिद्ध होगा क्योंकि ऐसा करने से एक प्रमेय हो जाएगा। प्रमेय सिद्ध नही साध्य होता है। प्रमाण आग की भांति अपने को सिद्ध कर सकता है परंतु संयोग या इत्तिफाक से नही क्योंकि संयोग कोई प्रमाण नही। अक्षपाद के न्यायसूत्र की प्रमाण–सिद्धि के ये तर्क हैः सभी भाव, वस्तुएं वास्तविक हैं; क्योंकि अच्छे बुरे के भेद को सभी स्वीकार करते हैं, जो वस्तु नही उसका नाम ही नही मिलता, वास्तविकता का प्रतिषेध युक्तिसिद्ध नहीं और प्रतिषेध्य को सिद्ध नही किया जा सकता, तो विग्रहव्यावर्तनी के ये तर्क हैं: भावों की शून्यता सत्य है; क्योंकि यह अच्छे बुरे के भेद के खिलाफ नही है; यह भेद प्रतीत्यसमुत्पाद के कारण ही है। यदि परमार्थ रुपेन अच्छे बुरे का भेद हो, तो वह अचल एकरस है, फिर ब्रह्मचर्य आदि के अनुष्ठान द्वारा इच्छानुकूल उसे बदला नही जा सकता; शून्यता होने पर नाम नही हो सकता ऐसा नही है, नाम असद्भूत है। नाम सत् और असत् दोनों के होते हैं। प्रतिषेध भी सिद्ध किया जा सकता है जैसे अप्रतिषेध प्रमाण आदि से सिद्ध है। उनकी शिक्षा थी कि पत्नी, जो बहिन की भॉति मंजुल, मित्र की भांति मददगार होती है।

	भी निरपेक्ष नही है क्योंकि कार्य की सत्ता कारण की सत्ता की अपेक्षा रखती है।	ही जब नही रही तब किसी कर्म या काम के करने की बात ही नही उठती और कर्ता–कारण कोई चीज ही नही रहते। इस पंकार जब करने–धरने आदि की बात ही नही रही तब धर्म और अधर्म किसी की चर्चा बेकार है।		की भॉति विजयिनी, माता के भॉति हितैषिणी और सेवक की भॉति आज्ञाकारिणी होती है, का सम्मान करें। नागार्जून के अनुसार यदि कर्म को स्वभावतः निरपेक्षतः सत माने तो कर्म को कर्ता की जरूरत न रहेगी और कर्ता भी निकम्मा हो जायेगा क्योंकि उसके करने योग्य कर्म तो स्वभाव सत है ही फिर उसके करने का सवाल ही क्या?। यदि यह माने कि कर्म स्वभाव से असत है और वह असत कर्ता के द्वारा किया जाता है तब बड़ी आफत होगी। कर्म बिना हेतु के हो जायेगा और कर्ता को भी निर्हेतुक ही कहना पड़ेगा। जब हेतु ही नही रहा तो कार्य–कारण का सवाल ही क्या?।
	चन्द्रकीर्ति			परिवर्तन को सभी बौद्ध दर्शन सम्प्रदायों द्वारा परमार्थ सत माना गया। इसीका दूसरा नाम परिणामवाद है। उसे प्रतीत्यसमुत्पाद से भी जाना जाता है। चन्द्रकीर्ति ने बताया कि प्रतीत्यसमुत्पाद कोरा सकारणता और परिवर्तन का नियम नहीं है प्रत्युत वह सत्ता की सिद्धि भी सापेक्ष मान कर निरपेक्ष सत्ता का खण्डन करता है।
36	**पतंजलि वैयाकरण** पतंजलि ने सांख्य के प्रधान या भौतिक जगत के लिए दृश्य कहा और अपने पुरुष को द्रष्टा कहा। सांख्य और योग के तीनों गुण प्रकृति की तीन स्थितियों को बतलाते हैं। सत्व–प्रकाशमय अवस्था, रज–गतिमय अवस्था और तम–गतिशून्यतामय अवस्था।	कोदर, गोंडा, उ.प्र. वस्तु चित्त से नही बनी है, बल्कि उसकी स्वतंत्र सत्ता है। पतंजलि ने जो आक्षेप चित्त पर उठाये, वे शंकर और बर्कले के स्थिर विज्ञानों पर भी लागू होते हैं, परंतु उसका मुख्य लक्ष्य बौद्धों का क्षणिक चित्त है।	150 पतंजलि की शब्दावली और मौलिक सच्चाई बौद्ध और उनके चार आर्य सत्य हैं।	डॉ. दासगुप्त ने व्याकरण महाभाष्यकार पतंजलि 150 ई. पू. और योग–सूत्रकार पतंजलि को एक करके उनका समय ईसा–पूर्व दूसरी सदी माना है। पतंजलि के योगशास्त्र को सेश्वर सांख्य भी कहते है। कपिल के सांख्य में ईश्वर की गुंजाइश नही है। परंतु पतंजलि ने अपने ईश्वर को न उपनिषत्कारों की भॉति सृष्टिकर्ता बनाया, न अक्षपाद की भांति कर्मफल दिलानेवाला ही। पतंजलि के अनुसार ईश्वर वह है जो मलों, कर्मों, फलों तथा संस्कारों से निर्लेप है। इस परिभाषा के अनुसार जैनों और बौद्धों के अर्हत् तथा कैवल्यप्राप्त कोई भी मुक्त पुरुष ईश्वर है।
37	**नेलुस**	पश्चिमी	133	यह यूनानी दार्शनिक पंजाबी दार्शनिक नागसेन के समकालीन थे।

38	**अन्द्रानिकुस (Andronicus)**	रोड ग्रीक	86	इनका समकालीन कोई भारतीय दार्शनिक नही है। रोड के एण्ड्रानिकस ग्रीक दार्शनिक हुए जो अचूक संपादन और भाष्य के साथ अरस्लू के दर्शन को लिखने में सपुतु है।
39	**विज्ञानवाद** **अन्तियोक्**	भारत नव–अफलातूनी दर्शन	ईसवी 100 68	भारतीय विज्ञानवाद दर्शन का नव–अफलातूनी दर्शन के दार्शनिक अन्तियोक् ई. स. 68 में हुए थे।
40	**फिलो–युदियो** ;चीपसव श्रनकंमनेद्ध	सिकन्दरिया का दर्शन–अध्यापक	ईसवी 25–50	नवअफलातुनी (बिल्ली–कबूतर दर्शन) दार्शनिक, जिसने अफलातूँ और भारतीय दर्शन के साथ यहूदी शिक्षा का समन्वय करना चाहा।
41	**अन्तियोक्**	पश्चिम का नव–अफलातूनी दर्शन	68 ई. स.	भारतीय विज्ञानवाद नव–अफलातूनी दर्शन के बाद 100 ई. स. में अन्तियोग प्रस्तुत हुआ।
42	**वैभाषिक**	मगध / काश्मीर	100	इस बौद्ध दार्शनिक संप्रदाय के सर्वास्तीवाद का कोई पश्चिमी दर्शन नही है।
43	**कणाद**	गुजरात	150	इनका भी पश्चिम में कोई सानी नहीं है। वह भारतीय प्राचीन भौतिक विद्ध औरदार्शनिक रहे।
44	**अगस्तिन** **संत अगस्तिन**	पश्चिम / स्लाव	166 354–430	इनका समकालीन भारतीय दार्शनिक ई. स. 175 में नागार्जुन थे। समाधि के साक्षात्कार, आत्मानुभूति (intuition) को नवीन–अफलातूनी और संत अगस्तिन बुद्धि से ऊपर मानते थे।
45	**नागार्जुन**	बेरार, विदर्भ	175	नागार्जुन का शून्यवाद पुराने वैपुल्यवादयों से विकसित हुआ है, जो अशोक के समय तक चलता आया है। इनका पश्चिमी समकालीन अगस्तिन् ई. 166 में हए थे।

46	**अक्षपाद** तक्की वीमंसी, तार्किक और मीमांसे शब्द पाली ब्रह्मजाल–सुत्त में भी आता है। यहां जैमिनि के मीमांसा से मतलब नही है। अक्षपाद गोतम ने मुक्तावस्था में आत्मा को बुद्धि/ज्ञान, मन और क्रिया से भी अत्यन्त रहित कहा। तत्वज्ञान भी किसी वस्तु का होता है। यूनानी स्तोइक दार्शनिक ज़ेनो ई. पू. 300 द्वारा कहे अनुसार कि दर्शन एक खेत है जिसकी रक्षा के लिए तर्क एक बाड़ है।	सारन, छपरा जिला अक्षपाद मतलब आंख का काम देते हैं जिसके पैर। श्रीहर्ष 1190 ई. ने नैषद में उपहास किया कि जिस ने सचेतनों की मुक्ति के लिए अ–चेतन बन जाना कहते शास्त्र की रचना की, वह गोतम वस्तुतः गातम/बैल ही होगा। अक्षपाद भी कहते है कि तत्वज्ञान की रक्षा के लिए जल्प/परमत के खंडन के लिए छल एवं बहस/वितंडा की भी तत्वज्ञान में जरुरत हैं।	250 कौटिल्य काल 320 ई. पू. में तक्रविद्या को आन्वीक्षकी कहा जाता था। निःश्रेयस/मुक्ति या अपवर्ग की प्राप्ति के लिए अक्षपाद ने अपना दर्शन लिखा।	अक्षपाद गोतम का न्यायशास्त्र बुद्धिवादी है, पतंजलि का योग रहस्यवादी है और वादरायण का वेदान्त शब्दवादी है। अक्षपाद ने ऋग्वेद ऋषि मेधातिथि गौतम, और उपनिषद् के ऋषिनचिकेता गौतम को मिला–जुलाकर आन्वीक्षकी के मूल आचार्य मेधातिथि गौतम को तैयार किया है। उद्योतकर 550 ई. के न्यायवार्तिक और वात्स्यायन 300 ई. के न्यायभाष्यकार ने न्यायसूत्रकार को इसी नाम से पुकारा हैं। नागार्जुन ने अपनी विग्रहव्यावर्त्तनी में परमार्थ सत्ता के विरुद्ध जो युक्तियां दी उन्हें अक्षपाद ने अपने न्यायसूत्र में खंडित किया। न्यायसूत्र के प्रतिपाद्य विषय या पदार्थ सोलह हैं। अक्षपाद प्रमाण को परमार्थ अर्थ में लेते हैं जिस पर नागार्जुन ने पहिले ही आक्षेप लिया था। तीनों कालों में प्रमाण सिद्ध नही तो प्रमाण का निषेध भी ठीक नही। उपनिषद ब्रह्म का तत्वज्ञान/ब्रह्मज्ञान मुक्ति के लिए जरुरी समझती है। अक्षपाद ने प्रमाण, प्रमेय आदि सोलह न्यायशास्त्र द्वारा प्रतिपाद्य पदार्थों के वास्तव ज्ञान को तत्वज्ञान कहा है। छल एवं बहस/वितंडा की भी तत्वज्ञान में उसी तरह जरुरत है, जैसे बीज के अंकुरों की रक्षा के लिए कॉटेवाली शाखाओं के बाड़ की। छल एवं बहस/वितंडा की भी तत्वज्ञान में उसी तरह जरुरत है।
47	**प्लोतिनु** ;च्सवजपदनेद्ध **सोभिध्याय भारीरात् स्वात्** **–मनु 1। 8**	रोम इनका समकालीन भारतीय दार्शनिक ई. 250 के अक्षपाद माने जा सकते है।	ई. स. 205–271	उस सर्व महान परमतत्व (Absolute) को बुद्धि के चिन्तन (Intelligence)से नही बल्कि अचिन्तन से, बुद्धि से परे जाकर (intuition) जाना जा सकता है। यह ईश्वर या दिव्य विज्ञान ध्यान करके अपने शरीर से विश्व–आत्मा को पैदा करता है, जो कि विश्व और अगणित जीवात्माओं का आत्मा है।
48	**पोर्फिरी**	सिरिया, तायर नगर	233	तर्कशास्त्र पर ईसागोजी नामक प्रकरण ग्रंथ लिखा।
49	**मानी**	ईरान	245	यह भी भारतीय दार्शनिक अक्षपाद और योग–अभिमुख पतंजलि ई. 250 दोनों के समकालीन थे।

50	**पतंजलि योग** किसी भी सूत्रबद्ध दर्शन को नागार्जुन से पहिले ले जाना मुश्किल है। किन्तु हमारा पुराना भुवन–ज्ञान नगण्यता है। सूत्रकार चित्त की प्रमाण, विपर्यय, विकल्प, निद्रा, स्मृति आदि शक्ति को एक बड़ी सिद्धि मानते है, 1/5–11।	योगसूत्र के अंतिम/चतुर्थ पाद में विज्ञानवाद का खंडन है। अपने भुवन ज्ञान के भरोसे हम अभी तालमी के पंचांग को ही लिए बैठे हैं। सांख्य के प्रकृति–पुरुष–संबंधी दर्शन को मानते हुए चित्त को वह भोक्ता/चेतन की भोग्य वस्तुओं में मानते है।	250 पतंजलि ने जिस विज्ञानवाद का खंडन किया वह असंग से पहले भी मौजूद था। बुद्धि को सांख्य की भांति पतंजलि भी भोग्य विचारशील प्रकृति से बनी मानते हैं।	उन्होंने वेदान्त–सूत्रों से पहिले अपने सूत्र लिखे थे। क्योंकि वादरायण 300 ई. ने उसका जिक्र किया है। व्याकरण म्हाभाष्यकार पतंजलि 150 ई. पू. और योग–सूत्रकार पतंजलि को एक करके उनका समय ई. स. पूर्व दूसरी सदी माना है। सूर्य में संयम करके, न जाने कितने योगियों ने भुवन, विश्व ज्ञान प्राप्त किया होगा। जहां दूसरे देशों ने अपने पंचांग को आधुनिक उन्नत ज्योतिष–शास्त्र के अनुसार सुधार लिया है वहां भारत ने ऐलान ही किया। योगसूत्र का प्रतिपाद्य विषय दर्शन नही योगिक साधनायें हैं। बुद्धि को सांख्य की भॉति पतंजलि भी भोग्य विकारशील से बनी मानते है। योग सूत्र को सिद्धियों की बात छोड देने पर वह तीन भागों में बंटा है: चित्त–चेतन, बाह्य/दृश्य जगत और प्रसंगवश तत्वज्ञान।
51	**वादरायण्** अपनी दार्शनिक प्रक्रिया को परिणाम के सहारे स्थापित किया। पुराने परिणामवाद में सत्ता का परिणाम माना जाता था परंतु कपिल, पतंजलि, और कणाद द्वारा क्रमशः जीव या पुरूष, जीव और ईश्वर; जीव और ईश्वर, मन, काल, दिशा, आकाश आदि को परिणाम से अछूता ही रखा। अफलातूं के प्रभाव से प्रभावित हो बौद्धों ने अपने विज्ञानवाद का विकास नागार्जुन 175 ई. से पहले और उसका पूर्ण विकास असंग और वसुबंधु 350 ई. में किया था। वेदान्तसूत्र	वेद पढकर आचार्य अन्तेवासी (शिष्य)को अनुशासन् (उपदेश) देता है – सत्य बोल आदि। वादरायण ने श्रुतियों –उपनिषदों की दार्शनिक पद्धति को एक व्यवस्थित रूप में उपस्थित किया। वादरायण, कणाद 150 ई., नागार्जुन 175 ई., पतंजलि 250 ई.के पीछे और जैमिनि 300 ई. के समकालीन थे। उपनिषद ने ब्रह्मा को ह्रदयहीन होने	300 यूनानियों और शकों के चार शताब्दियों के शासन् और संस्कृति–संबंधी प्रभाव तथा बौद्धों के तीक्ष्ण तर्क प्रहार से ब्राहमणों के कर्मकांड की ही नही, उनके उपनिषदीय अध्यात्म दर्शन का प्रभाव भी क्षीण होने लगा। वादरायण के विचार के समीप रामानुज का वेदान्त आता है।	उसने ब्रह्म सिद्धि के लिए काफी भाग को छान्दोग्य उपनिषद से लिया। कर्मकांड के लिए। उसने आनन्दमय शब्द ब्रह्म का वाचक है 'आनन्दमयोऽभ्यासात्, आनन्दमय ब्रह्मवाचक है, ऐतरेय उपनिषद से लिया गया। उसी प्रकार अथातो ब्रह्म–जिज्ञासा, (अब यहां से ब्रह्म की जिज्ञासा आरम्भ करते हैं) और जन्माद्यस्य यतः, (इस विश्व के जन्म आदि जिस से होते हैं), ये दोनों सूत्र, इसी उपनिषद के भृग् वारुणि, (वरुण–पुत्र) और पिता वरुण के संवाद से लिये गये है। वादरायण ने सत्ता और चेतना का अलग–अलग विभाग नही किया और बताया कि ब्रहम सत भी है और चित भी है। सत्य और चेतना अविनाभूत है। इसी ब्रहम के परिणाम से नाना रूप सृष्टि देखी जाती है। सम्पूर्ण अर्थ जगत को अपने कारण ब्रहम से अनन्य है। युक्ति–संगत सिद्धान्तों का उत्तर न्याय–वैशेषिक, योग–सांख्य द्वारा दिया। वेद–मूलक ज्ञान और कर्मकांड के संबंध में उत्पन्न हुई शंकाओं का उत्तर देने के लिए वादरायण और जैमिनि ने कलम उठाई। ये दोनों एक दूसरे की राय उद्धृत करते थे।

	असंग से पीछे बने। वादरायण छुआछूत जांत–पांत के कट्टर पक्षपाती थे। देह–संबंध से विधि–निषेध की जरुरत होती है, जैसे आग के एक होने पर भी अग्निहोत्री ब्राह्मण के घर की आग ग्राह्य है और श्मशान की नही, यह उनका समाधान है।	से बचाने के लिए उपनिषद्ने पूर्वजन्म के कर्मवाले सिद्धान्त को निकाला। वादरायण ने उसे दुहरा दिया।		और समकालीन थे। वादरायण और व्यास को एक माननेवाले वेदान्त–सूत्र में बुद्ध से लेकर उनके वैभाषिक, योगाचार, माध्यमिक सम्प्रदायों का खण्डन समझ में नही आ रहा है। वादरायण ने उपनिषदों के सिद्धान्तों की व्याख्या करनी चाही; किन्तु वादरायण के सूत्रों को लेकर आजकल, द्वैत, अद्वैत, शुद्ध–अद्वैत, विशिष्ट–अद्वैत,. त्रैत आदि कितने ही वाद चल रहे हैं। वेदान्त के भिन्न–भिन्न समप्रदायों में रैक्व, आरुणि या याज्ञवल्क्य में जितना मतभेद था उससे कहीं जबर्दस्त मतभेद है।
52	**जैमिनि** वेद को स्वतः प्रमाणता सिद्ध कर उन्हें यज्ञ कर्मकांड का रास्ता साफ करना था।	मीमांसा का लेखन कणाद्, नागार्जुन, अक्षपाद पीछे हुआ।	300 ई.	वैदिक कर्मकांड पंडित। उन्होंने ब्रह्वाद और पुनर्जन्म को अस्वीकार कर वेद सिर्फ कर्मों का विधान है कहा। जैमिनि और वादरायण समकालीन और वसुबंधु और दिग्नाग के पूर्व हुए।
53	**सौत्रान्तिक**	सर्वास्तिवाद बाह्य रुप, आन्तरिक विज्ञान दोनों की प्रतीत्य–समुत्पन्न सत्ता को स्वीकार करता है।	300	ये अपने को बुद्ध के सूत्रों का अनुयायी बतलाते हैं। वह बाह्य विज्ञानवाद से उलटे बाह्यार्थवादी अर्थात् क्षणिक रुप ही मौलिक तत्व है, मानते हैं।

	यूनानी वैशेषिक दर्शन यूनानी दर्शन है। अक्षपाद यूनानी स्तोइकों की नकल करते हैं। महमहोपाध्याय सतीशचन्द्र विद्याभूषण ने लिखा कि अरस्तू के तर्क–संबंधी सिद्धांत सिकन्दरिया, मिश्र से भारत में आए। अक्षपाद के अनुयायी उद्योतकर 500 ई. ने काल को एक स्वतंत्र सत्ता सिद्ध करने की युक्तियां दी है। अनुमान प्रमाग द्वारा किसी तथ्य तक पहुँचनेके वाक्यों के पॉच अवयव /अंश होते हैं। नागार्जुन, 175 ई. विरुद्ध अक्षपाद 250 ई.। धर्मकीर्त्ति 600 ई. विरुद्ध वाचस्पतिमिश्र 841 ई. । बौद्ध अनात्मवादी, अनीश्वरवादी, प्रत्यक्ष–अनुमान को परमार्थ नही बल्कि सापेक्ष तौर पर माननेवालों के विरुद्ध अक्षपाद ब्राह्मण आदि थे।	भारत मौर्य साम्राज्य की समाप्ति के बाद उसके पश्चिमी भाग का शासन् हिन्दूकुशपारवाले यूनानियों/ मिनान्दर के हाथ में चला गया। अक्षपाद कहते है कि प्रमाण से हम सापेक्ष नही परमार्थ ज्ञान पा सकते है। अनुमान और अवयव अरस्तू के ऑर्गनं का अनुवाद है। अरस्तू ने दो, तीन अवयव अपने तर्क में इस्तेमाल किए हैं। वसुबंधु 400 ई. विरुद्ध वात्स्यायन 400 ई.। ज्ञानश्री, रत्नकीर्ति 1000 ई. विरुद्ध उदयन 984 ई. और दुर्वेक मिश्र 1100 ई. थे। प्रवाह स्वीकार करने से बौद्ध क्रम को भी स्वीकार करते हैं।	323 इसके विरुद्ध मनोवृत्ति पर वराहमिहिर ने लिखा था। आज का हिन्दू ज्योतिष यूनानी ज्योतिष है। किन्तु प्रत्यक्ष जिस इन्द्रिय और विषय के संयोग से होता है, वह संयोग विषय के सारे अवयव के साथ नही होता। दिङनाग 425 ई. विरुद्ध उद्योतकर 500।	भारत में यूनानियों का प्रभाव सिकन्दर की विजय के साथ बढने लगा। चन्द्रगुप्त मौर्य ने भारत में यूनानी शासन् का खात्मा कर देने पर भी यवन–प्रभाव कम नही हुआ, यह अशोक के शिलालेखों से भी मालुम होता है, जिसमें भारत और यूनानी राजाओं के शासित प्रदेशों से घनिष्ठ संबंध स्थापित करने की बात आती है। ई. पू. 175 से 600 ई. तक अरस्तू के तर्क ने भारतीय न्याय को प्रभावित किया। कलिमक्सु 285–247 ई. पू. ने अरस्तू के ग्रंथों की प्रतियां सिकन्दरिया के पुस्तकालय में जमा की। दूसरी सदी में स्यालकोट/सागल यूनानी राजा मिनान्दर तर्क और वाद का पंडित था। यूनानी अरस्तू से और बौद्ध धर्म से प्रभावित थे। उसी से नागसेन, अश्वघोष, नागार्जुन, वसुबंधु, दिङनाग पैदा हुए। अरस्तू के अतिरिक्त अनुमान अवयव के प्रयोग की भांति भारत में वसुबंधु, दिङनाग और धर्मकीर्ति ने प्रयोग किया हैं। पांच अवयव हैं: प्रतिज्ञा, हेतु, उदाहरण, उपनय, निगमन। इस के उइाहरण हैं: प्रतिज्ञा–यह पहाड़ आगवाला है। हेतु–धुंऑ दिखाई देता है। उदाहरण–रसोईघर जैसा धुऑ दिखाई देता है। उपनय–वैसा ही धुऑवाला यह पहाड़ है। निगमन–इसलिए यह पहाड़ भी आगवाला है। अरस्तू के सामने हेराक्लितु का सर्व अनित्य–वाद और एलियातिक दार्शनिक का नित्यवाद मौजूद था तो उसने दोनों वाद, प्रतिवाद का संवाद किया और कहा–विश्व नित्य है, किन्तु दृश्य जगत परिवर्तनशील है। अक्षपाद के सामने सांख्य का सर्व नित्यवाद और बौद्धों का सर्व अनित्यवाद मौजूद था तो उसने विश्व नित्य है कहा और अरस्तू के फैसले को दुहराया।बौद्धों ने फैसले को नही माना। परिणामतः बौद्ध दार्शनिक के सामने दोनों ओरसे विरोध हुआ।
54	**समुद्रगुप्त राजा**	भारतीय	340–75	इस राजा पश्चिमी समकालीन राजा नही है।
55	**असंग**	भारत इनका पश्चिमी समकालीन दार्शनिक सन्त अगस्तिन थे।	350	विज्ञानवाद के आचार्य असंग 350 ई. के पूर्व विज्ञानवाद का अविकसित मूल वैपुल्य.सूत्रों में था।

56	**अगस्तिन सन्त ओरोलियो**	तगस्तेर, उत्तरी अफ़्रीका	353–430	उन्होंने दर्शन को ईसाई धर्म की खिदमत में लगाया। ओरोलियो 47 वर्ष का था जब सिकन्दरिया के ग्रंथालय जल रहे थे। वह मिलन, इताली में पादरी रहा।
57	**चन्द्रगुप्त विकमादित्य**	भारत	380–415	इस राजा का पश्चिमी समकालीन नही है। देखे अध्याय ''मौर्योत्तर राजवंश''
58	**बोधायन**	भारत	400	बौधायन शारीरकवादी द्वैतवाद के समर्थक थे।
59	**उपवर्ष**	भारत	400	उपवर्ष अद्वैतवाद के समर्थक थे।
60	**वात्सायन**	भारत भारत	400	उपरोक्त तीनों (1) दार्शनिक बोधयन, (2) उपवर्ष और (3) वात्साथन के समकालीन दार्शनिक सन्त अगस्तिन ई. 353–430 थे।
61	**बोयथेयु** (Boetheus) थेवफिल लाटपादरी	पश्चिम सिकन्दरिया	480–524 390 415	यूनानी दर्शन पर अंतिम लेखनी। दिग्नाग (450) और धर्मकीर्ति (600) के बीच के काल में पैदा हुआ। कन्सोलेशन ऑफ फिलासफी (consolation of philosophy) अर्थात् दर्शन के संतोष को लिखा। सिकन्दरिया के सारे पुस्तकालयों को जलवा दिया। ज्योतिषी थ्योन का लडका और गणित पंडिता हिपाशिया का वध
62	**वसुबंधु**	भारत	400	उनके समकालीन दार्शनिक सन्त अगस्तिन ई. 353–430 थे।
63	**भावर**	भारत	400	समकालीन दार्शनिक सन्त अगस्तिन ई. 353–430 थे।
64	**प्रशस्तपाद**	भारत	400	पाणिनि 400 ई. पू. ने युज् धातु को समाधि के अर्थ में लिया है। प्राचीन हिन्दी–युरोपीय भाषा में युज् धातु का अर्थ जोड़ना ही मिलता है, योग्य नही। नव–अफलातूनी दर्शन के साथ योग भी पश्चिम में फैला, और वह पीछे ईसाई साधकों और मुसल्मान सूफियों में प्रचलित हुआ था, किन्तु योग का उद्गम स्थान भारत ही था।
65	**कालिदास**	भारत	400	उनका समकालीन दार्शनिक सन्त अगस्तिन ई. 353–430 थे।
66	**हिपाशिया वध**	पश्चिमी	415	इनके भारतीय समकालीन महाकवि कालिदास और दार्शनिक दिग्नाग और ज्योतिषी आर्यभट थे।
67	**दिग्नाग**	भारत	425	उपरोक्तानुसार

68	**आर्यभट ज्योतिशी**	भारत	476	उपरोक्तानुसार
69	**मज्दक**	ईरान	480–531	ईरान का शहंशाह कवद 487–98 के समय विख्यात दार्शनिक।
70	**उद्योतकर**	भारत	500	इनके समकालीन दार्शनिक ईरान के मज़्दक थे।
71	**गौडपाद**		500	मांडूक्य उपनिषद के चेतना की जागृत, स्वप्न, सुषुप्ति और तुरीय अवस्था के विवेचन का एक और महत्व यह है कि प्रच्छन्न बौद्ध शंकर के परम गुरु तथा बौद्ध गौडपाद ने मांडूक्य पर कारिका लिख कर पहिले–पहिल बौद्ध विज्ञानवाद से कितनी ही बातों कोले –और कुछ को स्पष्ट स्वीकार करते भी –आगे आनेवाले।
72	**जस्तीनियन Justinian**	पश्चिम	500–529	ईसाइयों द्वारा दर्शन पढ़ना निषिद्ध किया गया। दर्शन के सभी विद्यालयों को बन्द करने की राजाज्ञा निकाली। जब कि उस दौरान भाव्य, चन्द्रकीर्ति, प्रशस्तपाद, उद्योतकर जैसे दार्शनिक तथा वराहमिहिर और ब्रह्मगुप्त जैसे ज्योतिषी भारत में स्वतंत्र चिंतन में लगे थे।
73	**देमासियुस्**	पश्चिम	549–	इनके समकालीन भारतीय राजा हर्षवर्धन थे।
74	**कुमारिल**	कुमारिल ने जैमिनि के पक्ष में बोला जब वसुबंधु, दिग्नाग ने यज्ञ जीविका पर प्रहार किया।	550	उन्होंने अपने मीमांसा–दर्शन में ब्रह्वाद और पुनर्जन्मवाद को इन्कार कर वेद का विधान कर्मफल, परलोक की गारंटी है, कहा।
75	मुहम्मद पैगंबर, उनके समय अरब के कुछ भाग तथा लाल–सागर के उस पार अबीसीनिया का ईसाई राज्य था। मिश्र रोमनों के हाथ में था।	मक्का सिरिया / दमिश्क आदि रोमन कैसर, (राजधानी विजन्तियुम् कुस्तुन्तुनिया / अब इस्ताम्बुल) के शासन् में था।	570–622 मेसोपोतामिया / इराक और ईरान पर सासानी / पारसी शहंशाह शासन् कर रहे थे।	मक्का के कुरैश पुजारी वंश में जन्म। धर्म तत्कालीन मूर्तिपूजा, हज्र असवद (कृष्ण पाषाण)। मक्का छोड़ यस्रिब (मदीनत्–उल्–नबी, नबी का नगर, मदीना) को हिज्रत (प्रवास) की। ईरान के ज़र्तुश्ती शाह और रोम के ईसाई कैसर को इस्लाम कबूल करने की दावत दी थी। उनकी पसंद थी ईसाई शांति और यहूदी मूर्तिरहित भक्ति। अरब बद्दू / खानाबदोष कबीलों का रेगिस्तानी इलाक़ा था। मक्का / बक्का और यस्रिब / मदीना अरबों की श्रद्धा और यहूदी व्यापार के केन्द्र रहे।

76	**हर्षवर्धन राजा** दमिश्क रोमन–रुत्रप की राजधानी थी। म्वाविया ने रोम–राज्य प्रणाली को स्वीकार किया। वह कबीलाशाही विरुद्ध सामंतशाही सिद्ध हुआ। अली उनके खिलाफ गया। उमर खलीफा नहीं थे। अबू बकर, उमर और उस्मान के बाद अली खलीफा बने। फातमा, हसन और हुसैन म्वाविया के बेटे यज़ीद द्वारा वस्त्रा की राजधानी कूफ़ा में शिकार बनाये गए। **** ने कबीलेशाही और सामंतशाही से आगे बढ़कर पुनर्जागरण कर भारत, ईरान, इराक, तुर्की, स्पेन और यूरोप में कल, साहित्य दर्शन और विज्ञान का सूलपात किया।	भारत	600	हर्षवर्धन 640 ई. के शासन् और धर्मकीर्ति 600 ई. के दर्शन के बाद विषमता से ऑख मूँदना एक–मात्र रास्ता था।
77	**धर्मकीर्ति**	भारत	600	इनके समकालीन ईस्लामी व्यक्तित्व थे मुहम्मद पैगम्बर और म्वाविया, खलीफा, दमिश्क, शाम (सिरिया)। उस्मान ने उसे गवर्नर बनाया था।
78	**सिद्धसेन जैन**	भारत	600	इनके समकालीन ईस्लामी व्यक्तित्व थे मुहम्मद पैगम्बर और म्वाविया, खलीफा, दमिश्क। इस्लामी ईश्वर साकार सा है (यह दुनिया को 'कुन' कहकर बनाता है।)
79	**म्वाविया, खलिफा,**	दमिश्क	661–80	पैगंबर के जाने के 39 वर्ष बाद अरब और गैर–अरब कबीलावाद शासन् की बागडोर (खान्दान) बनी उमैया पर आई। खलीफा को कबीलेडा विश्वासपात्त होने का उसूल टूटा।
80	**प्रज्ञाकर गुप्त**	भारत	700	इनका समकालीन बगदाद का अब्दुल अब्बास, खलीफा था। उसने एक को छोड़कर उमैया के सभी शाहजादों को मार डाला।

81	**धर्मोत्तर**	भारत	725	इनका समकालीन बगदाद का अब्दुल अब्बास, खलीफा था। शाहजादा अब्दूर्रहमान दाखिल पश्चिम में भागा।
82	**ज्ञानश्री**	भारत	725	इनका समकालीन बगदाद का अब्दुल अब्बास, खलीफा था। उसके बेटे मंसूरने बमदाद नगर बसाया।
83	**अकलंकदेव जैन**	भारत	750	इनके समकालीन मंसूर खलीफा बगदाद थे। अरबी पर ईरानी तथा सुरियानी प्रभाव पड़ा।
84	**अब्दुल अब्बास, खलिफा,**	बगदाद, कूफा	749–54	उपरोक्तानुसार हुसैन की पत्नी अन्तिम ईरानी शाह यज्दगिर्द तृतीय की पुत्री हुस्नबानू थी।
85	**मंसूर, खलिफा,**	बगदाद	754–75	762 में बगदाद नगर को बसाया। पारसी में बगदाद मतलब भगवान की दी हुई।
86	**मुक्फ़फा**	इस्लामिक	754	यह हारुन खलीफा बगदादी थे। उनकी सल्तन हमें बुखारा, समरकन्द, बलख, नै–शापोर, रे बगदाद, कूफा, दमिश्क में बड़े–बड़े विद्यापीठ कायम हुए।
87	**भान्तरक्षित**		740–840	**वह मुक्फ़फा के समकालीन थे, जो ईरानी जाति व धर्म के आमुवादक थे।**
88	**भांकराचार्य** वेदान्तसूत्रों पर सबसे पुराना ग्रंथ शंकर 788–820 ई. का भाष्य है। शंकर की सफलता ने बतला दिया, कि ब्राह्मण हिन्दू–धर्मी किसी सम्प्रदाय को यदि सफलता प्रापत करनी है, तो उसे शंकर के रास्ते का अनुकरण करना चाहिए।	दक्षिण भारत बौद्धों की सफलता देखकर शंकर ने उपनिषद् दर्शन को शुद्ध विज्ञानवाद के रुप में परिणत करने की इच्छा से अपने वेदान्तभाष्य को लिखा।	788–820 शंकर–भाष्य के बाद सबसे महत्वपूर्ण ग्रंथ वाचस्पति मिश्र 831 ई. की भामती शंकरभाष्य की टीका तथा कन्नोजराज जयचन्द के दर्बारी कवि और दार्शनिक श्रीहर्ष 1190 ई. का खंडनखंडखाद्य है।	भारतीय बक्रले। उन्हें अद्वैत नही मान सकते क्योंकि वे दोनों पृथिवी और पार्थिव भोगों का सर्वथा अपलाप नही करते। शंकर ने छान्दोग्य उपनिषद से ही सर्व खल्विदं ब्रहमं, यह सब ब्रह्म ही है और तत्त्वमसि, वह तू है वाक्य अपने अद्वैतवाद के लिए लिए। जिस तरह जैमिनि ने ब्राह्मण और उसके कर्मकांड का अन्धाधुंध समर्थन किया है, वही काम वादरायण ने उपनिषद्के संबंध में किया है।

89	**हारून, खलिफा,**	बगदाद	786—809	इन्हें मुकफ़्फा भी कहा जाता है और वह वसुगुप्त, काश्मीर शैव के समकालीन थे। वैछक और ज्योतिष के कई ग्रंथों का उसने अरबी में अनुवाद करवाया।
90	**गोविंदपाद**	भारत	800	यह बौद्ध दार्शनिक शान्तरक्षित के समकालीन थे।
91	**वसुगुप्त, कश्मीरी शैव**	भारत	800	उपरोक्तानुसार
92	**मामून, खलिफा,**	बगदाद	811—33	यह शंकराचार्य के समकालीन थे। उनके दरबार में देश—विदेश के विद्वानों का सम्मान होता था।
93	**अल्लाफ़**	बगदाद	830	यह भी शंकराचार्य के समकालीन थे। यह लोत जातियों का सबसे बड़ा विद्वान था।
94	**हिम्सी**	बगदाद	835	इनके समकालीन भारतीय दार्शनिक थे वाचस्पति मिश्र। उन्होंने फिडो पोन (अरस्तू) के भौतिक शास्त्र की टीका लिखी।
95	**नज़्ज़ाम**	स्तिा	845	वाचस्पति मिश्र के समकालीन और अल्ताफ का शर्मिद था। उनका मत था कि ईश्वर बुराई नहीं कर सकता।
96	**इब्न मैमून (अजमी)**	ईरानी	850	वाचस्पति मिश्र के समकालीन और ईरान (अजमि) मुस्लीम थे।
97	**एरिगेना**	इंग्लैंड	810—77	इनके समकालीन भारतीय दार्शनिक नही थे। दसंभव रोश्द के आजम मिझान या पूर्ण विज्ञान के समर्थक थे।
98	**फिर्दोसी कवि**	गैर—अरबी	840—1020	इनके भारतीय समकालीन दार्शनिक उदयनाचार्य थे। यह जीना का भी समकालीन था।
99	**वाचस्पति मिश्र**	भारत	841	यह हिम्सी इस्लामिक दार्शनिक के समकालीन थे।
100	**जहीज**	बस्ता	869	इनके भारतीय समकालीन दार्शनिक नही है। यह नज्जाम का शिष्य था। उनका मत था कि मानव बुद्धि का विज्ञान करा देती है।
101	**अख्वानुस्सफा**	बस्ता	900	इनके भारतीय समकालीन दार्शनिक नही है। इसका मिक दार्शनिकों का धर्मराज्य बनाने वाला यह संघ था।
102	**अशअरी, सुभी**	बस्ता, ईराक	873—935	इनके भारतीय समकालीन दार्शनिक नही है। उनका मत था कि ईश्वर राजा जैसा साकार नहीं है।

103	**किन्दी**	ईराक, मेसोपोतेमिया	870	इस्लामिक दार्शनिक किन्दी के अनुसार हमारे ज्ञान का उद्‌गम या स्रोत जीव नही बल्कि प्रथम विज्ञान (ईश्वर) है। किन्दी की भांति फ़ाराबी भी ज्ञान को मानव–प्रयत्न–साध्य वस्तु न मानकर ऊपर से ईश्वर द्वारा प्रदान की गई वस्तु मानता है। गज़ाली ने ज्ञान से परे योगी–प्रत्यक्ष –मुकाशफ़ा को मुक्ति का साधन बतलाया। बाजा ने दर्शन को सामान्य का ज्ञान बतलाया। उनका कहना था कि ज्ञान के बिना मुक्ति नही है।
104	**राज़ी**	ईरान	923	इनके भारतीय समकालीन दार्शनिक नही है। विचार करें बुद्धि संगत बठाने के लिए जीव, प्रकृति, विश, काल की जरूरत है।
105	**फाराबी, बौद्ध मुस्लीम**	फराब	870–950	इनके भारतीय समकालीन दार्शनिक नही है। वह वक्षु (आमू) नदी तटवर्ती जिला फराब का निवासी था।

106	**अल–बेरूनी** सीना का समाबोचक रोद्ध था। वह अपने जीवन के हर क्षण को बेकार नहीं जाने देता था। उन्होंने ध्यान पर भी लिखा। वह फारसी और अरबी के अधिकारी होते थे। उन्होंने जीव का स्थान प्रकृति से ऊपर रखा है। जो कि भारतीय दर्शन (सेखर सांख्या) से समानता रखता है। हर एक शरीर को अपना–अपना जीव ऊपर से मिलता है। उष्न–यक़ज़ान (प्रबुद्ध–पुत्र जीवक) की कथा में उसने चिरतारुण्य, सौंदर्य और अनन्त रहस्य का उल्लेख किया। पूर्वी इस्लामि कदार्थ निकबू–अली सीना का जन्म 980 ई. में बुरवास (बिहार, विहार) के पास अफ़शन में हुआ। फाराबी और सीना की मातृभूमि वर्तमान उजबकस्तान सोवियत, प्रजातन्त्र थी। आज उज्बक मध्य–एशिया की जातियों में सबसे आगे बढ़े हुए माने जाते हैं। इस्लाम वहां के लोगों की जातीय भावना नष्ट नहीं कर पाया। वह नफ़स के सिद्धांत पर बातनियों के मत से बहस करते थे। मध्य एसिाय की इसगमिक नात्इन्दा बुखारा में उन्होंने पढ़ाई की। हमदान (पश्चिमी ईरान राजधानी) के शासक रामसुद्दौला का वजीर बना। शासक अलउदौला के दरबार में गया।	ईरान	973–1048	इनके समकालीन भारतीय दार्शनिक रत्नकीर्त्ति और महमूद गजनवी थे। उन्होंने ''दल–हिन्द'' तिरवा और आर्यभद्र (476 ई.) को उधृत करते हुए लिखा कि ''जरा सूर्य की किरणें नहीं पहंचती वहां इन्द्रियों की गति नहीं, और जहां इन्द्रियों की गति नहीं उसे हम जान नहीं सकतें। उसके साथ सीना का पलव्यव हुए भी हुआ था।''

107	**सीना**	ईरान	980–1037	इनके समकालीन भारतीय दार्शनिक जयन्त भट्ट थे।
108	**उदयनाचार्य**	बिहार	984	इनके समकालीन पश्चिमी फिर्दोसी कवि थे।
109	**जितारि**	भारत	1000	इनके समकालीन पश्चिमी मस्कविया थे।
110	**रत्नकीर्ति**	भारत	1000	इनके समकालीन पश्चिमी अल्–बेरूनी थे। यह बौद्ध तार्किक थे।
111	**जयन्त भट्ट**	भारत	1000	इनके समकालीन पश्चिमी दार्शनिक सीना थे। धर्म कीर्ति के आलोचक थे।
112	**रत्नाकर भांति**	भारत	1025	इनके समकालीन पश्चिमी दार्शनिक जिब्रोल थे। शून्यवाद तार्किक थे।
113	**जिब्रोल** इनके समकालीन भारतीय दार्शनिक रत्नाकरशान्ति थे।	माल्ता	1021– 1070	यहूदी परिवार में पैदा हुआ। उसका विचार था कि मूल प्रकृति /हेवला और आत्मा/विज्ञान ये दो वस्तुएं एक परमतत्व के भीतर है। इस विचार को रोश्द ने आगे विकसित किया।
114	**मस्कविया** इनके समकालीन भारतीय दार्शनिक जितारि थे।	पश्चिमी	मृ.1030	तहज़ीबुल–इख़लाक़/आचार–सभ्यता उसकी अमर कृति है। वह सुल्तान अदूददौला का कोषाध्यक्ष था। गैर–अरबी मुस्लीम दार्शनिक थे। तहजीबुल–अखलाक–आचारस्थता लिखी।
115	**ग़जाली** इनके समकालीन भारतीय दार्शनिक कोई नही थे।	तुस, मशशाद, इरान	1059– 1111	उन्होंने सीना और फाराबी की दार्शनिक आलोचना की थी। उनकी इह्या उलुम अल–दिन (The vivification of the sciences of religion) आज भी पढी जाती है।
116	**बाज़ा** इनके समकालीन भारतीय दार्शनिक कोई नही थे।	अंदालुसी	1138	इनका लैटिन नाम (Avempace) था। यूनानी साम्राज्य के बाद इस्लामी दर्शन दो शाखाओं में बंटा था। पूर्व शाखा को सीना (Avicenna) चलाता था। और पश्चिम शाखा का नेतृत्व बाज़ा करता था।
117	**तोमरत** इनके समकालीन भारतीय दार्शनिक कोई नही थे।	मराको, मस्मुदी	1147	उस पर गज़ाली का प्रभाव था। उनके स्वप्न धर्म–राजनीतिक सल्तनत ो साकार करना था।

118	**तुफैल** इनके समकालीन भारतीय दार्शनिक हेमचन्द्र सूरि थे।	गुआदिस	1105–1185	अरब अंदालुसी इस्लामिक बहुभाषाविद थे। उन्हें ही लैटिन में (Abubacer Aben Tofail) कहा जाता है।
119	**रोश्द** इनके समकालीन भारतीय राजा जयचन्द और दार्शनिक श्रीहर्ष थे।	कार्दोवा, स्पेन	1126–1198	उसी को लैटिन में (Averroes)एवेरो कहा जाता है। वह सब से महान चिंतक और वैज्ञानिक थे। उन्होंने अरस्तू के दर्शन का इस्लामिक दृष्टि से अध्ययन किया।
120	**इब्न–मैमून**	बगदाद, इराक	1135–1208	यह वैद्य और दार्शनिक थे। इनके समकालीन भारतीय दार्शनिक गंगेश और शाक्य श्रीभद्र थे।
121	**हेमचन्द्रसूरि**	गुजरात	1088–1178	यह जैन दार्शनिक, भाषाविद्, व्याकरणकार, प्रमाणमीमांसक और कवि, साहित्यकार के रुप में प्रसिद्ध है।
122	**जयचन्द राजा**	गहडवाल वंश	1194	गंगा क्षेत्र, कान्यकुब्ज और वाराणसी भी उनके अधीन थे। कुतुबुद्दिन ऐबक ने उनको परास्त किया था।
123	**श्रीहर्श**	गहडवाल	1190	यह संस्कृत के पंडित और दार्शनिक थे। उनके पिता विजयचन्द्र के दरबारी कवि थे। विजयचन्द्र के बेटे, जयचन्द राजा के समय में उन्होंने नैशाद चरित काव्य की रचना की थी। खंडनखंडखाद्य में उन्होंने कालिदास का उल्लेख किया।
124	**द्वितीय फेड़रिक, होहेस्टाफेन्का राजा**	रोम/स्वाबिया	1194–1250	उनके आधिपत्य में रोमन साम्राज्य का सर्वाधिक विस्तार हुआ।
125	**भाक्यश्रीभद्र**	क्शमीर	1127–1225	वह नलंदा पीठ में रहे। फिर तिब्बत गए। कईयों को दीक्षित किया और 99 वर्ष की उम्र में चल बसे
126	**गंगेश**	मिथिला	1200	गंगेश उपाध्याय ने तत्वचिंतामणि, नव्य–न्याय का मूलग्रंथ लिखा। उनका नाम उच्च कोटि के नैयायिक और ताक्रिकों यथा श्रीहर्ष आदि में लिया जाता है।

127	**राजर बैकन** रोश्द का समर्थक राजर कर्ता विज्ञान–अज़ल–फ़आल, creative reason को जीव से अलग एक स्वतंत्र सत्ता ईश्वर बतलाता था।	इंग्लैंड परंतु कर्त्ता विज्ञान स्वतःसत्तावान एक अभौतिक द्रव्य है।	1214– 1294 उस की मृत्यु आक्सफोर्ड में हुई।	लातीनी, अरबी और यूनानी भाषा के जानकार थे। वह साधु फ्रांसिस्कन (Metaphysics) बना। वह स्वतंत्र विचारक था। इस की खबर रोम में पोप को लगी। 1278 ई. में फ्रांसिस्कन सम्प्रदाय का महन्त जेरोम डी–एसल् राजर का दुश्मन बना। उसे नास्तिकता और जादूगरी –परीक्षण, प्रयोग करना, के अपराध में जेल में डाल दिया गया। मध्ययुग में विचार–स्वातंत्र्य और भौतिकवाद की कमी थी। दोमिनिकन संप्रदायवाले कहते हैं कि कर्त्ता विज्ञान नातिक विज्ञान Nautic nouse या जीव की एक अवस्था है।
128	**रेमोन्द लिली**	इताली	1224–1315	इस्लाम को दुनिया से नेस्तनाबूद करना चाहिए।
129	**थामस अक्विना** धर्म और दर्शन का समन्वय करता था। अरस्तू दर्शन के हिमायती दोमिनिकन साधुओं से संबंध रखता था। फ्रांसिस्कन साधु उस का विरोध करते थे।	इतली, रोम पश्चिम	1225–74	उन्होंने पूर्वीय स्लाव ईसाइयत से अलग पश्चिमी रोमन कैथालिक चर्च को जमीन पर लाने की कोशिश की। तामस अक्विना अपने समय में रोश्द–विरोधी दोमिनिकन विचारकों का अगुआ था। और अपने गुरु अल्बर्तस् मग्नस् की भांति अरस्तू के वस्तुवादी दर्शन का समर्थक था।
130	**पिदारक** इताली की बुद्धि और प्रतिभा! क्या तू कभी गाढ़ निद्रा से नहीं जागेगी?	तस्केनी 17वी सदी में जेसुइत–पंथियों और साइंस ने रोश्द पर हमला किया।	1304– 1374 पिदारक के बाद इताली की प्रतिभा जगी।	यूरोप से इस्लामिक दर्शन के अध्ययनाध्यापन को ख़तम करने की पूर्ति के लिए पिदारक पूछता था कि यूनानी भाषा के वक्ता देमस्थनीज़ के बाद सिसरो, यूनानी कवि होमर के बाद वर्जिल, यूनानी ऐतिहासिक हेरोदोतस् के बाद तीतस् लेवी का जन्म दुनिया में कहां हुआ?
131	**इब्न–खल्दून**	टयूनिसिया/कैरो	1332– 1406	यह अरब इस्लाम के विद्वान, समाजशास्त्रज्ञ और इतिहासकार थे।
132	**ल्योनार्दो–दा–विन्ची**	नवीन यूरोप	1452– 1519	स्वतंत्र विचारक और कलाकार।
133	**रोम**		1453	बिजन्टीन साम्राज्य के सुल्तान मेहमूद द्वितीय के हाथों पतन के बाद राजधानी कुस्तुनतुनिया तुर्कों के हाथ में गई।
134	**बेकन आधुनिक**	इंग्लैंड	1561– 1626	हॉब्स–टोलण्ड अद्वैती–भौतिकवादी और स्पिनोज़ा अद्वैती–विज्ञानवादी की तुलना में द–कार्त (Descartes), लीब्नितज़ (Leibnitz)की तरह बेकन द्वैतवादी था।

135	**हॉब्स**	इंग्लैंड	1588– 1679 भौतिकवाद को जगाया।	टामस हॉब्स द–कार्त का समकालीन था। लोकोत्तरवाद के खिलाफ प्रकृतिवादी था। पहले क्रान्तिं–विरोधी दल में होकर बाद में अधिनायक ओलिवर क्रामवेल (1599–1658)से समझौता किया।
136	**द–कार्त**	फ्रांस	1596– 1650	कार्तेसीय ज्यामिति के नाम से मशहूर। वह आत्मा और शरीर को अक्विना की भॉति अभिन्न नही; बल्कि अगस्तिन् की भांति सर्वथा भिन्न कहता था। वह अगस्तिन् की भांति ईसाई–धर्मी और लाकोत्तरवादी था।
137	**कॉमवेल**	इंग्लैंड	1599– 1658	सामन्तवाद के खिलाफ क्रान्ति का झंडा उठाया। क्रान्ति–विरोधी हॉब्स ने उनसे समझौता किया।
138	**भाहजहा**	भारत	1627– 1658	यह जहांगीर के बेटे थे। उन्होंने मेवाड के राणा की बेटी से विवाह किय था। ताज महल, लाल किला आदि के लिए वह मशहूर है। शहाजनाबाद नया शहर बसाया।
139	**शिवाजी**	महाराष्ट्र	1627– 1680	यह शहाजी भोंसले के पुत्र थे। उन्होंने मराठा राज्य स्थापित किया।
140	**स्पिनोजा**	हालैंड विचार से यूनानी भूतात्मवादी।	1632– 1677	बारुच दे–स्पिनोजा द–कार्त के ईश्वरीय यंत्रवाद की कमजोरियों को समझ कर उसने प्रकृति–ईश्वर–अद्वैत या विज्ञानवाद को हॉब्स के नजदीकतर लाया। उसका मत था कि हर तरह के शास्त्र या धर्म–ग्रंथ के प्रमाण से बुद्धि ज्यादा विश्वसनीय है। परंतु हाब्स शुद्ध भौतिकवादी था और स्पिनोजा स्तोइकों की तरह आत्मतत्ववादी।
141	**लॉक**	इंग्लैंड	1632– 1704	ज्ञान सीखने से आता है, स्वयंभू नही है। कारण वह चीज है, जो किसी दूसरी चीज को बनाता है; और कार्य वह है जिसका आरम्भ किसी दूसरी चीज से है।

142	**लाइब्निट्ज़** आत्म–कणवाद (monadism) का प्रवर्तक। अवकाश या देश (space) सापेक्ष पदार्थ है। उसकी परमार्थ सत्ता नही है। जहां शक्तियां खत्म होती हैं, वहां देश भी खतम होता है। धर्म, ईश्वर, द्वैतवाद से सहमत। अष्टांगिक मार्ग के अनुसार भले बुरे कर्मों के ठीक–ठीक ज्ञान को ठीक दृष्टि कहते है।	जर्मनी लाइब्निट्ज (1646–1716) ने कहा था कि बुद्धिसंगत ज्ञान तभी संभव है, जब हम कुछ सिद्धान्तों को स्वयंभू सिद्ध मान ले। बौद्ध असंग ने ज्ञान का सर्वोच्च विकास किया।	1646– 1716	गोट्फ्रीड विल्हेम लाइब्निट्ज लिपज़िग् जर्मनी में एक मध्यवितक परिवार में पैदा हुआ था। आत्म–कणवाद का प्रवर्तक लाइब्निट्ज को द–कार्त का भौतिक तत्व में एक निश्चित मात्रा ईश्वर में गति –घड़ी की कुजी की भॉति–भर देने वाला विचार पसंद नही था। उनका संसार प्रवाह का सिद्धान्त था कि संसार में कोई ऐसा पदार्थ नही हे, जो क्रिया नही करता। जो क्रिया नही करता वह है ही नही, कह के धर्मकीर्त्ति के मत अर्थक्रिया में जो समर्थ है वही ठीक सच है, अर्थक्रियासमर्थ यत् तदत्रपरमार्थ सत् –प्रमाणवार्त्तिक। हाब्स का प्रकृतिवाद और द–कार्त का लोकत्तरवाद का समन्वय प्रकृति–ईश्वर–अद्वैत तत्व वाले स्पिनोजा को न मान उसने आत्मकण ज्ञान का सिद्धान्त निकाला। लाइब्निट्ज के अनुसार दर्शन का मुख्य काम ज्ञान के मौलिक सिद्धान्तों का आविष्कार करना है। बौद्ध दर्शन इन तीन शब्दों में अंतर्हित है: अनित्य, दुख, अनात्म।
143	**चार्ल्स**	इंग्लैंड	1649–	शाहजहॉ का समकालीन राजा चार्लस् का शिरच्छेद कर क्रामवेल नेतृत्व में जनता ने सामन्तवादियों पर विजय पाई।
144	**औरंगजेब**	भारत	1658– 1707	भारत के अंतिम मुगल शहंशाह थे।
145	**क्लाइव**	इंग्लैंड	1757– 1760	बेंगाल के गवर्नर थे। प्लासी के युद्ध से वे ख्यातनाम हुए।
146	**टोलैंड**	आयरलैंड	1670– 1721	यह हाब्स का देशवासी भौतिकवादी और बक्रले के विज्ञानवाद का विरोधी था।
147	**बर्कले**	आयरलैंड	1685– 1753	साइंसवेत्ता जिस दुनिया पर प्रयोग करते हैं, वह गलत है। साइंस के नियम और संभावनाएं मन की आदत मात्र है।
148	**वोल्तेर**	फ्रांस	1694– 1778	प्रखर चर्चविरोधी, अनीश्वरवादी चिंतक थे। वह चर्च और राज्य में पृथकता के समर्थक थे।
149	**हार्टली**	इंग्लैंड	1704– 1757	यह ह्यूम, प्रीस्टली के समकालीन रहे। उन्होंने भावना की उत्पत्ति और प्रकृति पर लिखा।

150	**ला–मेत्री**	फेंच क्रांति	1709–1751	भौतिकवादी दार्शनिक यांत्रिकवाद के लिए भी जाने जाते है।
151	**हयूम**	स्काटलैंड	1711–1776	वह दार्शनिक अनुवाद, संदेहवाद और प्रकृतिवाद के लिए जाने जाते है।
152	**रूसो**	फ्रांस	1712–1778	उनका प्रमुख ब्रीदवाक्य था, "मनुष्य मुक्त पैदा हुआ लेकिन वह चारो तरफ से बेडी में जखड़ा हुआ है, यह ही प्रबुद्ध युग को लिखा। वह सामाजिक करार के राजनीतिज्ञ भी थे।
153	**हेल्वेशियस**	फ्रांस	1715–1771	वह भौतिकवादी सन्देहवादी दार्शनिक थे। उनकी मूल कृति है, 'ल स्पिरिट'।
154	**नेपोलियन**	फ्रांस	1769–1821	फ्रांस के सैनिकी सेनापति थे। नेतृत्व क्षमता में निपुण थे। उनके नेतृत्व में फ्रांस विश्वशक्ति के रुप में उभरा था।
155	**कान्ट**	जर्मन	1724–1804	साइंसवेत्ता जिस दुनिया पर प्रयोग करते हैं, वह गलत है। साइंस के नियम और संभावनाएं मन की आदत मात्र है।
156	**जेनर,**	इंग्लैंड	1749–1823	चेचक टीके का आविष्कार किया।
157	**दो'लबाख़'**	जर्मन	1723–1789	भौतिकवादी, इनका सिस्टम द ला नातुर (Systems de la Nature) 1770 में प्रकाशित हुआ।
158	**कबानिस्**	फ्रांस	1757–1808	वह एक फ्रेंच शरीर वैज्ञानिक और भौतिककवादी दार्शनिक थे।
159	**फिख़्टे**	जर्मन	1762–1814	जर्मन विज्ञानवाद के संस्थापक दार्शनिक थे। उन पर इमेनुअल कान्ट का प्रभाव था।
160	**हेगेल** विरोधी वह शक्ति है, जो कि चीजों को चालित करती है।	यूरोप दर्शन की व्याख्या करते वक्त वह द्वन्द्व वाद (गतिवाद) पर पहुंचा।	1770–1831 गति तथा अ–वर्तमान का वर्तमान (भवति) होता है। परिवर्तनवाद हेगेल के दर्शन का आधार है।	हेगेल का दर्शन आधुनिक युग के अभौतिकवादी यूरोपीय दर्शनों का चरम विकास था। मार्क्स उसका पहले अनुयायी था। उनकी द्वन्द्वात्मक प्रक्रिया से मार्क्स के भौतिकवादी दर्शन का निर्माण हुआ। यह बोध ईश्वर है, वह जगत्पर शासन् करता हैं उसके संस्कार का स्वरुप, उसकी योजना की पूर्ति विश्व इतिहास है, ऐसा हेगेल कहता है।

161	**कार्नवालिस**	इंग्लैंड	1786–1792	यह बेंगाल के गवर्नर–जनरल रह चुके थे। उनके समय रयतचारी प्रथा जारी थी।
162	**भोलिंग**	लेओनबर्ग	1775–1884	उनका दर्शन स्पिनोजा और फिक्टे के अकृत संबंधी एप्रोच के भीतर दोलायमान होता था।
163	**दयानन्द**	गुजरात	1824–1883	आर्य समाज के संस्थापक थे। तिलक के पहले स्वराज की मांग की थी। उन्हें मूल शंकर के मूल नाम से भी जाना जाता है।
164	**राजा राममोहन राय**	बेंगाल प्रेजीडन्सी / ब्रिस्टल, इंग्लैंड	1874–1833	उनको भारतीय पुनर्जागरण का पिता कहा जाता है। उन्होंने सति प्रथा बंद कर महिलाओं के लिए संप्पति में उत्तराधिकार मांगा था। ब्रह्मो सभा के संस्थापक थे। अकबर द्वितीय ने उन्हें राजा की पदवी दी थी।
165	**भापेनहार**	जर्मन	1888–1860	उन पर बौद्ध विज्ञानवाद का बहुत प्रभाव था। उनकी जगत इच्छा के रुप में नामक कृति प्रसिद्ध थी।
166	**फ्वेरबाख़ लुड्विग्**		1804–1872	इस भौतिकवादी का प्रभाव मार्क्स पर भी पड़ा।

167	**मार्क्स** सारे मानव इतिहास के भौतिकवादी, वस्तुवादी दर्शनों का चरम विकास वैज्ञानिक भौतिकवाद या मार्क्स–दर्शन था। भौतिकवाद मानस–जीवन की विशेषताओं की व्याख्या जितना अच्छी तरह कर सकता है, विज्ञानवाद वैसा नही कर सकता; क्योंकि विज्ञानवाद समझता है, कि विचार या विज्ञान का पृथिवी और उसकी वस्तुओं से कोई संबंध नही है, वह अपने भीतर से उत्पन्न होता है। प्रत्यक्ष को दिग्नाग और धर्मकीर्त्ति ने भी कल्पना–अपोढ़, कल्पना से रहित, माना है। पृथ्वी प्रायः दो अरब वर्ष पुरानी है। जीव कुछ करोड वर्ष पुराने, लेकिन उन जीवों के पास जगत बनानेवाला मन नही था। मनुष्य की उत्पत्ति ज्यादा से ज्यादा 10 लाख वर्ष तक ले जाई जा सकती है, किन्तु जावा, चीन, या नेअन्डर्थल मानव के पास मन नही था, जो विश्व को बनाता। यह सारा सिलसिला यह नही बतलाता, कि आरंभ में मन था।	राइनलैंड, ट्रेवेज नगर विज्ञानवादी धारा समाजशास्त्र में धुंद और रहस्यवाद छोड़ और कुछ नही पैदा करती। आज के प्राणी वनस्पति बिलकुल दूसरे हैं, जिसे भूगर्भशास्त्र से जाना जाता है। लोहा अग्नि में लाल होकर आंच देता है तब हम रंग और आंच बाद में कल्पना करते हैं, पहिले तो वस्तु के अस्तित्व का सही ज्ञान होता है। भौतिक तत्वों से परमाणु, अणु, अणु–गुच्छक, आरंभिक निर्जीव क्षुद्र पिंड, तथा जीव–अजीव के बीच के विरस या वायरस और बेक्टीरिया जैसे एक सेलवाले अत्यन्त सूक्ष्म सत्व बने।	1818– 1883 दर्शन का प्रयोग कल्पनाक्षेत्र के बौदिक व्यायाम में न कर समाजशास्त्र में किया। मन प्रकृति का जनक नही, प्रकृति ही मन की मॉ है। हेगेल के गतिवाद को और संस्कारित करके मार्क्स ने अपने दर्शन की स्थापना की। गतिवाद विश्व का अपना दर्शन है, उसे ही द्वन्द्व वाद (Dialectic) भी कहते है। प्रत्यक्ष पहिले–पहल वस्तु के अस्तित्व का ज्ञान कराता है। फिर इस हाल के बच्चे मन को भौतिकतत्वों का जनक कहना क्या बेटे को बाप का बाप बनाना नही है? एक सेलवाले प्राणियों से क्रमशः विकास होते–होते अस्थि–रहित, अस्थिधारी, स्तनधारी जीव, यहॉ तक कि कुछ लाख वर्ष पहिले मनुष्य आ मौजूद हुआ।	जेना विश्वविद्यालय में देमोक्रितु और एपीकुरु के प्राकृतिक दर्शन पर लिखे निबंध से उसे पी–एच. डी. दर्शनाचार्य की उपाधि मिली। राइनिश् जाइटुङ पत्र का संपादन किया। बैठे–ठाले सम्पत्ति–शालियोंने कला की भॉति दर्शन को मनोरंजन का विषय माना और वे मार्क्स को आज के अम्बेडकर की भांति दार्शनिकों में नही गिनते थे। मानव–जाति की भांति मानव समाज यानी उसकी आर्थिक, धार्मिक व्यवस्था प्रकृति की उपज है। वह प्रकृति के अधीन है, और तभी तक अपना अस्तित्व कायम रख सकता है, जबतक प्रकृति उसकी आवश्यकताओं को पूरा करती है। भौतिक उपज–खाना, कपड़ा आदि तथा उस उपज के साधनों पर ही मानव–समाज कायम है। करोड़ो वर्ष पहिले यह पृथ्वी जिनकी थी, आज उनका कोई नामलेवा भी नही रह गया। आज मनुष्य प्रयोग करके यार्कशायर के सूअरों, अनरस–स्ट्राबरी, काले गुलाब को पैदा कर उनकी नसल को जारी रख सकता है। निरन्तर गतिशील भौतिकतत्व इस विश्व के मूल उपादान है। किसी बाह्य दृश्य को देखते वक्त हमको बाहरी दिखलावटी स्थिरता को नहीं लेना चाहिए, हमें उसे उसके भीतर की अवस्था में देखना चाहिए। जिस वक्त आप ज्ञान के अस्तित्व को स्वीकार करते हैं, उसी वक्त ज्ञाता और ज्ञेय को भी स्वीकार कर लेते हैं। इन्द्रिय और विषय का जब सन्निकर्ष या योग होता है, तो पहिले–पहल हमें वस्तु का अस्तित्वमात्र ज्ञात होता है। विज्ञानवाद में यदि कोई सच्चाई हो सकती है, तो यही सापेक्षता है, जो कि सभी ज्ञानों पर लागू है। हम सीधी छड़ी को पानी में खड़ा करने पर वक्र टेढ़ी मेढ़ी, छोटी या लाल प्रकाश से प्रकाशित देखते है। यह वक्रता, छोटापन और लाली सिर्फ छड़ी का रुप नहीं हैं, बल्कि उस परिस्थिति में देखी गई छड़ी के रुप हैं। विश्व बनानेवाला मन सिर्फ पिछले ढाई हजार वर्ष के दार्शनिकों की पिनक में पैदा हुआ। गोया दो अरब वर्ष से कुछ लाख वर्ष पहिले तक किसी तरह के मन का पता नही था, और इस सारे समय में भौतिकतत्व मौजूद थे।

				सारा साइंस तथा भूगर्भशास्त्र एवं विकास सिद्धान्त हमें यही बतलाते हैं, कि भौतिक–तत्व प्राणी से पहले मौजूद थे, प्राणी बाद की परिस्थिति की उपज है। मन प्राणी की भी पिछली अवस्था में उत्पन्न हुआ है। इसलिए मन भौतिक तत्वों की उपज है।उपज होने का मतलब मन भोतिक तत्व है ऐसा नही समझना चाहिए। भौतिकतत्व सदा बदल रहे हैं, जिससे परिस्थिति में गड़बड़ी, विरोध या द्वन्द्व शुरु होता है, जिससे द्वन्द्वात्मक परिवर्तन–गुणात्मक परिवर्तन – होता है। गुणातमक परिवर्तन हो जाने के बाद हम उसे वही चीज नही कह सकते, क्योंकि गुणात्मक–परिवर्तन एक बिल्कुल नई वस्तु हमारे सामने उपस्थित करता है। मन इसी तरह का भौतिकतत्वों से पैदा हुआ है, किन्तु भौतिकतत्व नही है।
168	**स्पेन्सर हबर्ट**	इंग्लैंड	1820–1903	वह एक दार्शनिक और समाजशास्त्रज्ञ थे। उनके सामाजिक डार्विनिज्म की बहुत चर्चा थी। उन्होंने सामाजिक जीवन में योग्यतम का जीवन संकल्पना प्रचारित की थी।
169	**एन्गेल्स**	जर्मन	1820–1895	वे कार्ल मार्क्स के साथी थे। वर्ग संघर्ष को सामाजिक इतिहास का मूल मानते थे।
170	**मेंडेल**	आस्ट्रिया	1822–1895	ग्रेगर मेंडेल ने आनुवंशिता के नियमों की खोज की। वर्गीकरण नियम, प्रभुता नियम और पार्थक्य नियम ये तीन नियम उन्होंने खोज निकाले।
171	**पास्तोर (Pasteur)**	पश्चिमी	1822–1897	इनके समकालीन भारतीय विचारक दयानंद थे। लुईस पेश्चर ने स्वानिर्मितता के सिद्धान्तों को गलत साबित किया था।
172	**बुख्नेर**	जर्मन	1824–1899	फ्रेडरिक कार्ल क्रिश्चन लुडविग बुशनेर (Buchner)दार्शनिक होने के साथ साथ वे भौतिकविद्, और वैद्य थे। उन्होंने 19–वी सदी के वैज्ञानिक भौतिकवाद की विवेचना की है।
173	**माख् अर्नस्ट**	चेक	1838–1916	यह आस्ट्रीयन भौतिकविद् थे। उन्हों ने तरंगों का अध्ययन किया था।

174	**जेम्स विलियम**	इंगलैंड	1842–1910	विलियम जेम्स (1842–1910) के अनुसार ज्ञान एक साधन है, वह जीवन के लिए है, जीवन ज्ञान के लिए नही है। जैन मतानुसार इन्द्रियों के विकार अथवा गलत संस्कारों के असाक्षातकार के कारण ज्ञान होता है। उसके अनुसार ज्ञान का मतलब स्यादवाद या अनेकान्तवाद की सत्यता का निश्चय है। छांदोग्य उपनिषद कर्मकांड से नाता तोडने की बात नही करता, बल्कि उसे ज्ञानकांड से पुष्ट करना चाहता है। मुंडक उपनिषद ज्ञान को ब्रह्मप्राप्ति का साधन मानते हुए मुक्त जीव की ब्रह्म से अभिन्न नही, बल्कि परम समानता की बात करता है।
175	**निट्ज़्शे**	जर्मनी	1844–1900	उनका सबसे अधिक तर्कसंगत दर्शन नैकितका की उत्पत्ति है। उसमें उन्होंने कहा है कि पाश्चात्य मूल्य प्रणाली मानवी स्वतंत्रता कब्जे में कर, उसके अस्तित्व को कमजोर कर धर्म, नीतिशास्त्र और दर्शन के जरिए ज्ञान को बर्बाद करती है।
176	**ब्राड़ले एफ. एच.**	इंग्लैंड	1846–1924	यह ब्रिटीश विज्ञानवादी दार्शनिक रहा है। वह प्रत्ययवादी है। सत्वादी है और अनात्मवादी तथा अनीश्वरवादी है। वह आभास स्तर पर मात्रा में ज्ञान होता है ऐसा मानकर सत्य का ज्ञान पूरा होता है जब आभास नही होता है इस पर जोर देता है।
177	**डेवी जॉन**	अमेरिका	1859	यह व्यवहारवादी और प्रयोगवादी दार्शनिक रहे है। उन्होंने विकास के पहले स्तर से अधिक विकसित दूसरे स्तर को माना है। वह जीवशास्त्री भी थे। उनका मानना था कि मनुष्य की तीव्र मांगों के कारण संवेदना, बुद्धि और भाषा से शिक्षा व्यवहार में प्रयुक्त हुई है।
178	**हेनरी–लुईस बर्गसॉ**	फ्रांस	1849–1941	इस दार्शनिक ने प्रक्रिया दर्शन का विवेचन किया। इस दर्शन मे स्थिरता से इंकार किया गया और गति, परिवर्तन और विकास पर जोर दिया गया हे।
179	**व्हाईटहेड**	इंग्लैंड	1861	अलफ्रे़ड नार्थ व्हाइटहेड गणितज्ञ थे।
180	**लेनिन'**	जर्मनी	1870–1924	यह कार्ल मार्क्स के सहृदय और द्वन्द्वात्मक भौतिकवादी थे।

	सर्वपल्ली राधाकृष्णन	थिरुत्तन/ चेन्नई	1988–1975	यह वेदान्ती दार्शनिक थे। उन्होंने बौद्ध दर्शन को गलत ढंग से बताया। उन्होंने बुद्ध मत में आत्मा देखा। वैसा न अक्षपाद, न वादरायण, न वात्स्यायन, न उद्योतकर, न कुमारिल, न वाचस्पति, न उदयन जैसे ब्राह्मणों ने देखा था, न नागसेन, नागार्जुन, असंग, वसुबंधु, दिग्नाग, धर्मकीर्ति, धर्मोत्तर, शान्तरक्षित, ज्ञानश्री, शाक्यश्रीभद्र जैसे बौद्ध दार्शनिकों ने वैसा समझा था। बुद्ध दर्शन में आत्मा खोजनेवाले वह एकमेव दार्शनिक है जिसका सानी यूरोप, अमेरिका, भारत, श्रीलंका, बर्मा, स्याम, चीन, जापान, कोरिया, मंगोलिया, तिब्बत, मध्य–एशिया, अफ़गानिस्तान और पूरे पृथ्वी पर नही है।
181	**रसल बट्रान्ड**	इंग्लैंड	1872	विचार–नियम वस्तुओं पर भी समान रुप से लागू होते हैं। उनके शांति के प्रति सिद्धान्त पर डॉ. अम्बेडकर ने कहा कि रसेल साहब युद्धविरोधी तो है परंतु शांतिप्रेमी नही है।
182	**अम्बेडकर बी. आर. डॉ.** डॉ. अम्बेडकर ने हिन्दू दर्शन के बारे में लिखा है कि असमानता हिन्दू दर्शन का प्राणवायु है और समता, स्वतंत्रता, बंधुत्व के मूल्य उसके दर्शन में ब्रह्मम् सत्य जगन मिथ्या पर आधारित वेदान्त की तरह रस्सी में सांप देखने जैसा है।	भारत	1891–1956	वह स्वतंत्रता, समता और बंधुत्व पर आधारित समाज निर्माण के दार्शनिक रहे। मार्क्स, आगस्टीन, बकल के दर्शन कि दैवी, आर्थिक और भौतिक शक्तियां ही दुनिया में इतिहास बनाने में कारगर है। उसके विरुद्ध डॉ. अम्बेडकर ने मनुष्य की भूमिका पर ऐतिहासिक निर्माण में सबसे अधिक जोर दिया। उन्हों ने कर्म, पुनर्जन्म, के विज्ञानसम्मत सिद्धान्त दिए। आत्मा, परमात्मा, परा–प्राकुतिक में विश्वास को अधर्म कहा। उनकी अंतिम और महत्वपूर्ण रचना है, भगवान बुद्ध और उनका धम्म, जो मूल अंगेजी में है, जिसका हिन्दी में अनुवाद भदन्त आनन्द कौसलयायन जी ने किया और वह उपलब्ध है। उन्हें भारत के संविधान के पिता के नाम से जाना जाता है और हाल ही में उन्हें राष्ट्रपिता घोषित किये जाने बाबत हस्ताक्षर अभियान चल रहा है।

पुराने मानव

600 ई. पू. में मिश्र, मेसोपोतामिया, और सिन्धु–उपत्यका के पुराने मानव थककर बैठ गये थे; लेकिन इसी वक्त हिन्दू और यूनानी चिंतन करते हैं।

यूनानी और हिन्दू

यूनानी 600–300 ई. पू. तक आगे बढते रहते है, किन्तु हिन्दू 400 ई. पू. के आसपास थककर बैठ जाते हैं।

यूरोप

यूरोप में 300 ई. पू. में अंधेरा छा जाता है। 100 ई. से 600 ई. तक तब यूरोप में स्कोलास्तिक धर्मपोशक दर्शन का अन्त होता है। इसी वक्त पश्चिम में दर्शन की अवस्था अब्तर रही है।

इस्लामिक दार्शनिक और आधुनिक यूरोप दर्शन

900–1200 ई. के दौरान इस्लामिक दार्शनिकों के हाथ में उस दर्शन की मशाल जलती रहती है और पीछे उसी से आधुनिक यूरोप दर्शन के प्रदीप को 1600 ई. में 19 शताब्दियों के बाद जलाने में सफल होते हैं।

भारतीय दर्शन

उधर दर्शन की भारतीय शाखा 400 ई. पू. की बाद की चार शताब्दियों में राख की ढेर में चिंगारी बनी पड़ी रहती हैं। किन्तु 100 ई. से 600 ई. तक, विशेषतः पिछली तीन शताब्दियों में भारतीय दर्शन की बेमिसाल सक्रियता उजागर होती है। नवीं से बारहवीं सदी तक भारतीय दर्शन इस्लामिक दर्शन का समकालीन ही नही समकक्ष रहता है।

पश्चिम में दर्शन

इस्लामिक दर्शन के अवसान के बाद सोलहवीं सदी में यूरोपीय दर्शन ने धर्म से अपने को अलग कर लिया। इसके विपरित भारत में एकके बाद एक स्कोलास्तिक डाक्टर्स पैदा हुये और दर्शन को धर्म के खूंटे से बांधते रहे। साइंस और कला का सहयोगी न बन, जीवित प्रकृति–प्रयोग का आश्रय ग्रहण न कर, अपनी सृजनशक्ति को बढाये बगैर वह बुद्धि, जीवन और आजादी से भी आजाद हुआ।

वैश्विक दर्शनों में साम्यता और भेद

परिवर्तनवादी दर्शनों में साम्यता और भेद दर्शाने के लिए हमें परिवर्तनवादी दर्शनों की सूची बनाकर उनमें जो आज जीवित हैं, उनमें बौद्धिक और वैचारिक और प्रयोगिक संगति बिठाकर ही उनमें विद्यमान साम्य और भेद की ऊहापोह की जा सकती है।

राहुल सांकृत्यायन ने विश्व का दार्शनिक चार्ट अपने दर्शन–दिग्दर्शन में बनाया था, वह उपरोक्त दृष्टि से उपयुक्त होगा।

परिवर्तनवादी दर्शन

परिवर्तनवादी दर्शनों के दो भाग है। एक जडवादी और दूसरे चेतनावादी। जडवादी दार्शनिक जडता को जहांतक परिवर्तनीय समझते हैं वहांतक वे परिवर्तनवादी है और चेतनावादी दार्शनिकों में चित्त को जहांतक परिवर्तनवादी माना जायेगा वहीं तक उसे परिवर्तनवादी भी समझा जायेगा। हो सकता है कि हमें जड को कूटस्थ माननेवालों तथा चेतना को आत्मा माननेवालों की सूची बनाकर साम्य और भेद का परीक्षण करना पड़ेगा।

परिवर्तन को सभी बौद्ध दर्शन सम्प्रदायों द्वारा परमार्थ सत माना गया। इसीका दूसरा नाम परिणामवाद है। उसे प्रतीत्यसमुत्पाद से भी जाना जाता है। चन्द्रकीर्ति ने बताया कि प्रतीत्यसमुत्पाद कोरा सकारणता और परिवर्तन का नियम नहीं है प्रत्युत वह सत्ता की सिद्धि भी सापेक्ष मान कर निरपेक्ष सत्ता का खण्डन करता है।

परिणामवाद परिवर्तनवाद का दूसरा नाम है। यह सबसे पुराणा वाद है। इसके प्रथम संस्थापक कपिल ही थे। उनके अनुसार प्रकृति के 16 परिणाम है, जिनका फिर परिणाम नही होता। 1. अहंकार, जिनका परिणाम 11 इन्द्रियां हैं, 5 तन्मात्रायें, जिनका परिणाम पंच महाभूत है, और ये 16 परिणाम; इन्द्रियां और तन्मात्रायें) प्रकृति के चरम परिणाम हैं। परंतु उनका पुरूष अपरिणामी है। इस प्रकार कपिल ने दो परस्पर विरोधी तत्व प्रतिपादित किए। पुरूष की कल्पना क्यों की गई जब वह प्रकृति से अछूता रहता है, कहा गया है कि उनका परिणामवाद उस नित्य–शाश्वत–पुरुष–आत्मा के मोक्ष प्रक्रिया में सहायक है।

षड दर्शन

भारतीय परंपरा में छः दर्शनों की चर्चा की जाती है, यथा 1. सांख्य, 2. योग, 3. न्याय, 4. वैशेषिक, 5. पूर्व मीमांसा और 6. उत्तर मीमांसा।

सांख्य दर्शन के प्रवर्तक कपिल के अनुसार प्रकृति जड़ है परंतु वह परिवर्तनशील है। पतंजलि के अनुसार योग मानस को चित्त वृत्तियों के नाश करने तक मददगार होता है। न्याय दर्शन तर्क को माननेवाला दर्शन है। वैशेषिक दर्शन में अस्तित्व के विशिष्ट वर्गीकरण पर बल दिया गया है। पूर्व मीमांसा कर्मकांड तथा उत्तर मीमांसा ज्ञान पर जोर देकर मुक्ति पथ प्रस्तुत करनेवाली दर्शन परंपरायें है।

सभी पाश्चात्य, भारोपीय तथा 99 प्रतिशत दर्शन आत्मवादी है। आत्मा को ही अंगेजी में सोल, अरबी में रुह और संस्कृत में आत्मा कहते है।

बौद्ध दर्शन

यह दर्शन दुख निवारक उपाय बतानेवाला है। यह न जडता को कूटस्थ मानता है और न चित्त को आत्मा मानता है। उसमें अनित्य, दुख, अनात्म को हर चीज का वैश्विक त्रिलक्षण माना गया और वही दुनिया का एकमेव अनात्मवादी दर्शन भी है।

बौद्ध दर्शन को वैश्विक जीवन का पूर्ण प्रतिनिधि माने तो उसकी दार्शनिक लड़ाई अनात्मवाद के आधार पर दुनिया के समस्त आत्मवादी दर्शनों के साथ है।

श्रमण परंपरा

श्रमण परंपरा में बौद्ध तथा जैन दोनों का समावेश हैं। परंतु दर्शन के आधार पर जैन दर्शन भी अनात्मवादी नही हैं।

बौद्ध दर्शन तथा अन्य दर्शन

मैट केरन नामक योग शिक्षक ने भिन्न दर्शनों के तुलनात्मक अध्ययन के आधार पर निम्नांकित भेद दर्शाये है।

साम्य व भेद

अ.क.	बौद्ध दर्शन	अन्य दर्शन
1	ईश्वर नही, वह अधिकृत दण्डाधिकारी भी नही है।	सर्व शक्तिमान परमेश्वर है, जो प्रशस्ति और दण्ड देता है।
2	पराप्राकृतिक पर विश्वास सत्य की खोज में बेकार है।	ये पराप्राकृतिक के प्रति अंधविश्वास तक करनेवाले है।
3	अंतिम ध्येय इसी जीवन में बोध और मुक्ति है।	अंतिम ध्येय स्वर्ग है। वह भी मरणोपरांत।
4	बुद्ध मसीहा नही है, केवल मार्गदाता है।	यहां मसीहा अपने कर्म से दूसरों को मुक्ति देते है।
5	बुद्ध और अनुयायी का संबंध शिक्षक और शिष्य जैसा है।	ईश्वर और भक्त का संबंध स्वामी और सेवक जैसा है।
6	स्वयं–निर्भरता, स्व–अनुशासन, स्व–प्रयत्न से फल की प्राप्ति।	अनुयायी बिना प्रश्न के प्रभु पर विश्वास करें और प्रभु की इच्छा से फल पायें।
7	धर्म की शिक्षा वैश्विक है। धम्म बौद्धधर्म तक ही सीमित नही है। तथागत ने वैश्विक सत्यों को सब को बताया हालांकि वे उनके जनक नही बल्कि संवाहक हैं।	लैंगिक, धार्मिक, नस्ली, जन्मस्थलि, भौगोलिक मर्यादाओं तथा सत्य तत्व के जनक होने के दावों से युक्त वादें भरपूर है।
8	नरक योनी मानवीय गरीमा से अवांछनीय क्षेत्र माना गया है।	मानव को सदा के लिए नरक का दण्ड दिया जाता है, वह भी एक ही जन्म में किये गये गलत वा सही विश्वास पर।
9	स्व–कर्म व फल पर आधारित दर्शन है।	पाप–पुण्य तथा पर–निर्भर मनमानी दण्ड पद्धति पर आधारित दर्शन प्रणाली है।
10	सभी जीवित प्राणी बुद्धस्वभाव से युक्त होते है।	सभी लोग पापी होते है जब तक वे बताये अनुसार आज्ञा का पालन नही करते।
11	कर्म सिद्धान्त वाला दर्शन है।	नसीब और पर दाता पर निर्भर दर्शन है।

12	करुणा से सब प्राणीयों के साथ बर्ताव करना है। शाकाहार अनुसंशित है, अनिवार्य नही।	यहां भाई भी सब नही, इनके भाईचारा में कुछ सीमित लोग भाई हैं तो कुछ बहुसंख्यक लोग चारा है और मिलकर भाईचारा है। यहां शाकाहार और उसका दिखावा दोनों है।
13	यह नेकी से भी परे जाकर तृष्णा का परित्याग बताता है।	यह भी नेकी करता है लेकिन पूछ पूछ कर।
14	जिहाद की कल्पना नही है।	पवित्र जंग और अपवित्र दुश्मन की संकल्पना है।
15	अस्तित्व का पहला कारण अशोध्य है।	परमेश्वर अस्तित्व का अल्फा और ओमेगा है।
16	बुद्ध सर्वज्ञ हो सकते है पर सर्वशक्तिमान कतई नही।	यहां सर्वव्याप्त, सर्वशक्तिमान, सर्वज्ञ प्रभु की जयजयकार है!
17	विपश्यना केवल यही दर्शन सिखाता है।	ये तो सभी की तरह समाधि सिखाते है। प्रज्ञा नही।
18	अंतिम सत्य आत्मा से शून्य है।	सभी आत्मा से सराबोर है।
19	यहां जीवन के 28 स्तर है, जिसमें कामावचर, रुपावचर, अरुपावचर ओर लोकोत्तर स्तर के प्रभेद हैं।	एक पृथ्वि, एक स्वर्ग, एक नरक की कल्पना से बंधे हैं।

तुलनात्मक अध्ययन

पिछले वर्ष में एमिलि माक्र द्वारा प्रस्तुत वैश्विक दर्शनों के तुलनात्मक अध्ययन से जो साम्य और भेद ज्ञात होता है वह निम्नानुसार है:

विषय	**पौवार्त्य दर्शन**	**पाश्चात्य दर्शन**
जीवन का अर्थ और पथ का ध्येय	साम्य	साम्य
दर्शन पर सामान्य ज्ञान से सरोकार पर मो–ति और प्लेटो	साम्य	भेद
समग्रता से जिओ के दार्शनिक विचार पर कन्फयूशियस बनाम अरस्तू	साम्य	भेद
विचार वस्तु को बुरी या अच्छी बनाता है पर कोरियन दार्शनिक वो–न–हो और ग्रीक दार्शनिक एपिकटेटस	साम्य	साम्य
चीनी दार्शनिक तेंग–शीह और ग्रीक दार्शनिक प्रोतागोरस के दर्शन	साम्य	साम्य
जन्मपूर्व नैतिकता पर वांग–यांगमिंग और प्लेटो	साम्य	साम्य

दर्शनः वर्तमान संदर्भ में

दर्शन के छात्र प्रायः सोचते हैं कि डेकार्ट के बाद दर्शन की मैयत हुई। कुछ शिक्षक और संकाय ने इस बारे में ऐसा चुटकुला इजाद किया कि भला दार्शनिक यानी मरा दार्शनिक है।

परंतु वर्तमान में दर्शन हमेशा की भांति जीवित है। इक्कीसवी सदी दर्शन की सदी है। बहरहाल कई चिंतकों ने नई सोच की विचारधारा यथा फिनामिनालाजी और अनालिटिक फिलॉसफी का ऐलान करने की परंपरा को चुनौती दी।

तथापि आकर्षण का केन्द्र बदल चुका है। वर्तमान में इंग्लैंड अथवा अमेरिकाके दार्शनिकों का शुमार है, जो सत्रहवी सदी में फ्रेंच और जर्मन का था।

वर्तमान में निम्नांकित दर्शन और दार्शनिकों का जिक्र करना उचित होगा।

1. अमर्त्य सेनः उनका अर्थशास्त्रीय दर्शन सामर्थ्य के नवीन चिंतन पर आधारित है, जो उनके ग्रंथ किस की समता में अभिव्यक्त हुआ है।
2. पीटर स्लोटरडिज्क नित्शे और हेडेगर की भांति जर्मन दार्शनिक है। उनका दर्शन विज्ञान और नैतिकता के संबंध पर है, जिसके बारे में वह कहते है कि विज्ञान के द्वारा मनुष्य स्व–नियंत्रण पा सकता है।
3. पीटर सिंगर आस्ट्रेलिया के दार्शनिक है। उन्होंने पशु मुक्ति या पशु अधिकार के विचार पर एक नई विचारधारा दी कि मनुष्य और पशु में समान नैतिक चेतना होती है और इंसान को शाकाहारी होना चाहिए।
4. मायकल डुमेट एक इंग्लैंड के दार्शनिक है। उनकी प्रतिभा विश्लेषणात्मक दर्शन में स्पष्ट हुई है। फ्रेगे और विटगेन्स्टाईन के साथ उनकी चर्चा से भाषा–दर्शन बहुत प्रभावित हुआ है।
5. जर्गन हेबरमासः जीवित दार्शनिकों में सबसे बड़ा कोई एक दार्शनिक हो तो वह यही है। उन्होंने क्लोनिंग, युजेनिक्स और नैतिक प्रश्नों से काफी इत्तेफाक रखा। उनका योगदान इन के अलावा प्रचारिता का तत्व अथवा यूरोपीयन निर्माण आदि में भी अंकित है।
6. एक्सल हानेथ एक जर्मन समाज वैज्ञानिक है। उनका सिद्धांत मान्यता का सिद्धांत है, जो राजनीतिक दर्शन के आचार का वास्तविक घोषणापत्र है।
7. रेनी गिरार्ड एक फ्रेंच दार्शनिक है। उनका निर्णायक योगदान उनके अभिलाषा के सिद्धान्त में निहित है। वह मानवी जीवन की सरंचना अनुकरण और त्रिकोणीयता के माध्यम से निर्मित करता है। उनका कथन है कि प्रत्येक अभिलाषा दूसरे का अनुकरण करने की अभिलाषा होती है। लेवी–स्ट्रास की तरह रेनी गिरार्ड भी फ्रायड के आलोचक है।
8. जेक्स बुवरेसः यह फ्रेंच दार्शनिक है और विश्लेषक परंपरा से प्रेरित है। वह फ्रेंच दार्शनिक डेलुज़, फुकाल्ट अथवा डेरिडा के सिद्धान्त के विरुद्ध जागरण की परंपरा के समर्थक प्रतीत होते है। उन्होंने विटगेन्स्टाईन के विचार को स्पष्ट करने में भी अपना योगदान दिया।
9. हिलरी पुटनम अमेरिकन मानस दर्शन, भाषा दर्शन, गणित दर्शन और विज्ञान दर्शन के महान प्रतीक है। उनका लोटे में मेंदु वाला सिद्धान्त आज भी लोकप्रिय है।
10. रुवेन ओजियन एक नैतिक दार्शनिक है। वह न्यूनतम नैतिकता के प्रवर्तक है, जिसका एक वाक्य में सार यह है कि दूसरों को व्यथित मत करो, बस इतना ही। दुर्भाग्य से इस वाक्यांश ने ड्रग इस्तेमाल का रास्ता खोल दिया।

11. एक स्लोवेनियन दार्शनिक स्लावोज झीझेक पहचान और राजनीतिक अस्तित्ववाद पर कार्यरत है।

उपरोक्त यह सूची पूरी नही है, परंतु यह आज के दिन दर्शन के धडकनेवाले दिल का दर्शन करा देती है।

शून्यवाद, सर्वास्तिवाद तथा तैर्थिक नित्यता

अशाश्वत और अनुच्छेद और परिवर्तनशील प्रक्रिया को प्रतित्य समुत्पाद के नाम से मानना शून्यवाद है जब कि सर्वास्तिवादियों की सत्ता की जो अनित्यता दृष्टि है वह षडइन्द्रियों से प्रत्यक्ष होने से संवृत्ति या व्यवहार सत्य है। तैर्थियों की नित्यता दृष्टि न तो संवृत्ति सत्य है और न परमार्थ सत्य ही। क्योंकि सत्ता को नित्य और अनित्य दोनों दृष्टियों से न देखने का अर्थ सत्ता या भाव को परमार्थ दृष्टि से अस्वीकार कर देना है।

सत्ता और स्कन्ध

वैभाषिकों ने बुद्ध वचन के अनुसार सत्ता को प्रतीत्यसमुत्पन्न तथा अशाश्वत और अनुच्छिन्न कहा। सत्ता का वर्गीकरण पांच स्कंधों में है। कोई एक वस्तु नही है प्रत्युत जहां एक का भान होता है वहां अनेकों का समूह हुआ करता है। वृक्ष एक पदार्थ है पर वह जड़, तना, शाखा और पत्र आदि का समूह ही तो है। हर एक पदार्थ का यही हाल है। इसी भाव को व्यक्त करने के लिए स्कंध शब्द का प्रयोग होता है। स्कन्ध का अर्थ राशी या ढेर है। प्रत्येक वस्तु अनेकों का एक ढेर है उसमें जो एक की प्रतीति है वह व्यवहारतः ठीक हो सकती है पर परमार्थतः है ही नही। प्रत्येक पदार्थ अपने अवयवों का स्कंध या ढेर है।

सौत्रान्तिक–वैभाषिक

उपरोक्त स्कंधों के बारे में बौद्ध सौत्रान्तिक–वैभाषिक दर्शन सहमत है। जहांतक बाहय प्रक्रिया स्वीकार करने की बात है उसमें वैभाषिक बाहय वस्तु का प्रत्यक्ष मानते है। उदाहरणार्थ आंख से जो नील का ज्ञान होता है वह नीलाकारता या नील सारूप्य का अनुभव होता है। वही नील के संवेदन का व्यवस्थापक है। इस प्रकार नील ज्ञान प्रमा है, नील सारूप्य प्रमाण है, नील प्रमेय है।

सौत्रान्तिक के अनुसार नील सारूप्य से यानी प्रमाण से नील प्रमेय का अनुमान होता है, प्रत्यक्ष नही होता। वे बाहयार्थानुमेयवादी है जबकि वैभाषिक बाहयार्थप्रत्यक्षवादी है। दोनों की सर्वास्तिता अनित्य, क्षणिक और प्रतीत्यसमुत्पन्न है।

नैयायिक

नैयायिक पदार्थ को अवयवों का ढेर न मान कर अवयवों से अतिरिक्त एक अवयवी की कल्पना करते है। अवयवी को मानकर भी अक्षपाद ने मान लिया है कि अवयवी का अभिमान दोष अर्थात राग, द्वेष और मोह का कारण है। अवयवों से अतिरिक्त अवयवी की सत्ता असिद्ध है।

एक की प्रतीति से अवयवी की सिद्धि नही हो सकती क्योंकि एक अपने आप में ही सिद्ध नही है। एकत्व को सिद्ध मान कर हिन्दू तार्किकों ने अवयवी की सिद्धि की है।

श्रुति

सत्ता को नित्य और अनित्य दोनों दृष्टियों से न देखने का अर्थ सत्ता या भाव को परमार्थ दृष्टि से अस्वीकार कर देना है। सर्वास्तिवाद की अनित्य दृष्टि, तैर्थिकों की नित्य दृष्टि, श्रोत्रीयों की भी नित्य दृष्टि शून्यवाद से विचलित हो गई।

लोकायत और जैन, सांख्य और योग श्रुति के प्रतिकूल होने के बावजूद उसकी नित्य दृष्टि के कायल थे। श्रोत्रियों ने तब द्विबिंदू कार्यक्रम चलाया। एक, श्रुति–प्रामाण्य स्थापित करना और दो, नित्य दृष्टि रक्षणार्थ अनुकुल दार्शनिक चिंतन उपस्थित करना। नागार्जुनोत्तर दार्शनिक तब दो बातों में ही व्यग्र दिखाई देते थे यथा अनित्य और अभाव अर्थात क्षणिक और शून्य वादों का खण्डन करना और श्रुति–प्रामाण्य का मण्डन करना।

पदार्थ

अवयवों के स्कंध या ढेर को ही वैभाषिक पदार्थ मानते है। अवयव के लिए परमाणु शब्द का प्रयोग होता है क्योंकि स्थूल पदार्थ का जो सूक्ष्म से सूक्ष्म अवयव है वह परमाणु है। इस प्रकार परमाणु–पुंज ही पदार्थ है।

हिन्दू तार्किक भी परमाणु मानते हैं पर उनके यहां परमाणु–पुंज पदार्थ नही है प्रत्युत उनसे व्यतिरिक्त एक अवयवी पदार्थ हैं। परमाणु पृथ्वी, आप, जल और वायु इन चार महाभूत के होते हैं। इन चार भूतों का कारण अविज्ञप्ति है।

पांचों स्कन्धों की सत्ता भी निरपेक्ष नही है। किन्तु उनकी सत्ता सापेक्ष है। क्योंकि स्कंध कर्म माने तो कर्म करनेवाले के बिना नही हो सकता। जब कर्म होता है तब कर्म का करनेवाला भी होता है। सो कर्म और उसको करने वाला अर्थात कारक अपनी–अपनी सिद्धि के लिए परस्पर की अपेक्षा रखते है। यही नही बल्कि प्रत्येक सत्ता का यही हाल है। सब की सिद्धि सापेक्ष ही है। निरपेक्ष नही। इसी का नाम शून्यवाद है। वह निरपेक्ष सत्ता की सिद्धि से इन्कार करता है।

कणाद ने अपनी नित्य दृष्टि नये तरीके से सिद्ध की है। उन्होंने द्रव्य, गुण, कर्म, सामान्य, विशेष और समवाय छः पदार्थों में सत्ता वर्गीकरण किया। इनमें से सामान्य को कणाद ने नित्य–दृष्टि के सिद्ध करने का साधन बनाया।

कपिल और कणाद

कपिल ने सत्ता और चेतना दोनों को अलग–अलग माना जिसमें सत्ता को परिणामी और चेतना को अपरिणामी माना। कणाद ने कार्य के कारण का होना आवश्यक माना और बताया कि कारण के गुण कार्य के गुणों के आरम्भक होते हैं। कारण–कार्य के कणाद–सिद्धांत में कार्य के गुण भले ही कारण से आते हों पर कार्य कारण से अभिन्न नही माना जाता था। कपिल जहां कार्य को अपनी कारणावस्था में सत मानते थे वहां कणाद कार्य को अपनी उत्पत्ति से पूर्व असत अर्थात प्रागभाव मानते है।

सामान्य

व्यक्तियों के परस्पर भिन्न होते हुए भी उनमें जो एक अभेद देखा जाता है वह सामान्य है। राम, कृष्ण, देवदत्त, यज्ञदत्त भिन्न–भिन्न है, पर उन्हें एक मनुष्य शब्द से भी कहा जाता है। सो यह मनुष्यत्व जिसके कारण भिन्न–भिन्न राम, कृष्ण, देवदत्त, यज्ञदत्त व्यक्तियों को मनुष्य कहा जाता है, सामान्य है। यह नित्य है, क्योंकि देवदत्तादि के नही रहने से भी नष्ट नही होता, व्यापक भी है व्यक्ति उससे व्यतिरिक्त नहीं होता।

इसी प्रकार द्रव्य, गुण और कर्म तीनों में इदं सत अर्थात यह है की प्रतीति होती है। इस सत की प्रतीति से सत्ता की सिद्धि होती है। यह सत्ता जो सामान्य के बल पर सिद्ध हुई नये ढंग से नित्यवाद की स्थापना करती है।

अभाव सापेक्षता

जैसे स्वभावतः या निरपेक्षतः न तो सत्ता है और न अभाव ही है प्रत्युत काम के लिए जैसे कर्ता या करनेवाले की अपेक्षा है वैसे ही कर्ता को काम या कर्म की अपेक्षा है। दोनों को बिना सापेक्ष माने सिद्धि नही हो सकती।

प्रतीत्यसमुत्पाद या शून्यवाद

सत्ता को सापेक्ष सिद्ध मानने पर भी व्यवहार में विरोध नहीं आता क्योंकि तत्वचिंतक भी व्यवहार के समय लोक–प्रमाण पर ही चलता है। लोकप्रमाणक सत्य को संवृत्ति–सत्य कहते हैं। संवृत्ति सत्य के अनुरोध से सत्ता को निरपेक्ष कहना दोष नहीं पर परमार्थ सत्य के अनुरोध से उसकी सिद्धि सापेक्ष है। यह सापेक्षता, सकारणता और परिवर्तन का नियम ही नागार्जुन के मत से प्रतीत्यसमुत्पाद या शून्यवाद है।

सांख्य

संख्या करने के कारण अर्थात अपने तत्वों की संख्या पचीस बताने के कारण सांख्य दर्शन का नाम सांख्य पड़ा जो संयोग और किसी और दर्शनों को इस संख्याकरण के अभ्यास के बावजूद भी प्राप्त नही हुआ।

योग

योग में सांख्य पुरूष के स्थान पर ईश्वर को माना गया। आत्मवादी दर्शन तो वह है ही।

जैन

सांख्य और जैन के विपरित वह ईश्वरवादी भी है। हालांकि तीनों ही दर्शन शाश्वतवादी हैं। उसके विरूद्ध लोकायत विचार है।

लोकायत

लोकायत शुद्ध भूतवादी दर्शन है। मन से बढ़कर उसे आंख पर विश्वास है। मनन और

दार्शनिकता उसके लिए हवा में किले बनाने जैसा है। चार्वाक दर्शन जैसी जड़ता ने उसे खाने, पीने और मौज उड़ानेवाला शौक बना दिया। इसके बावजूद वह शाश्वतवाद से दूर रहने की सूझ रखता है जो उसे ज्ञानवान कपिल, पतंजलि और महावीर से भी आगे अग्रसर करता है। भले ही उसे परिणामवाद की चिंता नही थी।

लोकायत सत्ता से चेतना की उत्पत्ति और उसका विनाश मानते थे।

बुद्ध

उपरोक्त शाश्वतवाद और लोकायत के रंग–ढंग देखकर बुद्ध ने परिणामवाद को सकारणता और परिवर्तन के रूप में प्रस्तुत किया। यह कार्य–कारण से न तो अनन्य है और न अन्य। जैसे अंकुर न तो बीज ही है और न बीज से भिन्न। कार्य को कारण से अन्य मानने पर कारण का उच्छेद मानना पड़ता है तथा अनन्य या अभिन्न मानने पर कारण का शाश्वतवाद उपस्थित हो जाता है। कार्य को कारण से अन्य नही मानने से बुद्ध लोकायत के उच्छेदवाद से इत्तेफाक नही रखते थे तथा अनन्य भी नही मानने से आत्मवादियों के शाश्वतवाद से भी अलिप्त थे। इसी सकारणता और परिवर्तन के नियम पर विकसित हुए अशाश्वतवाद और अनुच्छेदवाद पर प्रतीत्यसमुत्पाद खड़ा है, जो एक प्रक्रिया है और जिसे बाद के बौद्ध दार्शनिकवाद का आधाार बनाया गया।

जिस प्रकार बुद्ध के प्रतीत्य समुत्पाद ने किसी को न तो शाश्वत माना और न किसी का उच्छेद या विनाश ही माना, आचरण के क्षेत्र में काय–पीड़न तथा भोग–विलास मना कर मध्यम मार्ग से चलने का उपदेश दिया। सौत्रान्तिकों और वैभाषिकों ने भी विवेचनापूर्वक पांचों स्कन्धों की निरपेक्ष सत्ता मानी। नागार्जून ने इनकी सत्ता को सापेक्ष कहा। वसुबन्धु ने विज्ञान की सत्ता को निरपेक्ष और बाहय सत्ता को विज्ञान सापेक्ष कहा। वेदान्तियों ने भी बाद में बाहय सत्ता को ब्रहम–सापेक्ष माना।

बौद्ध दार्शनिकों ने भी सत्ता और चेतना को अलग–अलग मान कर परिणामी प्रतिपादित किया।

वादरायण

वादरायण ने श्रुतियों –उपनिषदों की दार्शनिक पद्धति को एक व्यवस्थित रूप में उपस्थित किया। अपनी दार्शनिक प्रक्रिया को परिणाम के सहारे स्थापित किया। पुराने परिणामवाद में सत्ता का परिणाम माना जाता था परंतु कपिल, पतंजलि, और कणाद द्वारा क्रमशः जीव या पुरूष, जीव और ईश्वर; जीव और ईश्वर, मन, काल, दिशा, आकाश आदि को परिणाम से अछूता ही रखा।

वादरायण ने सत्ता और चेतना का अलग–अलग विभाग नही किया और बताया कि ब्रहम सत भी है और चित भी है। सत्य और चेतना अविनाभूत है। इसी ब्रहम के परिणाम से नाना रूप सृष्टि देखी जाती है। सम्पूर्ण अर्थ जगत अपने कारण ब्रहम से अनन्य है।

कौटिल्य और नागार्जुन

जिस प्रकार शाश्वतवाद और लोकायत दर्शन की विरासत कौटिल्य को मिली उसी प्रकार बुद्ध वचन तथा विभाषा पर आधारित क्रमशः सौत्रान्तिक और कनिष्क कालीन मूल वैभाषिक की विरासत नागार्जुन को प्राप्त हुई। दोनों सर्वास्तिवादी है और स्वीकार करते हैं कि जो सत (वर्तमान) है वह तीनों काल में विद्यमान है।

जैसे सांख्य ने पुरूष और प्रकृति के दो विभागों में पचीस तत्वों की व्याख्या की वैसे आभ्यन्तर और बाहय विभागों में सौगत दर्शन ने पंचस्कंधों की बात की। बाहय जगत में रूपस्कंध है जिसमें पांच इन्द्रिय, उसके पांच विषय, एक अविज्ञप्ति (अदृष्ट) और चार महाभूतों का अंतर्भाव हैं। आभ्यन्तर जगत में वेदना, संज्ञा, संस्कार और विज्ञान स्कंध है, जिसमें चित्त, उसका चैतसिक, मनोविज्ञान तथा पंच इन्द्रिय विज्ञानों के साथ साथ वेदना (सुख–दुःख) संज्ञा (विषय के बारे में विशेष जानकारी), और संस्कार (चारों स्कंधों के अतिरिक्तविषय ज्ञान की मन पर छाप) का समावेश है।

पांचों स्कंध सत, संस्कृत, अनित्यपरिवर्तनशील और क्षणिक भी हैं। इसके अतिरिक्त और कोई सत पदार्थ नही हैं। ये प्रतीत्य समुत्पन्न होने से सकारणता और नित्य नही होने से परिवर्तन के नियम से प्रतिबद्ध हैं।

नागार्जुन

दार्शनिक, रसायन–शास्त्री और योगी नागार्जुन ने बताया कि प्रतीत्य समुत्पाद अशाश्वतवाद–अनुच्छेदवाद अथवा नित्य एकान्तवाद और अनित्य एकान्तवाद मानने में नही है प्रत्युत नित्यानित्य–विनिर्मुक्त शुद्ध शुन्यवाद या मध्यमा प्रतिपदा मानने में है। हमें जो कुछ प्रतीत हो रहा है वह स्वप्न जैसा है। जैसे जाग पड़ने पर स्वप्न नही रहता वैसे संसार भी मोह निद्रा टूटने पर नही रह जाता। इन्द्रजाल की माया दिखलाने वाला जानकार जैसे उस माया को कुछ भी (सत या असत) नही समझता, वैसे ही तत्व संसार को कुछ भी नही समझता। माया और मायामय पदार्थ उसके सामने कुछ नही है –अकिन्चनायतन। दृष्टि (सत या असत, नित्य या अनित्य) का होना ही परमार्थ सत्य है।

कर्ता तथा हेतु ;कारणद्ध, और कर्म तथा कार्य

नागार्जून के अनुसार यदि कर्म को स्वभावतः निरपेक्षतः सत माने तो कर्म को कर्ता की जरूरत न रहेगी और कर्ता भी निकम्मा हो जायेगा क्योंकि उसके करने योग्य कर्म तो स्वभाव सत है ही फिर उसके करने का सवाल ही क्या। यदि यह माने कि कर्म स्वभाव से असत है और वह असत कर्ता के द्वारा किया जाता है तब बड़ी आफत होगी। कर्म बिना हेतु के हो जायेगा और कर्ता को भी निर्हेतुक ही कहना पड़ेगा। जब हेतु ही नही रहा तो कार्य–कारण का सवाल ही क्या। कार्य और कारण की व्यवस्था ही जब नही रही तब किसी कर्म या काम के करने की बात ही नही उठती और कर्ता–कारण कोई चीज ही नही रहते। इस पंकार जब करने–धरने आदि की बात ही नही रही तब धर्म और अधर्म किसी की चर्चा बेकार है।

अशाश्वत और अनुच्छिन्न या परिवर्तनशील सत्ता में जो सत्ता की प्रतीति हो रही है वह भी निरपेक्ष नही है क्योंकि कार्य की सत्ता कारण की सत्ता की अपेक्षा रखती है।

अद्वैतवाद

नागार्जून सब कुछ को अशाश्वत और अनुच्छिन्न कह चुके थे। अनुच्छेद अंश से तो अद्वैतवादी सहमत थे पर अशाश्वत अंश उनकी नित्यदृष्टि का कांटा था। नियम को सभी परमार्थ समझते थे। प्रतीत्यसमुत्पाद या परिणामवाद नियम को मिथ्या करार दे दिया गया, वह संवृत्ति सत्यमात्र रह गया।

जहां विज्ञानवादियों ने परिणाम या प्रतीत्यसमुत्पाद को परमार्थ सत्य मानकर विज्ञान को क्षणिक या परिवर्तनशील माना वहां ब्रहमवादियों ने इस नियम के अशाश्वतम अंश को मिथ्या मानकर अनुच्छेद अंश से ब्रहम को परिवर्तन से मुक्त किया।

नागार्जून के बाद

नागार्जून ने सत्ता की सिद्धि सापेक्ष है कहकर, कर्म सिद्धि के लिए कारण या कर्ता का होना अनिवार्य कर दिया, अन्यथा उसकी सिद्धि अप्रमाणित होगी। उनके अनन्तर असंग और वसुबन्धु हुए। इन्होंने चित्त या विज्ञान को निरपेक्ष सिद्ध माना पर बाहयार्थ को विज्ञानसापेक्ष कहा। फलतः बाहय अर्थ भी विज्ञान के परिणाम या परिवर्तन का एक रूप बताया गया। जो बाहय अर्थ को निरपेक्ष मानते थे उनका इन्होंने खंडन किया।

सौत्रान्तिक और वैभाषिक परमाणु पुंज को पदार्थ मानते थे। कणाद और अक्षपाद परमाणुओं से अतिरिक्त अवयवी की कल्पना करते थे। वसुबन्धु के बाहयार्थ निराकरण को गौड़पाद ने उसी रूप में मान लिया। वेदान्त ने भी फलस्वरूप बाहय सत्ता निरपेक्ष नही बल्कि सापेक्ष अर्थात ब्रहम–सापेक्ष माना।

सौत्रान्तिक और वैभाषिक परमाणु पुंज को पदार्थ मानते थे। कणाद और अक्षपाद परमाणुओं से अतिरिक्त अवयवी की कल्पना करते थे। वसुबन्धु के बाहयार्थ निराकरण को गौड़पाद ने उसी रूप में मान लिया। वेदान्त ने भी फलस्वरूप बाहय सत्ता निरपेक्ष नही बल्कि सापेक्ष अर्थात ब्रहम–सापेक्ष माना।

वादरायण

दक्षिण कोसल में 150 ई. में जन्में नागार्जून के परमार्थ सत्य से आहत और विचलित होकर वादरायण ने सत्ता और चेतना को अलग–अलग न मानकर अभिन्न माना ताकि परिवर्तनवाद को अस्वीकार कर संसार जैसा है उसे वैसा ही रखने के इरादे से अपरिवर्तनवाद को ब्रहम शब्द द्वारा प्रकाशित किया।

वादरायण ने प्रतीत्यसमुत्पन्न विज्ञान की तरह कूटस्थ ब्रहम को भी जन्मात अस्य यतः तथा आत्मकृतेः परिणामात से परिणामशील कहा।

वसुबन्धु

वसुबन्धु ने कहा कि सत्ता के न मानने से भी केवल चेतना से भी काम चल सकता है। बशर्ते कि चेतना ब्रहम जैसी अपरिवर्तनशील नही बल्कि परिवर्तनशील हो। चेतना के लिए बौद्ध दार्शनिकों का विज्ञान शब्द है। परिवर्तनवाद के विरूद्ध अपरिवर्तनवाद, स्थायित्व अथवा स्थिरता के लिए ब्राहमण दार्शनिकों का आत्मा शब्द है।

आत्मा और विज्ञान दोनों एक ही नही है। कार्य–कारणवाद के विरूद्ध ईश्वर कतृत्ववाद, विज्ञान के विरूद्ध आत्मा नित्य या कूटस्थ है और विज्ञान परिवर्तनशील। वसुबन्धु के इस विज्ञानवाद में नित्यात्मवाद अथवा कूटस्थ और स्थिरता की झलक नहीं है। उनके लिए बाहय सत्ता भी विज्ञानमय

ही है। जैसे तिमिर रोगी को केश, जाल आदि जो नही होने पर भी प्रतीत होते है, वैसे ही अर्थ–सत्ता न होते हुए भी रूपादि की प्रतीति हुआ करती है। बाहय पदार्थ के अभाव में भी देश–नियम अर्थात जिस स्थान में रूपादि पदार्थ होते है वही रूपादि विज्ञान भी देखे जाना, काल–नियम अर्थात जिस समय में रूपादि अर्थ कहीं पर होते हैं उसी समय विशेष में रूपादि विज्ञान उत्पन्न होना; संतान–नियम अर्थात जहां जिस समय में रूपादि अर्थ होते है वहां सभी को उनकी प्रतीति होना और कृत्य–क्रिया–नियम अर्थात् स्वप्न में देखे गये अन्न–जल से शरीर की भूख–प्यास मिटना, और स्वप्न भी बाहय पदार्थ के बिना सबको दिखाई पड़ते हैं और स्वप्न काल में सभी को बाहय पदार्थ के बिना प्रतीति होती है।

विज्ञान

आलय, मन और प्रवृत्ति भेद से कपिल की प्रकृति आलय या मूल, बीज, उपादान कारण विज्ञान है। उसी प्रकार वादरायण का ब्रहम है। आलय विज्ञान के संतान –प्रतीति से प्रवृत्त हुआ विज्ञान, सत्काय दृष्टि, मान, मोह और राग क्लेशों से युक्त होने के कारण मन कहलाता है। विषयों की जो प्रतीति है वह प्रवृत्ति विज्ञान हैं। जल में उठनेवाली तरंगों की तरह ये विज्ञान आलय विज्ञान में एक साथ या पृथक–पृथक उत्पन्न होते रहते हैं।

सर्वास्तिवादी, कणाद और अक्षपाद परमाणु को निरवयव मानते थे। निरवयव से परमाणुओं का संयोग होना और अवयवी पदार्थ बनना असंभव है। इस प्रकार बाहय पदार्थ बनना परास्त हो जाता है।

विज्ञानवादियों ने विज्ञान से अतिरिक्त व्यवहार को औपचारिक माना। जिस प्रकार अन्धे को सुलोचन, मूर्ख को बृहस्पति, बाहीक को बैल–गौर्वाहीकः या गंवार को गधा कहना औपचारिक है क्योंकि अन्धे आदि में सुलोचनत्व आदि धर्म नही है और जो जहां नही, उसका उसमें प्रयोग करना उपचार कहलाता है। स्थिरमति ने कहा ही है कि यत्र यच्च नास्ति तत तत्रोपचर्यते। इस प्रकार दोनों आत्मा –अपनापन, मैं और मेरापन तथा धर्म– अपने से पृथक सब पदार्थ की सत्ता औपचारिक है क्योंकि विज्ञान के परिणाम के अतिरिक्त दोनों है ही नहीं।

गौड़पाद

गौड़पाद ने विज्ञानवाद की सिद्धि के लिए किये गये बाहय–सत्ता का निराकरण अद्वैतवाद के काम आया। विज्ञानवादियों और अद्वैतवादियों ने नागार्जून द्वारा चेतना व आत्मा को जो संवृत्ति–सत्य कहा गया था, उसे परमार्थ सत्य कहना शुरू किया और विज्ञान और ब्रहम को सत्य मानकर बाहय सत्ता को मिथ्या, अनुच्छिन्न, व अविनाशी माना।

शंकर

विज्ञान के अतिरिक्त और सब कुछ मिथ्या है और उसी मिथ्या की व्यवहार सिद्धि के लिए यह अन्य मिथ्यान्तर है, जिसे शंकर ने अध्यास, अविद्या और माया कहा। वसुबंधु और शंकर विज्ञानैकत्ववाद सिद्ध करने जगत को मिथ्या कहने चले और जगत ने उन्हें अविद्या या उपचार में फेंक दिया।

उपसंहार

उपसंहार के रुप में बस इतना ही कहना उचित होगा कि बारा बजने में केवल पांच मिनट की देरी है, बेहतर होगा की आप बदलें!

'चीन–जपान'[1]

चीन

चिंग–वंश के **मान्चू** शासकों के समय (1644-1911) राजाओं की प्रसन्नता और खिन्नता के अनुसार बौद्धधर्म को राजाश्रय प्राप्त हुआ। सम्राट चियन–लुन्ग के शासन काल में (1735-1796) चानी त्रिपिटक का नया ड्रेगन संस्करण निकला। उसी समय तिब्बती तन्जुर के 270 खंडों का मंगोलियन अनुवाद और चीनी त्रिपिटक के मान्चुरियन अनुवाद मुद्रित हुए। हालांकि चिन्ग काल में 1678 के बाद चीनी बौद्धधर्म की लहर उतार पर थी। मान्चू शासन के अन्तिम कालावधि में चीन पर पडा पश्चिमी प्रभाव तीव्रता से झलक रहा था और चीन में बौद्ध अध्ययन का पुनरोज्जीवन हो रहा था। इसाई मिश्नरियों ने भी उभरती पीढी के मानस पर अपना प्रभाव डालकर सामान्यतया शोध और अध्ययन को प्रोत्साहित किया।

1875 में **लिउ चिह–तियन**, (ग्रेट ब्रिटेन में चीन के मंत्री) होनहार नौजवान शोधार्थी **यान्ग वेन–हुई** को अपने साथ इंग्लैंड ले गये। वहां यान्ग जपान के रे. **बुनयिउ नन्जिओ** के संपर्क में आए और दोनों ने मिलकर प्रसिद्ध चीनी त्रिपिटक का केटलोग तैयार किया। यान्ग ने जपान से कई मौलिक ग्रन्थों को उपलब्ध करवाया, जो चीन में नष्ट हो चुके थे। सन् 1907 में उन्होंने नाकिन्ग में जेतवन विहार नामक बौद्ध संस्थान स्थापित किया, जहां उन्होंने लगभग 30 तरुणों को अपने सानिध्य में लाए, जिन्होंने अपनी उच्च शिक्षा अभ्यासक्रम हेतु बौद्ध अध्ययन को लिया। उसके समकालीन युवा बुद्धिजीवी यथा **कन्ग यू–वेई** और **तान झुतुन्ग**, जो कन्फ्यूशियनिज्म में सुधार की मांग करते थे, बौद्ध धर्म के प्रभाव से अछूते न रहे। 1911 की राष्ट्रीय क्रांति के बाद चीन के बौद्धों ने अखिल चीन बौद्ध संघ की स्थापना की, जिसका मुख्यालय नानकिन्ग था और चौथे चीनी गणराज्य वर्ष में उन्होंने अपने अपने विहारों के लिए गृह मंत्रालय से सुरक्षा प्राप्त की, जिस के लिए सरकार द्वारा घोषणादेश जारी किया गया। विहारों और मन्दिरों का पुनर्निर्माण हुआ और बौद्धधर्म को प्रचारित करने हेतु व्याख्यान आयोजन और बडी मात्रा में ग्रंथों का मुद्रण कर उन्हें वितरित किए जाने संबंधी प्रयास किए गए। बौद्ध उपासक वन और पावन लोक बौद्ध संघ की शंघाय में स्थापना की गई। **नानकिन्ग** में विहार नार्मल स्कूल और धर्मलक्षण स्कूल विश्वविद्यालय खोले गये। अन्य संस्थायें जो खोली गई उनके नाम हैं: निन्गपो कुआन त्सुन्ग व्याख्यान सभागृह, चन्ग चाओ अवतन्सक महाविद्यालय, वुचान्ग बौद्ध संस्थान, रे. परम पावन ताई–हसु द्वारा संस्थापित चीनी–तिब्बत बौद्ध महाविद्यालय, चिन्ग–लिन्ग बौद्ध अकादमी, जो अब शंघाय में है, और नानकिन्ग आन्तराध्ययन चीनी संस्थान।

जो कुछ जर्नल चलाये गये थे वे यथा हाइछाओ यिन्ग (समुद्र लहर ध्वनि या द ओशन टाइड वाईस), प्योर लैंड वोकेशन या शुद्ध लोक आजीविका और अंतराध्ययन नामक जर्नल थे। पिटक को कोरने हेतु पेकिन्ग और तियन–त्सिन में स्थापित दो मंडलों द्वारा इपिटोन ऑफ चायनीज त्रिपिटक प्रकाशित किया गया। बौद्ध त्रिपिटक के कई छोटे छोटे खण्ड शंघाय के कालविन्क विहार द्वारा

छपवाये गए। शंघाय की कमर्शियल प्रेस ने जपानी त्रिपिटक के सहायक खण्ड और चीनी, तिब्बती, मंगोली और मान्चुरी भाषाई त्रिपिटकों की धारणीयों का फोटोग्राफी मुद्रण किया। रे. **ताई–ह्सु** (1888-1947),जो बौद्धधर्म पुनरोद्धार और बौद्ध अध्ययन में महान जीवित प्रभाव थे, ने बौद्ध भिक्षु धार्मिक प्रशिक्षण को वैज्ञानिक मोड दी। उन्होंने अपने कुछ शिष्यों को पालि और संस्कृत अध्ययन के लिए श्रीलंका और भारत भेजा था। उन्होंने स्वयं शंघाय में बोधि समाज स्थापित किया। वह बौद्ध सुधार समिति के अध्यक्ष रहे और चीनी बौद्धधर्म में सुधार और चीनी संघ का संगठन कार्य करते रहे। उनके एक शिष्य रे. फा फान्ग श्रीलंका में कोलम्बो समीप विद्यालंकार पिरिवेन में, और भारत के शान्तिनिकेतन के चीनभवन में रहे और पालि अध्ययन करते रहे। उन्होंने चीन में विज्ञानवाद नामक ग्रंथ की रचना भी की। उनके (फा फान्ग के) शिष्य रे. **पाई हुई** ने शान्तिनिकेतन में संस्कृत का अध्ययन किया था। उपासक ओउ–यान्ग चिन्ग–वु (1871-1943) जो बडे बौद्ध विद्वान थे, ने **यान्ग वेन–हुई** के मार्गदर्शन में बौद्धधर्म का अध्ययन किया था। उनकी रचनाओं में लंकावतार–सूत्र–टीका और महाप्रज्ञापारमिता, महापरिनिर्वाण–सूत्र, योगाचारभूमि–शास्त्र और अभिधर्म–कोश–शास्त्र के आमुखों का समावेश हैं। चीन अंतराध्ययन संस्थान, जिनकी स्थापना उन्होंने स्वयं की थी, के शिक्षार्थियों के लिए उन्होंने ज्ञानवर्धक उपदेश भी प्रकाशित किए। रे. **ताई–ह्सु** ने जिस वैज्ञानिक चेतना से अपना बौद्ध अध्ययन किया, उसे आधुनिक चीन में बरकरार रखनेवाले उनके शिष्य रहे, **लु–चेन, तन्ग योन्ग–तुन्ग और चेन मिन्ग–ह्सु**। अब बौद्ध आंदोलन उन युवा स्नातकों के नेतृत्व में है, जो किसी न किसी प्रकार से रे. ताई–ह्सु और उपासक ओउ–यान्ग चिन्ग–वु द्वारा संचालित संस्थानों के साथ जुडे हुए हैं। पेकिन्ग चीनी बौद्ध संघ द्वारा मई 1953 में उस क्वान्ग–ची मन्दिर में बौद्ध सम्मेलन आयोजित किया गया, जहां तिब्बत, दक्षिण–पश्चिम चीन, युनान और थाईलैंड समवेत भिन्न भिन्न राज्यों से बौद्ध जन पधारे थे।

जपान

बौद्ध देश के नाते जपान ने बौद्ध अध्ययन निरंतर बढाने का प्रयास किया। परंतु 18 वी सदी में ही उसे व्यापक लोकप्रियता मिली। 1715–45 और 1718–1807 में महायान बौद्धधर्म पर तोमिनागा चुकी और संस्कृत अध्ययन पर आदरणीय जीउन का कार्य आलोचनात्मक रुख से किया गया होने के कारण इस कालावधि के बडे महत्वपूर्ण कार्यो में शुमार हैं। आधुनिक शोध के पुरोधा के रुप मे बी. नन्जिओ (1848-1927), और के. कासाहारा हैं, जिन दोनों ने इंग्लैंड के प्रो. मैक्स मूलर के अधीन संस्कृत अध्ययन किया था। बी. नन्जिओ ने जपान में नई अध्ययन पद्धति का परिचय दिया, जो उन्होंने इंग्लैंड में सीखी थी। कासाहारा दुर्भाग्य से जपान में लौटने के बाद ही गुजर गए। ये दोनों विद्वान पीछे के बौद्ध विद्वानों के लिए बडे प्रेरणा–स्रोत सिद्ध हुए।

यहां जपान के बौद्ध अध्ययन की प्रगति का संक्षिप्त सामान्य सर्वेक्षण या ब्योरा भारतीय बौद्धधर्म के संदर्भ में देने का प्रयास किया गया है।

मेइजी पुनर्स्थापण (1868) के बाद यूरोपी शिक्षा पद्धति को ग्रहण करने के साथ अनेक विश्वविद्यालय, महाविद्यालय और शोध संस्थान अस्तित्व में आए। उनमें से कुछ, उदाहरणार्थ, थे, ओतानी, रयूकोकू, कोमाझावा, ताइशो, कोयासान, और रिस्शो, जिन्होंने मुख्य रुप से अपने को बौद्ध अध्ययन के विकास में समर्पित किया।

नन्जिओ ने ओतानी विश्वविद्यालय में संस्कृत वर्ग आरंभ किए और इसी से जपान में शोध सभाओं का आरंभ हुआ। आज, टोकियो, क्योतो, तोहोकु, क्युशु, नगोया, होक्काइडो और ओसाका विश्वविद्यालय भी संस्कृत संगोष्ठियों का आयोजन करते हैं।

कई शोध संस्थान विशिष्ट बौद्ध सम्प्रदायों के साथ संबद्ध होते हैं। अनेक संस्थान हैं, जो सामान्यतः बौद्धधर्म समवेत पौर्वात्य अध्ययन में विशेषज्ञता रखते हैं। उनमें सबसे महत्वपूर्ण हैं– तोयोबुन्का–केन्क्युजो (पौवात्य सांस्कृतिक शोध संस्थान अथवा दि ओरियन्टल कल्चरल रिसर्च इन्स्टिट्यूट), जो टोकियो विश्वविद्यालय से सम्बद्ध है, जिनबुन्कागाकु–केन्क्युजो (विज्ञान और कला शोध संस्थान अथवा द रिसर्च इन्स्टिट्यूट ऑफ साइन्सेस एण्ड ह्युमेनिटीज), जो क्योतो विश्वविद्यालय से सम्बद्ध है, तोयो–बुन्को (पौर्वात्य ग्रंथालय अथवा दि ओरियन्टल लाइब्रेरी), टोकियो और ओकुरायामा कल्चरल रिसर्च संस्थान, योकोहामा।

इन्डोगाकु–बुक्क्योगाकुकाई ;भारतीय व बौद्धधर्मीय अध्ययन जपान संघ अथवा द जपानिज असोशियेषन ऑफ इंडियन एण्ड बुद्धिस्ट स्टडीजद्ध की स्थापणा 1951 में हुई, जो प्रति वर्ष ओरियन्टल अथवा पौर्वात्य सम्मेलन आयोजित करता है और अर्धवार्षिकी जर्नल चलाता हैं।

लंदन पालि टैक्स्ट सोसायटी के कार्यों का जपानी विद्वानों की जीवनदृष्टि पर बडा परिणाम हुआ। उसका अनुशरण कर पालि त्रिपिटक ग्रंथों का जपानी में अनुवाद करने जैसा विराट कार्य 65 खंडों में टोकियो विश्वविद्यालय के पूर्व आचार्यप्रमुख जे. तकाकुसु और उसी विश्वविद्यालय के सेवानिवृत्त प्रोफेसर एम. नगाई के निर्देशन में सम्पन्न हुआ। जपानी विद्वानों ने पालि ग्रंथों के तुनात्मक अध्ययन और त्रिपिटक के तिब्बती और चीनी भाषाई अनुवादों में असाधारण उत्साह और विशेष निपुणता दिखाई, जो दीर्घावधि तक मूल बौद्धधर्म और उसके विकास को सही रुप में परिभाषित करने का प्रतीक बना रहेगा। ओतानी विश्वविद्यालय के प्रोफेसर, सी. अकानुमा पालि बौद्धधर्म के सब से श्रेष्ठ विद्वानों में से एक है। उनकी पालि प्रापर नेम्स डिक्शनरी (नगोया, 1931), पालि त्रिपिटक का तुलनात्मक केटलोग और उसका चीनी संस्करण इनका महान विद्या रचनाओं में शुमार हैं। समन्त–पासादिका का संपादन जे. तकाकुसु और एम. नगाई ने किया। बौद्धधर्म नीतिशास्त्र अथवा एथिक्स ऑफ बुद्धिज्म का प्रकाशन कोमाझावा विश्वविद्यालय के एस. ताचीबाना ने किया। अनेसाकी के चार बौद्ध आगम का उल्लेख प्रसिद्ध ग्रंथों में होता है।

पालि बौद्धधर्म का अध्ययन अब आगम, अभिधर्म और विनय के रुप में फलित हुआ। इनमें की प्रत्येक शाखा समर्थ विद्वान के अधीन होती है। ओतानी विश्वविद्यालय के फुनाहाशि आगम पर कार्यरत है, क्युशु विश्वविद्यालय के आर. हिगाता जातक, कोमाझावा विश्वविद्यालय के के. मिझुनु और ओतानी विश्वविद्यालय के जी. ससाकी अभिधम्म और एम. नगाई विनय पर कार्य कर रहे हैं।

संस्कृत अध्ययन को महायान बौद्धधर्म पर शोध के साथ जपान में शुरु किया गया। नन्जिओ ने वज्रछेदिका के संस्कृत पाठ को 1881 में प्रकाशित किया और सुखावति–व्यूह को प्रो. मैक्स मूलर के सहयोग में 1883 में। उनके अन्य प्रकाशनों में हैंः सद्धर्म–पुण्ड़रिकसूत्र **(bibl. Bud., Vol. 10, 1909-1912)**, लंकावतारसूत्र **(Kyoto, 1923)**, और सुवर्ण–प्रभास **(Kyoto, 1931)**।

कई संस्कृत पाठों को ताइशो विश्वविद्यालय के पूर्व प्रोफेसर उ. वोगिहारा द्वारा संपादित किया गया। उनमें सबसे महत्वपूर्ण हैंः बोधिसत्वभूमि, (टोकियो 1930), अभिधर्म–कोश–व्याख्या, (टोकियो

1932), अभिसमयालंकारालोक, (टोकियो 1932–35), और सद्धर्मपुण्ड़रीक, (टोकियो 1934)। वोगिहारा ने महाव्युत्पत्ति संस्कृत–चीनी संस्करण 1915 में प्रकाशित किया। जपानी विद्‌वानों द्वारा जो अन्य संस्कृत पाठों का संपादन किया गया उनमें हैंः सुमगधावदान (जी. तोकीवाई 1897), भद्रचारी, (के. वतनाबे 1912), मध्यान्तविभागटीका, (एस. यामागुची, ओतानी 1934), गण्ड़–व्यूह, (डी. टी. सुजुकी और एच. इझुमी, 1934–36), दशभूमिश्वर, (आर. कोन्डो, 1936) और महाव्युत्पत्ति, संस्कृत–तिब्बती–चीनी संस्करण, (आर. सकाकी, क्योतो विश्वविद्यालय के पूर्व आचार्य, 1916)।

चीनी त्रिपिटक का उनका ज्ञान और पाठ सम्बन्धी उनकी आलोचनात्मक संकाय ने जपानी विद्‌वानों को महायान और अभिधर्म पर अनेक भाषाशास्त्रीय और दार्शनिक निर्मिति करने के योग्य बनाया। इस संबंध में इन निर्मितियों का उल्लेख किया जा सकता हैं, जो टी. किमुरा, एच. उई, डी. टी. सुजुकी और अन्य नामाकित विद्‌वानों ने की। मूल बौद्धधर्म, अभिधर्म और महायान बौद्धधर्म पर किमुरा के ग्रंथों को अब भी चाव से पढा जाता हैं। एच. उई का सब से महत्वपूर्ण कार्य है– भारतीय दर्शन अध्ययन, (6 खंडों में, बौद्ध दर्शन समवेत)। इस ग्रंथकार ने विज्ञप्तिमात्रतासिद्धि, जो त्रिंशिका पर स्थिरमति की टीका का तुलनात्मक अध्ययन है, और विज्ञप्तिमात्रताविंशटीका, जो संस्कृत पाठों का तुलनात्मक अध्ययन है, और चार चीनी अनुवादों को भी प्रकाशित किया। डी. टी. सुजुकी ने विशेष रुप से लंकावतार–सूत्र के अध्ययन की रचना 1930 में की, उसका अंग्रेजी अनुवाद भी किया और उस में सांकेतिक जोड दिया। अन्य रचनायें भी रची। जी. होन्डा, जो एक बार क्योतो विश्वविद्यालय के प्रोफेसर रहे, सद्धर्मपुण्ड़रिकसूत्र के अधिकारी थे। एस. यामागुची के भाषाशास्त्रीय अध्ययन और एस. मियामोतो के माध्यमिक विचार के दार्शनिक अध्ययन विषय पर महत्वपूर्ण ग्रंथ हैं।

तिब्बती त्रिपिटक अध्ययन का जपान में अनेक भिक्षुओं, अर्थात् इ. कावागुची, इ. तेरामोतो, टी. तादा, और बी. आओकी, जिन्होंने तिब्बती बौद्धधर्म का ज्ञान अर्जित करने के लिए तिब्बत को भेंट दी, के प्रयास से आगाज हुआ। इस क्षेत्र में महत्वपूर्ण रचनाओं में शुमार है, तिब्बती त्रिपिटक केटलोग, (2 खण्ड, तोहोकू विश्वविद्यालय 1934), कंजुर कैटलोग, (ओतानी विश्वविद्यालय, 1930–32), और बौद्ध धर्म (तिब्बती ग्रंथों का तोहोकू विश्वविद्यालय संग्रह केटलोग, 1954)।

विभिन्न ग्रंथों के संस्कृत, तिब्बती और चीनी संस्करणों के तुलनात्मक अध्ययन ने गत 20 वर्षों में काफी प्रगति की है। तिब्बती संस्करण पर आधारित ग्रंथ हैं महायानसंग्रह–शास्त्र, (संपादक जी. ससाकी, ओतानी विश्वविद्यालय के पूर्व प्रोफेसर), स्थिरमति का त्रिंशिकाविज्ञप्ति–भाष्य, (संपादक इ. तेरामोतो, ओतानी विश्वविद्यालय), आर्यश्रीमाला–सूत्र, (के. त्सुकिनोवा, रयूकोकू विश्वविद्यालय) और सन्धिनिर्मोचन–सूत्र, (के. निशिओ, ओतानी विश्वविद्यालय)।

तिब्बती बौद्धधर्म अध्ययन ऐसे विशेषज्ञों द्वारा जारी रखा गया है जैसे कि एस. यामागुची, जी. नगाओ, (क्योता), एच. हतानो, (तोहोकू), एस. योशिमुरा, (रयूकोकू) और कतिपय अन्य। चीनी त्रिपिटक और बौद्धधर्म के अध्ययन पर भी गंभीरता से ध्यान दिया जा रहा है। इस क्षेत्र में सबसे ज्यादा महत्वपूर्ण कार्य है ताइशो शिन्शु दाइझोक्यो, (खंड 85, 1918–25)। चीनी त्रिपिटक के कैटलोगों में सबसे ज्यादा ज्ञात है बी. नन्जिओ द्वारा 1883 में बनाया गया बौद्ध त्रिपिटक के चीनी अनुवाद का कैटलोग। होबोगिरिन, (टोकियो 1931) के साथ संलग्न ताइशो–इस्साइक्यो सारणी भी उपयोगी है।

जी. ओनो द्वारा निर्मित (12 खण्डों में 1933–35 में) बौद्ध संदर्भग्रंथ कोश अर्थात् बुस्शो काइसेत्सु दाइजितेन चीनी संस्करण के संदर्भ ग्रंथ अध्ययन में स्पष्ट झलकता है।

ताइशो इसाइक्क्यो पर आधारित जो दो प्रकार के जपानी अनुवाद प्रकाशित हो चुके थे, वे हैं: कोकुयाकु इस्साइक्यो, (150 खण्ड, टोकियो 1928–35) और कोकुयाकु दाइझोक्यो, (28 खण्ड)।

विभिन्न प्रकार के बौद्ध कोश तैयार किए गए, जिनमें (टी ओदा का खण्ड 1, 1917 वाला) बुक्कुओ दाइजितेन और (एस. मोचीझुकी का 6 खण्ड, टोकियो, 1931–36 वाला) बुक्क्यो दाइजितेन का समावेश हैं। इस क्षेत्र में असाधारण कार्य (के. कावाकामी द्वारा 1927–28 में 3 खण्डों वाला) त्रिपिटक सांकेतक दाइझोक्यो साकुइन है।

टोकियो विश्वविद्यालय के पूर्व आचार्य एस. मुराकामी, उसी विश्वविद्यालय के इ. माइदा, ताइशो विश्वविद्यालय के एक समय के प्रोफेसर एस. मोचिझुकी, ताइशो विश्वविद्यालय के पूर्व आचार्य बी. मात्सुमोतो के नाम उन लोगों में हैं, जिन्होंने पाठों के चीनी संस्करण पर आधारित बौद्धधर्म अध्ययनों को प्रकाशित किया है।

चीनी बौद्धधर्म विशेष (प्रापर) का अध्यायन जपान में प्रसिद्ध हुआ। डी. तोकिवा, के. सकाइनो और के. ताबुकी इस क्षेत्र के निष्णात विद्वान हैं। एच. उई, डी. टी. सुझुकी और कामाझावा विश्वविद्यालय के पूर्व आचार्य के. नुकारिया ने झेन बौद्धधर्म पर अनेक महत्वपूर्ण ग्रंथ रचे। केन्द्रिय एशियन बौद्ध धर्म अध्ययन के लिए आर. हतानी, जो क्योतो विश्वविद्यालय के सेवानिवृत्त प्रोफेसर थे, और उसी विश्वविद्यालय के जे. इशिहामा और कतिपय अन्य विद्वानों ने अपनों को समर्पित किया। के. ओतानी के निर्देशन में शोध मंडल (एक्सपीडिशन) यात्रा केन्द्रीय एशिया में भेजी गई थी, और इसी से विषय से संबंधित महत्वपूर्ण पुरातात्विक अवशेष प्रकाश में आए।

अंत में जपानी बौद्धधर्म के कुछ महत्वपूर्ण कार्य का संदर्भ निम्न प्रकार है:

जपानी बौद्धधर्म अध्ययन अद्यतन अपनी आलोचनात्मक एप्रोच (खूबी) में लाक्षणिक प्रगति सूचक हैं। जपानी बौद्धधर्म अध्ययन के दो लक्षणों में से एक ऐतिहासिक शोध पर केन्द्रित है, जब कि दूसरा बौद्ध विचार पर। पहले पर बहुत प्रसिद्ध कार्य झेड. त्सुजी का जपानी बौद्धधर्म का इतिहास, 10 खण्डों में है। बौद्धधर्म विचार के क्षेत्र में एस. शिमाजी, पूर्व आचार्य, टोकियो विश्वविद्यालय अग्रणी है, जब कि उसी विश्वविद्यालय के एस. हानायामा ने भी संबंधित विषय पर महत्वपूर्ण कार्य किए।

शिनरान, दोगेन और बौद्ध सम्प्रदायों के अन्य संस्थापकों के दर्शनों को जपान और अन्य देशों के गैर–बौद्ध दार्शनिकों द्वारा बडे सम्मान से ग्रहण किया जाता हैं।

निरंतर प्रवाह

न्याय वैशेषिक भी बौद्ध दर्शन की तरह कार्य और कारण सिद्धान्त में उल्लेखित कार्य और कारण इन दो तत्वों को अलग अलग मानते है और कारण किसी भी तरह अपने गुणों को कार्य में अंतर्निहित नही होने देता। बौद्ध दर्शन में कारण रहता ही नही जब कार्य उत्पन्न होता है और न्याय–वैशेषिक दर्शन में कारण और कार्य एक साथ रहते हुए भी एक दूसरे से अपने गुण या अवयव में सहभागी नही

होते। लेकिन जब अवयव और अवयवी के भिन्न भिन्न प्रकार के रंग, रुप, भार आदिओं के साथ वस्तु के भीतर एक ही जगह अलग–अलग तौर पर रहते है कहने में व्यावहारिक दिक्कत आई तो उन्होंने बौद्ध दर्शन का क्षणभंगुरवाद और अनित्यतावाद स्वीकार कर अपना दर्शन पहलू ठीक कर लिया।

वैशेषिक दार्शनिक कनाद के नित्यतावाद का प्रयोजन बौद्ध क्षणिकवाद को देमोक्रितु के परमानुवाद, अफलातूॅ के सामान्यवाद तथा अरस्तू के द्रव्य आदि पदार्थवाद की सहायता से खंड़ित करना[1] था।

सर्वास्तिवाद

जब मथुरा अंग्रेज सरकार, महाव्यापार और सर्वास्तिवाद का केन्द्र था तब मगध के सर्वास्तिवादी मथुरा के अपने भाई बिरादरी से अलग हो गए और तब से मागधी शाखा का नामाभिधान आर्यसर्वास्तिवादी हुआ।

कनिष्क और वैभाषिक

कुशान–राजा कनिष्क यूचि राजवंश का था और उसकी राजधानी पेशावर थी। यह मथुरा सर्वास्तिवादी के पेट्रन थे। उन्हीं की छत्रछाया में गांधार और काश्मीर के मनीषियों के आपसी भेद मिटाने के लिए वसुमित्र और अश्वघोष ने एक संगीति बुलाई थी। इस में कुछ भाष्य–ग्रंथों की रचना की गई और उसे एक समग्र नाम "विभाषा" दिया गया। इसी के कारण इसे माननेवाले सर्वास्तिवादियों को वैभाषिक कहा जाने लगा।

नागार्जुन

प्रथम शताब्दि में वैभाषिक उत्तर में प्रगत हो रहे थे और दक्षिण के बेरार या विदर्भ में नागार्जुन का आविर्भाव हुआ। उन्होंने शून्यवाद पर रचना की, जो सापेक्षता के रुप में महायान में प्रचलित हुआ। उनके त्रिपिटक में प्रज्ञा–पारमिता जैसे अन्य ग्रंथों का समावेश है।

वसुबंधु

चौथी शताब्दि में वसुबन्धु ने अभिधर्म–कोश लिखा, जो सर्वास्तिवाद, और सौत्रान्तिक निकाय का प्रतिपादन करता था। उनके बड़े भाई असंग ने योगावार–दर्शन की नींव डाली।

चार स्कूल

इसी शताब्दि के उत्तरार्ध में सौत्रान्तिक, वैभाषिक, माध्यमिक और योगाचार दर्शन परंपरायें आरंभ हुई। ये अपने अपने विशेष ग्रंथों, पद्धतियों, शब्दावलियों और मोक्ष–प्राप्ति के साधनों के कारण परंपरागत शिक्षा से पृथक हो गये।

दर्शन का स्थान

दर्शन बुद्ध–वचन का केवल एक आंशिक भाग है। सम्यक सम्बुद्ध व्यर्थ की कल्पनाओं में रमण नहीं करते थे। जहांतक अपने जीवन को शुद्ध और मन को विशुद्ध करने में दर्शन सहायक होता है उस सीमा तक उन्हों ने अपने धर्मविनय में दर्शन को स्थान दिया।

अनित्य, दु:ख, अनात्म

जो प्रश्न सीधे मानवी दु:ख से संबंधित नही होते थे उन को बुद्ध कभी तुल नही देते थे। उन्होंने ऐसे ही दस प्रश्नों पर अपनी राय मौन रखी क्योंकि (1) जगत नित्य होने या (2) नही होने अथवा (3) जगत सान्त होने या (4) अनन्त होने; (5) आत्मा और शरीर एक होने या (6) दो होने; (7) मरने के बाद तथागत के रहने या (8) न रहने या (9) रहने और नही रहने या (10) नही रहने और न नही रहने आदि से किसी के मोह पाश से मुक्त होने या बुद्धत्व प्राप्त करने में कोई योगदान नही है।

सभी संस्कार अनित्य हैं– सब्बे संखारा अनिच्चा, सभी संस्कार असंतोषजनक हैं– सब्बे संखारा दुक्खा और सभी धर्म अनात्म हैं– सब्बे धम्मा अनत्ता से संक्षेप में बौद्ध दर्शन सूत्रित हो जाता है। जो अनित्य नही, उसका अस्तित्व ही नही, यह किसी नित्य तत्व का बाह्य परिवर्तन नही, यह है एक स्थिति का न रहना और उससे सर्वथा भिन्न स्थिति का अस्तित्व में आना। वह जो अभाव को प्राप्त होता है, वह दूसरा है और वह जो भाव को प्राप्त होता है, एकदम दूसरा।

दिग्नाग

दिग्नाग ने कहा है कि कार्यकारणसामर्थ्य लक्षणात् वस्तुनाः अर्थात् कार्य कर सकने की सामर्थ्य ही जीवन है।

धर्मकीर्ति

चीनी–अनुवाद के अनुसार अश्वघोष की कृति 'वज्रसूची' के रचयिता धर्मकीर्त्ति है। 170 दिग्नाग –वसुबन्धु के शिष्य–के पश्चात् धर्मकीर्त्ति सन् 575–700 ई. हुए, जिनका न्यायबिन्दु, हेतुबिन्दु और प्रमाणवार्तिक संस्कृत में उपलब्ध हैं। दिङनाग, धर्मकीत्ति का मत है –"प्रत्यक्ष अपने–अपने विषय के स्वलक्षण का ग्रहण है। निर्विकल्पक है, अतः जाति, सामान्य का प्रत्यक्ष नही होता। यदि यह सविकल्पक प्रत्यक्ष है, अर्थात् बुद्ध्यपेक्ष है, तो यह अलीक है।" भारतीय सभ्यता का स्वर्णयुग पॉचवीं से सातवीं शताब्दी तक है। इस युग में बौद्धदर्शन में मौलिक परिवर्त्तन हुआ। न्याय तथा ज्ञान–मीमांसा उसकी गवेषणा के मुख्य विषय हो गये। इस परिवर्तन का बौद्धधर्म पर सामान्यतः बड़ा प्रभाव पड़ा। इस युग के तीन सूर्य, जिन्होंने अपनी प्रतिभा और प्रकाण्ड विद्वत्ता से संसार को दैदीप्यमान किया, वसुबन्धु, दिङ्नाग और धर्मकीर्त्ति थे। वसुबन्धु के शिष्य दिङ्नाग ने प्रमाणसमुच्चयवृत्ति, वादविधान और अभिधर्मकोश में अपने न्याय सिध्दान्त के बीज रोपित किए। उनको उन्होंने पहले एक सिद्धान्त के रुप में एकत्रित किया, और धर्मकीर्त्ति ने उसको एक निश्चित रुप प्रदान किया। दिङ्नाग ने न्याय के विभिन्न प्रश्नों पर छोटे–छोटे कई ग्रंथों को उन्होंने अपने 'प्रमाणसमुच्चय' में संगृहीत किया। उन्होंने न्याय पर सात ग्रन्थ लिखे – एक मूल और छह पाद यथा प्रमाणवार्त्तिक, प्रमाणविनिश्चय, न्यायबिन्दु, हेतुबिन्दु, सम्बन्धपरीक्षा, चोदनानामप्रकरण और सन्तानान्तरसिद्धि। जब दिङ्नाग ने 'प्रमाण ासमुच्चय' की रचना की, तब प्रमुख भारतीय दर्शन पहले ही न्याय के मौलिक प्रश्नों पर अपना मत प्रतिपादित कर चुके थे। प्रत्येक दर्शन को अपनी पुष्टि के लिए न्याय तथा न्यायमीमांसा – लॉजिक ऐण्ड एपिस्टेमोलॉजी– की आवश्यकता प्रतीत हुई। चार मौलिक दृष्टियां आरम्भ से ही भारतीय दर्शन में विद्यमान रही हैं – आरम्भवाद, संघातवाद, परिणामवाद और विवर्तवाद। इन में से संघातवाद

बौद्धों का पक्ष है। केवल धर्मों–एलिमेण्टस– का बाह्य अस्तित्व है, संस्कृत या संघात का नही। जब वर्ण–संज्ञा की उत्पत्ति होती है, तब उस वस्तुमात्र से ज्ञान की उत्पत्ति नही होती, किन्तु तीन ध ार्म, अर्थात् विज्ञान, वर्ण–धर्म और चक्षु–धर्म एक साथ उत्पन्न होते है तब हेतु–फल–परम्परा का प्रतीत्यसमुत्पाद का सिद्धान्त काम करता है। 588 धर्मकीत्ति प्रत्येक विज्ञान में तथा प्रत्येक वस्तु में तीन प्रकार के गुण मानते हैं – देश, काल और स्वभाव। वे आकाश और काल दोनों का समान रुप से विवेचन करते हैं। वह देश और आकाश दोनों शब्द का व्यवहार करते है। अर्थ के देशस्थ होने को वह सदा 'देश'कहते हैं और आकाश को अनादि, अनन्त, अविपरिणामी बताते हैं। वह उन दोनों शब्दों का प्रयोग उसी अर्थ में करते हैं, जिस अर्थ में इनका प्रयोग आस्तिक दर्शनों में होता हैं। दिक् का अर्थ केवल अर्थ का देशस्थ होना है। यह वाद विज्ञानवादी विचार से पूरी तरह मिलता है, किन्तु दिङ्नाग और धर्मकीर्त्ति अनन्त आकाश का बार–बार उल्लेख करते हैं। साथ–ही–साथ परार्थानुमान का उल्लेख है, जिसके द्वारा वाक् की अनित्यता सिद्ध हो सकती है। जिसका अस्तित्व है, वह अनित्य है। वाक् का अस्तित्व है, वह अनित्य है। आकाश नित्य है। इसलिए उसका अभाव है। 591 दिङ्नाग और धर्मकीर्त्ति के सिद्धान्त में ज्ञान की व्याख्या के तुल्य वस्तु, परमार्थ–सत् की व्याख्या भी अपूर्व है। वस्तु, परमार्थ–सत् अर्थक्रिया समर्थ है। जिसमें यह सामर्थ्य नही है, वह अवस्तु है। जो अग्नि प्रज्वलित और शान्त होती है, वह अग्नि स्वलक्षण है। अग्नि–संनिधान में स्फुट और असंनिध ाान में अस्फुट प्रतिभासित होती है। यह परमार्थ–सत है। जबतक वर्तमान और चक्षुरिन्द्रय–ग्राहय है, अग्नि का प्रकाश–कण भी स्फुट है। जो वह्नि विकल्प का विषय है, जो न प्रज्वलित होती है और न पाचन–क्रिया करती है, और न प्रकाश देती है, वह अवस्तुक है। यद्यपि विकल्प–विषय दृश्य के तुल्य हो, तथापि वह अर्थक्रियाभाव के कारण दृश्य नही है। अतीत, भविष्य अवस्तुक है; केवल प्रत्युत्पन्न वस्तु है। विकल्प–विषय, अभाव, वृद्धिनिर्माण, जाति, सामान्य प्रज्ञप्तिमात्र हैं; केवल स्वलक्षण वस्तु–सत् है। अन्य केवल विकल्प है, शब्दमात्र हैं। इनके पीछे किंचिन्मात्र भी वस्तुत्व नही है। वस्तु–सत में विकल्प नही होता, अतः यह विर्विकल्पक है। किन्तु, इन दो के बीच एक लोक है, जो परिकल्प से बना है; किन्तु जिसका आधार वस्तु–सत् है। इसे संवृति–सत्य कहते हैं। परिकल्प दो प्रकार के हैं – शुद्ध और वस्तु–मिश्रित। वस्तु के भी दो प्रकार है– शुद्ध और परिकल्प–मिश्रित। एक वस्तु–सत् क्षण स्वलक्षण है। यह परमार्थ–सत् है। दूसरा स्वलक्षण के अनन्तर विकल्प–निर्मित आार हैं। जब वस्तु–प्रतिबन्ध पारम्पर्येण होता है, तब अर्थ–संवाद होता है, यद्यपि यह अनुभव परमार्थ–सत् की दृष्ट से भ्रान्त है। पारम्पर्येण सत् है, प्रत्यक्षेण नही। 615–616 आचार्य दिङ्नाग ने जो विरुद्धाव्यभिचारि संशयहेतु बताया गया, वह अनुमान का विषय नही होने से धर्मकीर्त्ति ने उसका उल्लेख नही किया। तीन हेत्वाभास हैं – असिद्ध, विरुद्ध और अनैकान्तिक। यह तब होते है, जब तीन रुपों में रो किरी एक या दो–दो रुप असिद्ध या संदिग्ध हैं। जब एक रुप असिद्ध है, और दूसरा रुप संदिग्ध है, तब अनैकान्तिक होता है। जब इन दोनों रुपों का विपर्यय निश्चित होता है, तब हेतु विरुद्ध होता है। इसका आकार है:

एक वीतराग या सर्वज्ञ है (साध्य)।
क्योंकि उसमें वक्तृत्व हैं। –हेतु
जिस पुरुष में वक्तृत्व है, वह वीतराग या सर्वज्ञ है।
यहां व्यतिरेक असिद्ध है और अन्वय सन्दिग्ध है।

हमारा अनुभव सिद्ध करता है कि एक पुरुष जो रागवान है और सर्वज्ञ नही है, वह वक्तृत्व शक्ति से रहित नही होता। अतः, यह नही जाना जाता कि वक्तृत्व से सर्वज्ञ होता है या नही। यह अनैकान्तिक है। क्योंकि सर्वज्ञत्व और वीतरागत्व अतीन्द्रिय है, अतः यह संदिग्ध है कि वक्तृत्व जो इन्द्रियगम्य है, इनके साथ रहता है या नही। जब दोनों रुप संदिग्ध हैं, तब भी अनैकान्तिक है। अन्वय–व्यतिरेक रुप के संदिग्ध होने पर संशय हेतु होता है।

जीवच्छरीर सात्मक है (साध्य)।

क्योंकि, इसके प्राणादि आश्वासादि है। –हेतु

यह असाधारण संशयहेतु है। इस में दो हेतु दिखाते हैं। सात्मक और निरात्मक। जो आत्मा के साथ वर्तमान है, वह सात्मक है। जिसमें आत्मा निष्क्रान्त हो गया है, वह निरात्मक है। इन दो से अन्य कोई राशि नही है, जहां प्राणादि वस्तुधर्म वर्तमान हो। इन दो राशियों में से किसी एक में भी वृत्ति का सद्भाव निश्चित नहीं हैं। असाधारण धर्म के अनैकान्तिकत्व में यह सिद्ध नही है कि जीवच्छरीर–सम्बन्धी प्राणादि सात्मक राशि या अनात्मक राशि से उसको व्यावृत्त करता है। यह निश्चय करना कि किस राशि में उसका निश्चित अभाव है, सम्भव नही है।

प्राणादि का होना कुछ सिद्ध नही करता; न यही सिद्ध करता है कि आत्मा है, न यही सिद्ध करता है कि आत्मा का अभाव है। अतः, जीवच्छरीर में आत्मा का भाव है या नहीं, प्राणादि लिंग द्वारा निश्चित नही हो सकता।

शब्द

मीमांसा और न्याय–वैशेषिक के अनुसार "शब्द नित्य है"। इनके विरुद्ध बौद्ध दार्शनिक है।

अर्थ

वेद के अग्निहोत्रं जुहुयात् स्वर्गकामः स्वर्ग की कामना करनेवाला हवन करें, सोमेन यजेत –सोम से यजन करे आदि चंद विधि–वाक्यों को छोड बाकी सभी अर्थवाद है। अर्थवाद चार प्रकारके हैं। निंदा, प्रशंसा, परकृति और पुराकल्प। उसके उदाहरण क्रमशः हैं: 1. 2. 3. और 4 ।

अष्टांग मार्ग

मिच्छा	सामान्य	लोकोत्तर	मग्गाङ्ग
मिच्छा दिट्ठि		**सम्मादिट्ठि**	**दिट्ठी**
मिच्छा काम व्यापाद विहिंसा	उपधिवेपक्को (resolve resulting in) नेक्खम्म संकप्पो अब्यापाद संकप्पो अविहिंसा सेकप्पो	सम्मा संकप्पो तक्को (thinking)s वितक्को (directed thinking) संकप्पो (resolve) अप्पणा (mental fixity) ब्यापणा (mental transfixion) चेतसो अभिनिरोपना (focussed awareness) वची सङ्खारो (verbal fabrication)	**संकप्पो**

मुसावादा पिसुना वाचा फरुसा वाचा सम्फप्पलापो	मुसावादा वेरमणी पिसुना वाचा वेरमणी फरुसा वाचा वेरमणी सम्फप्पलापो वेरमणी	× × × मुसावादा आ वि प वेरमणी पिसुना वाचा आ वि प वेरमणी फरुसा वाचा आ वि प वेरमणी सम्फप्पलापो आ वि प वेरमणी	**वाचा**
पाणातिपाता अदिन्नादाना कामेसुमिच्छाचारा	पाणातिपाता वेरमणी अदिन्नादाना वेरमणी कामेसुमिच्छाचारा वेरमणी	पाणातिपाता आ वि प वेरमणी अदिन्नादाना आ वि प वेरमणी कामेसुमिच्छाचारा आ वि प वेरमणी	**कम्मन्तो**
कुहना (scheming/ deceit) लपना (persuading/treachery) निमित्तिकता (hinting/soothsaying) निप्पेसिकता (belittling/tickery) निजिगिसनता (pursuing gain/usury)	कुहना वेरमणी (scheming/deceit) लपना वेरमणी (persuading/treachery) निमित्तिकता वेरमणी (hinting/soothsaying) निप्पेसिकता वेरमणी (belittling/tickery) निजिगिसनता वेरमणी (pursuing gain/usury)	कुहना आ वि प वे (scheming/deceit) लपना आ वि प वे (perding/treachery) निमित्तिकता आ वि प वे (hinting/s-saying) निप्पेसिकता आ वि प वे (belittling/tickery) निजिगिसनता आ वि प वे (pursu-ing gain/usury)	**आजीवो**
मिच्छा वायामो	मिच्छा वायामो निज्जन्नो	सम्मा वायामो	**वायामो**
मिच्छा सति	मिच्छा सति निज्जन्ना	सम्मा सति	**सति**
मिच्छा समाधि	मिच्छा समाधि निज्जना	सम्मा समाधि	**समाधि**

× × × = उपरति, वि = विरति, प = पटिविरात (आविप = dislike, abstinen and complete abstinence)

संदर्भ ग्रंथ

1. पृ. 593, अ. 16, दर्शन–दिगदर्शन, रा. सा., किताब महल, इलाहाबाद 1944, द्वि. सं. 1947, तृ. सं. 1961
2. भदंत आनंद कौसल्यायन, भदंत चंद्र बोधि अनु. बौद्ध धर्म ही क्यो अथवा बुद्धिज्म एण्ड अदर रिलिजन्स, भिक्खू निवास प्रकाषन, दीक्षा भूमि, नागपूर 1975, पृ. 1–42
3. विनय पिटक, परिवार 164
4. आचार्य नरेन्द्रदेव, बौद्ध–धर्म–दर्शन, पटना, 1971
5. वर्मा विश्वनाथ प्रसाद, भारतीय दर्शन, नई दिल्ली 2002, पृ. 87
6. राहुल सांकृत्यायन, दर्शन दिग्दर्शन, किताब महल, इलाहाबाद, प्र. सं. 1944, द्वि. सं. 1947, तृ. सं. 1961
7. पी. वी. बापट और जे. एन. तकासाकी, बुद्धिस्ट स्टडीज इन रिसेन्ट टाईम्स, बौद्धधर्म के 2500 वर्ष, पब्लिकेशन डिविजन, मनिस्ट्री ऑफ इम्फर्मेशन एण्ड ब्राडकास्टिंग, भारत सरकार 1956, रिप्रिन्ट 1959, 1964, 1971, 1976 पृ. 337–383
8. चाउ–ह–सिएन्ना कुअन्ना, इन्डो–चीन संबंध, और चीनी बौद्धधर्म का इतिहास, 1955

अध्याय 20

भारत उदय स्तंभ

1. ताली पल्टन महू में श्री रामजी मालोजी सकपाल तथा भीमाबाई के परिवार में मंगलवार दिनांक 14 अप्रैल 1891 को बालक भीमराव का जन्म हुआ।
2. वर्ष 1907 में मैट्रिक की परीक्षा उत्तीर्ण होने पर जनवरी 1908 में कृष्णा जी अर्जुन केलुस्कर ने स्वलिखित पुस्तक गौतम बुद्ध की जीवनी भीमराव को भेंट की।
3. सन् 1913 में उन्होंने मुंबई विश्वविद्यालय से बी.ए. तथा कोलंबिया विश्वविद्यालय, न्यूयार्क से सन् 1915 को एम.ए. की परीक्षा पास की।
4. प्रो. गोल्डनवेजर एन्त्रपालाजिकल सेमिनार में मई 1916 को भारत में जातियां, उनकी उत्पत्ति और निदान नामक उनका शोधपत्र मई 1917 में प्रकाशित हुआ।
5. कोलंबिया विश्वविद्यालय न्यूयार्क ने 1917 में भारत का राजस्वः एक ऐतिहासिक तथा विश्लेषणात्मक अध्ययन प्रबंधन पर उन्हें पी.एच.डी. उपाधि प्रदान की गई।
6. जुलाई 1917 में वे बड़ौदा नरेश गायकवाड के मिलिटरी अधिकारी पद पर और बाद में वित्त मंत्री पदोन्नति हेतु नियुक्त हुए।
7. सन् 1918 में उन्होंने साउथबरो कमिश्न के समझ मताधिकार पर अपनी साक्ष्य दी और नागपुर में आयोजित डिप्रेरड वर्ग परिषद में उपस्थित हुए।
8. नवंबर 1918 में मुंबई के अर्थशास्त्र और वाणिज्य महाविद्यालय, सिडेनहैम में राजनीतिक अर्थव्यवस्था के प्रोपेफसर बने।
9. मूकनायक (जनवरी 31, 1920), बहिष्कृत भारत (अप्रैल 3, 1920), समता व जनता (1930), तथा प्रबुद्ध भारत (1956) साप्ताहिक/पाक्षिक शुरू किए।
10. सितम्बर 1920–21 में लंदन स्कूल ऑफ एकानॉमिक्स ने उन्हें शोध ग्रंथ ब्रिटिश भारत में साम्राजीय वित्त का प्रांतीय विकेन्द्रीकरण पर एम.एस.सी. की उपाधि प्रदान की।
11. वर्ष 1922–23 में वे जर्मनी के बॉन विश्वविद्यालय में रिस्पॉन्सिबिलिटी ऑफ द रिस्पॉन्सिबल गवर्नमेंट प्रशासन में संबंधित विषय पर उन्होंने ग्रंथ लिखा।
12. मार्च 2913 में शोध प्रबंध रुपये की समस्या, उसकी उत्पत्ति और उसका उपाय पर उन्हें –– एससी, उपाधी प्रदान की गई।
13. ग्रेज–इन विधि संस्थान, लंदन द्वारा बैरिस्टर की उपाधि उन्हें वर्ष 1923 में प्रदान की गइ।

14. बहिष्कृत हितकारिणी सभा उन्होंने 20 जुलाई, 1924 में संस्थापित किया और शिक्षित बनो, संघर्ष करो, संगठित रहो का नारा दिया।
15. वर्ष 1925 में एम.एसी का शोध ग्रंथ ब्रिटिश भारत में प्रांतीय वित्त का विकास प्रकाशित किया गया।
16. उनके एम.एस.सी. के शोध ग्रंथ ब्रिटिश भारत में प्रांतीय वित्त का विकास के आधार पर देश में वित्त आयोग की स्थापना हुई।
17. हिल्टन यंग कमिशन के समक्ष प्रस्तुत अपने रुपये की समस्या, उसकी उत्पत्ति और उपाय शोध ग्रंथ पर उन्होंने साक्ष्य ने जिससे भारतीय रिजर्व बैंक की स्थापना 1934 में हुई।
18. मार्च 20, 1927 को कोलाबा जिले के महाड़ में चवदार तालाब पर अस्पृश्यों की पहुंच हेतु सत्याग्रह किया।
19. उन्होंने समाज विरोधी संदेश देने वाले धार्मिक तथा पवित्र साहित्य को जलाने योग्य घोषित किया।
20. 1928 में मुंबई विधान परिषद में वतन विधेयक प्रस्तावित कर सायमन कमीशन के समक्ष अपन साक्ष्य दी।
21. वर्ष 1930 के मार्च महीने में उन्होंने अनुसूचित जाति एवं जनजातियों के नाशिक के कालाराम मंदिर प्रवेश अधिकार के लिए सत्याग्रह किया।
22. वर्ष 1930–32 के दौरान वे भारत के अनुसूचित जाति एवं जनजातियों को नीति निर्धारण में सहभागिता दिलाने के लिए तीन बार गोलमेल सम्मेलन में प्रतिनिधित्व करते रहे।
23. महिलाओं, गरीबों एवं कमजोर बर्गों को उन्होंने वर्चस्व मतदान एवं चुनाव लड़ने का अधिकार प्रदान किया।
24. सितंबर 1932 में महात्मा गांधी को आमरण अनशन से बचाने के लिए उन्होंने पूना पैक्ट पर हस्ताक्षर किया।
25. दिसंबर 1935 में जात–पात तोड़कर मंडल, लाहौर के सम्मेलन के लिए जातिभेद निर्मुलन नामक जो ऐतिहासिक अध्यक्षीय अभिभाषण तैयार किया था, उसे ग्रेथ रूप में प्रकाशित किया गया।
26. 1936 में येवला में हिन्दू धर्म छोड़ने के फैसले के समर्थन में चर्मकार, मातंग, हिंदू, सिक्ख समुदाय आदि विभिन्न संगठनों ने धर्म परिवर्तन के लिए अपना समर्थन दिया।
27. उन्होंने कहा ''धर्म, दरिद्रता और दुःख को गौरवान्वित कर जमीनी सच्चाई से अपान मुख नहीं मोड़ सकता।''
28. उन्होंने राजनैतिक और आर्थिक शक्ति की भांति धर्म को भी एक प्रभावी शक्ति माना है।
29. उन्होंने अपने गहन अध्ययन से धार्मिक ग्रंथों में अन्तर्भूत, समाज विरोधी शिक्षाओं का धिक्कार किया और उसे दूर करने हेतु जनता को जागृत किया।
30. अगस्त 1936 में मुंबई विधान परिषद के लिए स्वतंत्र मजदूर पार्टी की स्थापना की।

31. भारत सरकार अधिनियम 1935 के तहत 17 फरवरी 1937 को सम्पन्न प्रथम आम चुनाव में मुंबई विधानसभा से स्वतंत्रा मजदूर पार्टी के जरिए उन्होंने सीटें जीतीं।
32. डॉ. अम्बेडकर ने 17 सितम्बर, 1937 को महार वतन निर्मूलन विधेयक विधानसभा में पारित करवाया।
33. वर्ष 1938 में कांग्रेस पार्टी द्वारा अस्पृश्यों को हरिजन नाम देने वाला विधेयक विधानसभा में पारित करवाया गया, जिसका विरोध किया गया।
34. मुंबई विधान सभा में छोटे किसानों की उत्पीड़क खोती प्रथा निषेध विधेयक पारित करवाया।
35. मुंबई विधानसभा में औद्योगिक विवाद विधेयक 1938 में पारित करवा कर श्रमिकों के हड़ताल के अधिकार को कानूनी करार दिया।
36. मुंबई विधानसभा में 10 दिसंबर 1938 को जन्म नियंत्रण के उपायों को अंगीकृत करने वाला प्रस्ताव पारित किया गया।
37. भारत सरकार अधिनियम 1935 में रेखांकित अखिल भारतीय संघ योजना की आलोचनात्मक समीक्षा को 29 जनवरी 1939 को पुस्तक के रूप में प्रकाशित किया गया।
38. वर्ष 1923–56 के दौरान बहिष्कृत हितकारिणी सभा, दलित वर्ग षिक्षा समाज, स्वतंत्र श्रमिक दल, महार पंचायत, अखिल भारतीय अनुसूचित जाति परिषद, द पिपुल्स एजुकेशन सोसायटी, भारतीय बौद्ध महासभा और रिपब्लिकन पार्टी ऑफ इंडिया जैसी कई संस्थाएं इनके द्वारा स्थापित की गई।
39. कमजोर वर्गों के छात्रों को छात्रावासों, रात्रि स्कूलों, ग्रंथालयों तथा शैक्षणिक माध्यम से अध्ययन और अर्जन करने के लिए सक्षम बनाया गया।
40. लार्ड लिनलिथगों ने उनकी क्षमता को 500 विद्वानों के समकक्ष आंकी थी और वास्तव में वे सामाजिक, आर्थिक, राजनीतिक, साहित्यिक धार्मिक, कलात्मक और मनोवैज्ञानिक क्षेत्रों में पारंगत की भांति योगदान देते रहे।
41. दिसंबर 1940 में लिखी गई विचारोत्तेजक पुस्तक ''पाकिस्तान अथवा मभारत का विभाजन'' शीर्षक से फरवरी 1945 में प्रकाशित की गई जिसका तीसरा संस्करण 1946 में प्रकाशित हुआ।
42. श्रम मंत्री के रूप में महाराज्यपाल की कार्यकारिणी परिषद का दायित्व 20 जुलाई 1942 को ग्रहण कर श्रमिकों की 12 घंटे परिश्रम करने की अवधि को 8 घंटे तक कम किया।
43. दिसंबर 1942 को लिखित भारत में अछूतों की समस्याएं नामक शोध ग्रंथ दिसंबर 1943 में मि. गांधी और अछूतों की मुक्ति शीर्षक में प्रकाशित किया गया।
44. 1943 में रानाडे, गांधी और जिन्नाह ग्रंथ प्रकाशित किया गया। भारतीय श्रमिक अधिनियम को सक्रिय बनाकर श्रमि संघ संशोधन विधेयक से श्रमिक संघ को मान्यता दिलाई गई।
45. उन्होंने श्रमिक संघ, नियोक्ता तथा सरकार के त्रिसूत्रीय योजना से औद्योगिक विवाद सुलझाने का उपाय प्रदान किया।

46. जातीय गुत्थी और उसे सुलझाने का उपाय ग्रंथ को 6 मई 1944 को प्रकाशित किया। उन्होंने श्रम कल्याण निधि के क्रियान्वयन हेतु जनवरी 1944 में सलाहकार समिति बनवाई।
47. कांग्रेस और गांधी ने अछूतों के लिए क्या किया ग्रंथ जून 1944 में प्रकाशित
48. सन् 1944 में कर्मचारियों के लिए दैनिक भत्ता, अवकाश की सुविधा, वेतन श्रेणी, भविष्य निधि, तथा सुरक्षा प्रदान करने का संशोधन विधेयक उन्होंने पारित करवाया।
49. भारतीय सांख्यिकी अधिनियम, श्रम की दशा, दैनिक मजदूरी, आय के अन्य स्रोत, मुद्रास्फिति, ऋण, आवास, रोजगार, राष्ट्रीय रोजगार कार्यालय की स्थापना, जमापूंजी तथा अन्य निधि व श्रम विवाद से संबंधित नियम उन्होंने निर्धारित करा दिए।
50. सन् 1944 में केन्द्रीय जल मार्ग तथा सिंचाई आयोग के प्रस्ताव को 4 अप्रैल, 1945 को महाराज्यपाल द्वारा अनुमोदित किया गया।
51. कृषि तथा छोटी जोतों पर निर्भर बेरोजगार श्रमिकों को रोजगार के अधिक अवसर प्रदान करने के लिए उन्होंने औद्योगिकरण की सिफारिश की।
52. सन् 1945 में महानदी के प्रबंधन की बहुउद्देषीय उपयुक्कता को परख कर देश के लिए जलनीति तथा औद्योगिकरण की योजना प्रदान की।
53. सहकारी और सामूहिक खेती जमीन का राष्ट्रीयकरण तथा सार्वजनिक प्राथमिक उद्यमों तथा बैंकिंग, बीमा आदि उपक्रमों पर राज्य का स्वामित्व और नियंत्रण की पुरजोर सिफारिश की।
54. विश्व युद्ध के उपरांत उन्होंने राष्ट्रीय अर्थव्यवस्था की पुनर्स्थापना, रक्षा सेवा की पुनर्नियुक्त, कृषि, सिंचाई और विद्युत नीति की नींव रखी।
55. उन्होंने केन्द्रीय तकनीकि विद्युत मंडल, जल विद्युत केन्द्र तथा सर्वेक्षण के माध्यम से देश में उत्कृष्ट अभियंताओं के विदेश में प्रशिक्षण की व्यवस्था दी।
56. सन् 1946 में निवास, जल आपूर्ति, शिक्षा, मनोरंजन, सहकारी प्रबंधन आदि से श्रम कल्याण नीति की नींव डाली।
57. अप्रैल, 1946 में सिद्धार्थ कला और वाणिज्य महाविद्यालय मुंबई की स्थापनी की।
58. अक्तूबर 1946 को शूद्र कौन थे, वे इण्डो–आर्यन समाज में चौथा वर्ण कैसे बने प्रकाशित किया।
59. सितंबर 1946 को लंदन जाकर ब्रिटिश सरकार और विपक्ष दल को अनुसूचित जाति एवं जनजातियों के लिए सुरक्षा, वेटेज, तथा भारत को आजादी दिलाने के बारे में अपील की।
60. डॉ. अम्बेडकर 1946 में भारत के संविधान सभा के सदस्य निर्वाचित होकर संयुक्त भारत निर्माण पर जोर दिया।
61. दामोदर घाटी, हिराकुण्ड तथा सोन व महानदी–परियोजना के स्थापनार्थ जल संग्रह, बांध निर्माण, राष्ट्रीय जलमार्ग और बहुउद्देशीय जल प्रयोग की योजना प्रदान की।
62. अनुसूचित जाति, जनजाति और अल्पसंख्यकों को शिक्षा और नौकरी की गारंटी प्रदान कर सामाजिक असमानता के निर्मूलन का कार्य किया।

63. स्वास्थ्य बिना योजना, भविष्य निधि, कारखाना संशोधन, श्रमिक विवाद, न्यूनतम मजदूरी और विधिक हड़ताल के अधिनियमों को श्रमिकों के कल्याणार्थ निर्माण किया।
64. अज्ञान, अशिक्षा तथा अंधविश्वास से मुक्ति के लिए कमजोर वर्गों के छात्रों को उच्च शोध अध्ययन हेतु विदेश भेजन और छात्रवृत्ति प्रदान करने की सफल योजना कार्यान्वित की।
65. मार्च 1947 में राज्य और अल्पसंख्यक पुस्तक में मौलिक अधिकार, अल्पसंख्यकों का विशेष अधिकार, अनुसूचित जाति एवं जनजातियों की सुरक्षा और भारत के राज्यों की समस्याओं पर प्रकाश डाला।
66. डॉ. अम्बेडकर ने अप्रैल 1947 से भारत के संविधान का जो अस्पृश्यता निर्मूलक 17वां अनुच्छेद बनाया था, वह 20 नवम्बर 1948 को संविधान सभा में पारित किया गया।
67. डॉ. अम्बेडकर संविधान सभा में मुंबई विधान मंडल से कांग्रेस पार्टी द्वारा निर्वाचित हुए थे। वे आजाद भारत के प्रथम विधि मंत्री बने।
68. संविधान सभा ने उनको मसौदा समिति में नियुक्त किया और मसौदा समिति ने उन्हें 29 अगस्त 1947 को अपा अध्यक्ष निर्वाचित किया।
69. फरवरी 1948 को डॉ. अम्बेडकर ने भारत गणराज्य का संविधान मसौदा पूरा किया।
70. अक्टूबर 1948 में द अनुटचेबल नामक प्रकाशित ग्रंथ में अछूतों की उत्पत्ति पर ऐतिहासिक तथ्य प्रस्तुत किए।
71. भाषाई प्रांत आयोग अथवा चार आयोग को प्रस्तुत ''महाराष्ट्र एक भाषाई राज्य'' नामक प्रकाशित ग्रंथ में राज्य पुनर्गठन के एक राज्य–एक भाषा तत्व को स्वीकार किया।
72. जम्मू और कश्मीर को विशेष दर्जा देने वाले संविधान अनुच्छेद 370 के बावजूद राष्ट्रीय एकता और अखण्डता पर जोर दिया।
73. समस्त भारतीय नागरिकों के लिए समान नागरिक संहिता का प्रतिपादन किया।
74. धर्म, विचार, अभिव्यक्ति, विश्वास, पूजा और उपासना की स्वतंत्रता प्रदान की।
75. तथागत गौतम बुद्ध, संत कबीर और महात्मा ज्योतिबा फुले उनके तीन प्रेरणास्रोत थे।
76. राष्ट्रीय ध्वज में अशोक चक्र एवं भारतीय मुद्रा पर चतुःसिंहशीर्षवाला अशोक स्तम्भ चिन्हित करवाया।
77. भारतीय गणराज्य को एक सूत्र में बांधने के लिए सामाजिक एकीकरण एवं 500 से ज्यादा रियासयों को भारतीय संघ में विलीन करने की संवैधानिक व्यवस्था धी।
78. डॉ. अम्बेडकर ने 4 अक्तूबर 1948 को संविधान सभा को संविधान का प्रारूप सौंपा।
79. डॉ. अम्बेडकर ने 25 नवम्बर 1949 को संविधान सभा को उदबोधन दिया।
80. समता, समानतास, बन्धुता एवं मानवतावादी भारतीय संविधान 02 वर्ष 11 महीने और 17 दिन में तैयार कर राष्ट्रपति को सौंपा जिसे संविधान सभा ने 26 नवंबर 1949 को अंगीकृत किया।
81. राज्य नीति निर्देषक तत्वों के जरिए उन्होंने शासनकर्ता को जनकल्याण से कटिबद्धकिया।

82. सिद्धार्थ महाविद्यालय मुंबई में 11 जनवरी 1950 को हिन्दू कोड बिल पर उद्‌बोधन दिया।
83. संविधान निर्माता को मुंबई के नए पार्क मैदान में संविधान की प्रति एक चांदी के कलश में भेंट की गई।
84. संविधान लागू होने के पश्चात क्रांति के समस्त हिंसक उपाय असंविधानिक और अवैध करार दिए गए।
85. ग्रैनविल आस्टिन ने भारतीय संविधान को राष्ट्रीय और सामाजिक दस्तावेज बताया।
86. ऐतिहासिक प्राचीन भारतीय गणराज्य को आधुनिक भारत के गणतंत्र में तब्दील किया।
87. भारतीय नागरिकों को मूलभूत स्वतंत्रता के अधिकारी की गारंटी प्रदान की।
88. जातिभेद, मतभेद और अस्पृश्यता के सभी भेदों को समाप्त कर धार्मिक स्वतंत्रता प्रदान की।
89. भारत की शिक्षा पद्धति को सार्वजनिक बननाकर शिक्षा में आनुपातिक प्रतिनिधित्व की अनुशंसा की।
90. भारतीय अल्पसंख्यकों के लिए अपनी शिक्षा, संस्कृति, भाषा और लिपि को सुरक्षित रखने हेतु अनुच्छेद, 29 और 30 का प्रावधान किया।
91. मई 1950 में लिखित बुद्ध और उनके धम का भविष्य नामक आलेख कलकत्ता महाबोधि सोसायटी के जर्नल में प्रकाशित किया गया।
92. 1950 में यंग मैन बुद्धिस्ट एसोशियसन को हिन्दू महिलाओं का उत्थान और पतन विषय पर दिए गए संबोधन को 1951 में पुस्तक के रूप में प्रकाशित किया।
93. भारत के प्रथम राष्ट्रपति डॉ. राजेन्द्र प्रसाद ने 1 सितंबर 1950 को मिलिंद महाविद्यालय, आरैंगाबाद की आधारशिला रखी।
94. डा. अम्बेडकर प्रथम विश्व बौद्ध सम्मेलन में एक डेलिगेट के रूप में दिसंबर 1950 में कोलंबो, श्रीलंका गए।
95. केन्द्रीय कानून मंत्री की हैसियत से डॉ. अम्बेडकर ने संसद में हिन्दू कोड बिल 5 फरवरी 1951 को प्रस्तावित किया, उसका समर्थन नहीं किए जाने पर 9 सितंबर 1951 को नेहरू मंत्री मंडल से इस्तीफा दिया।
96. महिलाओं को सामाजिक और आर्थिक क्षेत्र में पुरुषों के बराबर अधिकार प्रदान किया।
97. डॉ. अम्बेडकर ने 15 अप्रैल 1951 को दिल्ली में अम्बेडकर भवन की आधारशिला रखी।
98. डॉ. अम्बेडकर ने युद्ध उपासना पाठ नामक पूजा पुस्तिका का संकलन कर सिंतबर 1951 में प्रकाशित किया।
99. 19 सितंबर 1951 को विवाह–विच्छेद विधेयक पर संसद में चर्चा के पश्चात् 11 अक्तूबर 1951 को डॉ. अम्बेडकर ने मंत्री मंडल को छोड़ दिया।
100. देश में प्रचलित मिताक्षर और दायभाग विवाह पद्धतियों को मिलाकर एक संहिता बनाई और अंतर्जातीय विवाह के द्वारा जाति विहीन समतामूलक समाज का मार्ग प्रशस्त किया।

101.मार्च 1952 में मुंबई प्रतिनिधि के रूप में राज्य सभा के संसद सदस्य बने।

102.कोलंबिया विश्वविद्यालय ने 15 जून 1952 को द्विशताब्दी दीक्षांत समारोह में एल.एल.डी. की उपाधि देकर और वर्ष 2013 में ज्ञान का प्रतीक कह कर सम्मानित किया।

103.प्रजातंत्र के सफलतापूर्वक संचालन की पूर्व शर्तें विषय पर 22 दिसंबर 1952 को पूना के वकील परिषद को संबोधित किया।

104.मुंबई में 1953 को सिद्धार्थ वाणिज्य और अर्थशास्त्रा महाविद्यालय और 1956 को सिद्धार्थ विधि महाविद्यालय शुरू किया।

105.उस्मानिया विश्वविद्यालय ने 12 जनवरी 1953 को डॉ. अम्बेडकर को डी. लिट् की मानद उपाधि से सम्मानित किया।

106.बुद्ध जयंती के अवसर पर मई 1954 में और तृतीय विश्व बौद्ध सम्मेलन में भाग लेने दिसंबर 1954 में रंगून गए।

107.मैसूर के महाराजा द्वारा जून 1954 में प्रदत्त 5 एकड़ जमीन पर बौद्ध सेमिनरी, बंगलौर में बनाने की अनुशंसा की गई।

108.राज्य सभा में 16 सितंबर 1954. को अस्पृश्यता अपराध विधेयक पर उद्बोधन दिया तथा आकाशवाणी पर मेरा निजी दर्शन विषय पर 3 अक्तूबर 1954 को भाषण किया।

109.धर्म की आवश्यकता क्यों? विषय पर डॉ. अम्बेडकर ने 3 अप्रैल, 1955 को भाषण दिया।

110.भाषाई राज्यों पर विचार नामक 1955 में प्रकाशित ग्रंथ पर राज्य सभा में 1 मई 1956 को बोले और मध्य प्रदेश, बिहार और उत्तर प्रदेश में उनके विचार 2000 में साकार हुए।

111.पुणे और समीप देहु रोड के बुद्ध विहार में दिसंबर 1955 में बुद्ध प्रतिमा स्थापित की।

112.बुद्ध और उनका धम्म और प्राचीन भारत में क्रांति तथा प्रतिक्रांति नामक दो ग्रंथों का लेखन कार्य फरवरी 1955 में पूर्ण किया।

113.बुद्ध और उनका धम्म का प्राक्कथन का लेखन 15 मार्च 1956 को पूर्ण किया।

114.बी.बी.सी. लंदन आकाशवाणी पर "बौद्ध धर्म मुझे क्यों पसंद है" विषय पर उनका भाषष प्रसाति हुआ।

115.बुद्ध जयंती की पूर्व संध्या पर नरे पार्क, मुंबई में 24 मई 1956 को वे श्री बी.जी. खेर के मुख्य आतिथ्य में आयोजित बैठक में अंतिम बार उपस्थित रहे।

116.20वीं सदी में भारत में आधुनिक प्रजातंत्र तथा बौद्ध धर्म को पुनरोज्यीवित किया।

117.दीक्षा भूमि, नागपुर में अपने पांच लाख अनुयाईयों के साथ 14 अक्तूबर 1956 को बौद्ध धम्म की दीक्षा जेष्ठतम महारथविर चन्द्रमणि से ग्रहण की।

118.बौद्ध धर्म को उसके तीन बौद्धिक तत्वों यथा समता, करुणा और प्रज्ञा के कारण पसंद किया।

119.स्वतंत्रता, समता तथा बन्धुत्व पर आधारित नये धम्मचक्र प्रवर्तन का आगाज कर विश्व में नैतिक साम्राज्य की नींव डाली।

120.बौद्ध प्रतीकों एवं बौद्ध चेतना को भारत वर्ष की अधिशासक प्रेरणा बनाई।

121.रिपब्लिकन पार्टी 14 अक्टूबर 1956 को संस्थापित करने का ऐसान किया।

122.चतुर्थ विश्व बौद्ध सम्मेलन, काठमांडू में 20 नवम्बर 1956 को उपस्थित होकर बुद्ध और कार्ल मार्क्स नामक भाषण से उद्बोधित किया।

123.डॉ. अम्बेडकर का 6 दिसंबर 1956 को उनके निवास 26, अलीपुर रोड दिल्ली में परिनिर्वाण हुआ।

124.मुंबई स्थित चैत्य भूमि में 7 दिसंबर 1956 को बौद्ध संस्कार पद्धति से भारत रत्न बाबा साहेब डॉ. अम्बेडकर का अंतिम संस्कार हुआ।

125.अतुल्य योगदानों के लिए भारत सरकार ने वर्ष 1991 में सर्वोच्च नागरिक पुरस्कार भारत रत्न से उन्हें सम्मानित किया।

अध्याय 21

भारत रत्न बाबा साहेब डॉ. बी.आर. अंबेडकर के ग्यारह चीर स्मृति स्थान

1. बाबा साहेब डॉ. अंबेडकर जन्म स्थली स्मारक, महू

सन् 1891 में 14 अप्रैल को महू में श्री रामजी मालो जी सकपाल और उनकी धर्मपत्नी भीमाबाई के कुल में डॉ. बाबा साहेब अंबेडकर का जन्म हुआ। पिता जी मेजर सूबेदार के पाद पर एक सैनिक अधिकारी थे। काली पलटन स्थित जन्मस्थली स्मारक की जगह पर विद्यमान बैरेक में रामजी सकपाल रहते थे उसी बैरक की जगह पर 22500 वर्ग फुट –– जगह में श्री सुन्दर लाल पटवा, माननीय मुख्यमंत्री मध्यप्रदेश शासन ने बाबा साहेब की जन्म शताब्दी समारोह के शुभ अवसर पर 14 अप्रैल 1991 को जन्म स्थली स्मारक का शिलान्यास किया। शिलान्यास के पश्चात 1994 में स्मारक बनाने का कार्य प्रारंभ हुआ और 2003 तक स्मारक का स्ट्रक्चर तैयार हो गया। मध्य प्रदेश शासन का कार्यभार श्री शिवराज सिंह चौहान, माननीय मुख्यमंत्री द्वारा ग्रहण करने के बाद कार्य तेजी से चला और उसमें मारबल लगाकर मूर्तियां स्थापित की गईं। 14 अप्रैल, 2008 में पूर्व उप प्रधानमंत्री श्री लालकृष्ण अडवानी द्वारा माननीय श्री शिवराज सिंह चौहान की उपस्थिति में 14 अप्रैल, 2008 को बाबा साहेब की 14 फुट की प्रतिमा स्थापित कर जन्म स्थली का उद्‌घाटन किया गया तथा जयंती समारोह को भव्य रूप से मानने के लिए प्रतिवर्ष एक करोड़ धनराशि राज्य शासन द्वारा उपलब्ध कराने का आदेश दिया गया। माननीय मुख्यमंत्री श्री शिवराज सिंह चौहान जी द्वारा 14 अप्रैल 2013 को जन्म स्थली पर 6 और प्रतिमाएं स्थापित की गईं। जन्म स्थली को पंचतीर्थों में से एक तीर्थ के रूप में विकसित किया जा रहा है। जन्म स्थली स्मारक के साथ जुड़ी हुई जगह (सर्वे नं. 67) 7.5 एकड़ भूमि स्मारक को उपलब्ध कराने के लिए विभिन्न स्तरों पर लगातार प्रयास किए जा रहे हैं।

2. बाबा साहेब डॉ. अंबेडकर अन्तर्राष्ट्रीय स्मारक, लंदन

बाबा साहेब डॉ. अंबेडकर ने अपनी उच्च शिक्षा की एम.एस.सी. एवं डी.एस.सी. उपाधियों का शोध अध्ययन लंदन स्कूल ऑफ इकोनामिक्स एण्ड पोलिटिकल साइंस लंदन से किया था तथा बार–एट–लॉ का कौशल लंदन के ग्रेज–इन विश्वविद्यालय से प्राप्त किया था। बाबा साहेब लंदन में 1921 से 1923 तक पढ़ाई करते समय मकान नं. 10 हेन्री किंग्स रोड, लंदन में किराये पर रहे थे। उस मकान को श्री देवेन्द्र फण्डवीस, माननीय मुख्यमंत्री महाराष्ट्र शासन ने खरीद कर एक स्मारक का निर्माण कराया है, जिसका उद्‌घाटन माननीय प्रधानमंत्री भारत सरकार के कर कलमों द्वारा 9 नवम्बर, 2015 को किया गया। इस अंतर्राष्ट्रीय स्मारक को बाबा साहेब के पंचतीर्थ में से एक द्वितीय तीर्थस्थल के रूप में विकसित किया जा रहा है।

3. दीक्षा भूमि स्मारक, नागपुर

यहाँ पर बाबा साहेब ने 14 अक्टूबर, 1956 को पांच लाख अनुयाइयों के साथ बौद्ध धर्म की दीक्षा ली थी। इस धम्म दीक्षा दिवस के अवसर पर हर साल लाखों अनुयायी आते हैं। श्री नितिन गडकरी, माननीय केन्द्रीय मंत्री, भारत सरकार के प्रयासों से उसे ए–ग्रेड तीर्थ के रूप में चिन्हित किया गया है, जिससे भारत सरकार द्वारा हमेशा धनराशि उपलब्ध कराई जाती रहेगी और सांची स्तूप के अनुरूप विश्व धरोहर के रूप में मान्य है। ये स्थान दीक्षा भूमि के रूप में जाना जाता है और इसको भी बाबा साहेब की यादगार के रूप में विकसित किए जा रहे पंचतीर्थों में से एक तृतीय तीर्थस्थल के रूप में विकसित किया जा रहा है।

4. डॉ. अंबेडकर राष्ट्रीय स्मारक, नई दिल्ली

बाबा साहेब डॉ. अंबेडकर अपने अंतिम समय में 26 अलीपुर रोड में निवास कर रहे थे। उन्होंने 6 दिसम्बर, 1956 को इसी भवन में अंतिम सांस ली। इस भवन को माननीय अटल बिहारी वाजपेयी ने अपने प्रधानमंत्री कार्यकाल के दौरान वर्ष 2003 में जिन्दल परिवार से खरीदा था और उसे स्मारक के रूप में विकसित करना चाहते थे। परंतु सरकार ज्यादा दिन नहीं चल सकने के कारण उसे विकसित नहीं किया जा सका। श्री थावरचंद्र गहलोत माननीय केंद्रीय मंत्री, समाज कल्याण एवं अधिकारिता मंत्रालय, भारत सरकार द्वारा अब बाबा साहेब के इस स्मारक को पंच तीर्थस्थल में से एक चतुर्थ तीर्थस्थल के रूप में एक एकड़ भूमि पर विकसित किया जा रहा है। 21 मार्च 2016 को इसका शिलान्यास माननीय प्रधानमंत्री द्वारा किया गया तथा इसके लिए राशि रु. 95 करोड़ समाज कल्याण एवं अधिकारिता मंत्रालय, भारत सरकार द्वारा उपलब्ध करा दिए गए हैं। माननीय प्रधानमंत्री जी ने इसे निश्चित समयावधि में स्मारक तैयार कर 14 अप्रैल, 2018 को इसे लोकार्पित किया गया।

5. चैत्य भूमि स्मारक, मुंबई

बाबा साहेब डॉ. अंबेडकर के परिनिर्वाण के पश्चात 7 दिसंबर, 1956 को मुंबई के दादर में उनका दाह संस्कार किया गया था, जिसे चैत्य भूमि के नाम से जाना जाता है। स्मारक बहुत कम जगह में है इसलिए उसके साथ बन्द पड़े इन्दू मील की जमीन को श्री देवेन्द्र फण्डवीस, माननीय मुख्यमंत्री, महाराष्ट्र शासन ने चैत्य भूमि स्मारक को उपलब्ध कराया है, जिससे उसको एक बड़े स्मारक के रूप में विकसित किया जा सके। माननीय प्रधानमंत्री, भारत सरकार ने दिनांक 11 अक्टूबर 2015 को स्मारक को भव्य बनाने का शुभारंभ किया है। ये बाबा साहेब की यादगार में विकसित किए जा रहे पंचतीर्थों में से एक पंचम तीर्थ के रूप में विकसित किया जा रहा है।

6. डॉ. बी.आर. अंबेडकर सामाजिक विज्ञान विभवविद्यालय

माननीय मुख्यमंत्री, श्री शिवराज सिंह चौहान जी ने भारत सरकार के वरिष्ठ केंद्रीय मंत्री श्री थावरचंद गहलोत, सामाजिक न्याय एवं अधिकारिता मंत्रालय और श्री राम विलास पासवान, मंत्री, खाद्य एवं उपभोक्ता मंत्रालय तथा मध्य प्रदेश शासन के वरिष्ठ मंत्री श्री ज्ञान सिंह जी, श्री कैलाश विजयवर्गीय, श्री विजय शाह एवं श्री सिंह लालसिंह आर्य की उपस्थिति में बाबा साहेब डॉ. अंबेडकर की 125वीं जयंती वर्ष के शुभ अवसर पर दिनांक 14 अप्रैल, 2015 को विश्वविद्यालय का शुभारंभ किया।

माननीय मुख्यमंत्री जी के ही प्रयासों से दिनांक 14 अगस्त 2015 को विश्वविद्यालय अध्यादेश जारी हुआ और फिर दिनांक 13 जनवरी, 2016 को विश्वविद्यालय का अधिनियम मध्यप्रदेश राजपत्र (असाधारण) में अधिसूचित होकर आज देश के प्रथम सामाजिक विज्ञान का विश्वविद्यालय अपने पूर्ण स्वरूप को प्राप्त कर चुका है। विश्वविद्यालय का मुख्य उद्देश्य अनुसूचित जातियों, अनुसूचित जनजातियों एवं अन्य पिछड़े वर्गों के सामाजिक उत्थान एवं सामाजिक न्याय, आर्थिक विकास एवं आर्थिक सशक्तीकरण, शैक्षणिक उत्कृष्टता एवं कौशल विकास तथा उनका नीति निर्धारण एवं राष्ट्र निर्माण में और अधिक सहभागिता सुनिश्चित करना है। विश्वविद्यालय में 8 स्कूल जैसे डॉ. अंबेडकर विचार एवं दर्शन, प्रबंधन, सामाजिक विज्ञान, शिक्षा विज्ञान, ग्रामीण विकास, कृषि विज्ञान, सामाजिक न्याय एवं विधि अपने 34 विभागों के द्वारा लगभग 75 विषयों में स्नातकोत्तर, एम.फिल. पी.एच.डी., डी. लिट, डी.एस.सी., एल.एल.डी. जैसी उच्च उपाधियों के लिए शिक्षण एवं अनुसंधान कर रहे हैं।

मध्य प्रदेश शासन द्वारा बनाया गया डॉ. बी. आर. अंबेडकर सामाजिक विज्ञान विश्वविद्यालय देश का पहला विश्वविद्यालय है जहाँ उच्च शिक्षा के साथ–साथ अनुसूचित जातियों, जनजातियों

एवं अन्य पिछड़े वर्गों के समग्र विकास हेतु अनुसंधान किया जाएगा तथा प्रत्येक जिले में स्थापित सामाजिक विज्ञान केन्द्रों के द्वारा प्रचार–प्रसार प्रशिक्षण के माध्यम से समाज में व्याप्त सामाजिक बुराईयों, आसमानता, कुप्रथाओं, अंधविश्वास, छुआछूत, जातिभेद निर्मूलन का कार्य किया जाएगा एवं कौश विकास, उद्यमिता, उच्च शिक्षा उपलब्ध कारने के प्रावधानों से यह विश्वविद्यालय देश के लिए अग्रणी मिसाल साबित होगा।

7. डॉ. अंबेडकर अन्तर्राष्ट्रीय सेन्टर, 15 जनपथ, नई दिल्ली

श्री थावरचंद गहलोत माननीय केंद्रीय मंत्री, समाज कल्याण एवं अधिकारिता मंत्रालय, भारत सरकार द्वारा डॉ. अंबेडकर फाउंडेशन 15 जनपथ को डॉ. अंबेडकर अंतर्राष्ट्रीय सेंटर के रूप में 3.25 एकड़ भूमि पर विकसित किया जा रहा है। अंतर्राष्ट्रीय सेन्टर का शिलान्यास माननीय प्रधानमंत्री, भारत सरकार द्वारा 20 अप्रैल, 2015 को किया गया था। इसके निर्माण के लिए समाज कल्याण एवं अधिकारिता मंत्रालय, भारत सरकार द्वारा राशि रु. 195 करोड़ NBCC को उपलब्ध करा दी गई है। इसमें Library, Conference Room, Auditorium, Museum, Meeting Rooms इत्ययादि बनाए जा रहे हैं।

8. डॉ. अंबेडकर स्मारक, जापान

बाबा साहेब डॉ. अंबेडकर की आदमकद प्रतिमा श्री देवेंद्र फडणवीस, माननीय मुख्यमंत्री महाराष्ट्र शासन के कर कमलों द्वारा दिनांक 10 सितंबर, 2015 को जापान के योकोहामा प्रांत के कोयासन विश्वविद्यालय, जापान में स्थापित की गई है। भारत रत्न बाबा साहब डॉ. अबंडेकर की जन्म स्थली, महू स्थित भारत के प्रथम सामाजिक विज्ञान के विश्वविद्यालय डॉ. बी. आर. अंबेडकर सामाजिक विज्ञान विश्वविद्यालय ने इस अंतर्राष्ट्रीय कार्यक्रम में सहभागिता की।

इस अंतर्राष्ट्रीय सहभागिता का मुख्य उद्देश्य बाबा साहेब डॉ. अंबेडकर के विचारों एवं दर्शन को जापान में फैलाना है तथा दोनों देशों की संस्कृति का आपस में आदान–प्रदान करना है।

9. डॉ. बी. आर. अंबेडकर और भारत का संविधान दर्शाते हुए विशेष स्मृति डाक टिकट

बाबा साहेब डॉ. अंबेडकर की 125वीं जयंती पर दिनांक 30 सितंबर, 2015 को 125वीं जयंती के शुभ अवसर पर डाक विभाग, भारत सरकार एक यादगार डाक टिकट का भारत सरकार के श्री थावरचंद गहलोत, केंद्रीय मंत्री सामाजिक न्याय एवं अधिकारिता एवं श्री रवि शंकर प्रसाद मंत्री, संचार एवं सूचना तकनीकि द्वारा जारा किया गया। इस अवसर पर डॉ. बी. आर. अंबेडकर और भारत का संविधान को दर्शाते हुए प्रथम दिवस आवरण तथा विशेष स्मृति लिफाफे को भी डाक विभाग द्वारा जारी किया गया।

10. डॉ. बी. आर. अंबेडकर स्मृति सिक्के

बाबा साहेब डॉ. बी. आर. अंबेडकर की 125वीं जयंती के शुभ अवसर पर बाबा साहेब डॉ. अंबेडकर के महापरिनिर्वाण दिवस 6 दिसंबर, 2015 को देश के माननीय प्रधानमंत्री श्री नरेन्द्र मोदी जी द्वारा रु. 125/– एवं रु. 10/– के दो स्मृति सिक्के जारी किए गए। इस अवसर पर प्रधानमंत्री जी ने कहा कि ऐसे बहुत कम विभूतियाँ हैं जो अपने महापरिनिर्वाण के 60 वर्षों के बाद भी जन मानस में जीवित हैं। उन्होंने यह भी कहा कि हमें बाबा साहेब डॉ अंबेडकर के विचार एवं दर्शन को अधिक से अधिक अपनाना है। इस अवसर पर भारत सरकार के वित्त मंत्री श्री अरुण जेटली तथा सामाजिक न्याय एवं अधिकारिता मंत्री श्री थावरचंद गहलोत उपस्थित थे।

11. डॉ. अंबेडकर विचार स्तंभ ब्राउस

सह स्तंभ ब्राउस में मा. केंद्रीय मंत्री थावर चंद गहलोत ने 125वीं डॉ. अबंडेकर जयंती पर उनके 125 विचारों के साथ प्रतिष्ठित किया गया।

अध्याय 22

कुलपति महोदय का दीक्षांत उद्बोधन

बड़े हर्ष एवं गौरव का विषय है कि भारत रत्न डॉ. बी. आर. अंबडेकर की पुण्य जन्म भूमि में मध्य प्रदेश शासन द्वारा स्थापित तथा उनके दर्शन एवं विचार मूल्यों को समर्पित डॉ. बी. आर. अंबडेकर सामाजिक विज्ञान विश्वविद्यालय के द्वितीय दीक्षांत समारोह में आप सभी का विशेषकर महामहिम राज्यपाल महोदया एवं प्रदेश के माननीय मंत्री, धार–महू लोकसभा क्षेत्र की माननीय सांसद, कुलाधिपति डा. बरतूनिया एवं प्रो. बी.बी. कुमार का मैं हृदय से स्वागत तथा अभिनंदन करता हूँ। आप सभी की उपस्थिति इस कार्यक्रम को गरिमाम प्रदान कर रही है। समारोह में उपस्थित सभी प्रबुद्ध एवं गणमान्य नागरिकों, आमंत्रित अतिथियों एवं विराजमान सभी माता, बहनों और भाइयों का मैं हार्दिक स्वागत करता हूँ। आप सभी को मैं बहुत ही आदर, सम्मान एवं प्रसन्नता के साथ यह अवगत कराना चाहता हूँ कि भारत रत्न डॉ. बी. आर. अंबडेकर के जीवन दर्शन पर केंद्रित तथा भारतीय संविधान की मूल प्रेरणा एवं मूल्यों पर आधारित यह विश्वविद्यालय अनुसूचित जाति, अनुसूचित जनजाति एवं अन्य विद्यार्थियों के लिए सामाजिक न्याय एवं उत्थान, आर्थिक विकास और सशक्तिकरण, शैक्षणि ाक उत्कृष्टता एवं राष्ट्र निर्माण में भागीदारी सुनिश्चित करने जैसे महत्वपूर्ण उद्देश्यों के लिए इस विश्वविद्यालय का शुभारंभ 14 अप्रैल 2015 को प्रदेश के यशस्वी मुख्यमंत्री जी द्वारा किया गया।

दीक्षांत उद्बोधन देते हुए कुलपति प्रो. सी.डी. नाईक

मध्य प्रदेश शासन द्वारा बनाया गया यह विश्वविद्यालय सामाजिक विज्ञान के क्षेत्र में देश का एकमात्र प्रथम विश्वविद्यालय है अनुसूचित जातियों, अनुसूचित जनजातियों एवं अन्य पिछड़े वर्गों के हित में समस्त बुराईयों, भेदभाव, असमानता, कुप्रथा अंधविश्वास, छूआछूत व जातिभेद निर्मूलन पर कार्य किया जा रहा है तथा इसके साथ ही इन वर्गों के लिए कौशल विकास एवं उद्यमियों के अवसर प्रदान पर गुणवत्तापूर्ण उच्च शिक्षा उपलब्ध कराने के अपने मूल उद्देश्यों एवं विशिष्ट अधिनियम से यह विश्वविद्यालय स्थापित गिया गया है। इस विश्वविद्यालय का केन्द्र बिन्दु भारत रत्न डॉ. बी. आर. अंबडेकर है जिन्होंने अपने जीवन पर्यंत सामाजिक न्याय और समानता के लिए संघर्ष किया। सामाजिक न्याय के पुरोधा के विचारों एवं उनके दर्शन को केन्द्र में रखकर ही यह विश्वविद्यालय विश्व स्तरीय शोध, उच्च शिक्षा, प्रशिक्षण एवं प्रसार के नये आयामों की ओर अग्रसर है। इस विश्वविद्यालय का लक्षित समूह अनुसूचित जातित, अनुसूचित जनजाति तथा अन्य पिछड़ा वर्ग है। ये वे वंचित वर्ग हैं जो सदियों से जाति व्यवस्था की कुप्रथाओं एवं अन्य सामाजिक विभेदों का शिकार रहे हैं तथा सामाजिक और शैक्षणिक दृष्टि से समाज में उचित स्थान प्राप्त करने में असमर्थ रहे हैं। इन वंचित वर्गों के सर्वांगीण विकास के लिए ही इस विश्वविद्यालय को बनााने में हमारे अपनने माननीय मुख्यमंत्री जी का सर्वाधिक योगदान रहा है जिन्होंने जनसंकल्प 2013 में संस्थान को विश्वविद्यालय में परिवर्तित करने का निर्णय लिया तथा शासन 100 दिवसीय कार्य योजना में शामिल किया जिसके परिणामस्वरूप यह विश्वविद्यालय अपना मूर्त रूप ले सका तथा आज हम अपना द्वितीय दीक्षांत समारोह मना रहे हैं।

आज भी हमारा समाज कुप्रथाओं, अंधविश्वासों तथा कुरीतियों के मकड़जाल में फंसा है। जात–पात, भाषा, संप्रदाय आदि के आध्धार पर भेदभाव, घरेलू हिंसा, महिलाओं के विरुद्ध अत्याचार तथा उनका शोषण, बाल मजदूरी, बंधुआ मजदूरी, छूआछूत तथा अनुसूचित वर्गों के विरुद्ध अत्याचार के मामले आये दिन सुर्खियों में पढ़ने को मिलते हैं। इसी को ध्यान में रखते हुए विश्वविद्यालय द्वारा मध्य प्रदेश शासन के सहयोग से पुलिस प्रशासन में दो वर्षीय एम.ए. पाठ्यक्रम भी प्रारंभ किया गया है जिसके अंतर्गत मध्य प्रदेश राज्य लोक सेवा आयोग द्वारा चयनित उप–पुलिस अधीक्षक स्तर के अधिकारियों के चयन उपरान्त दो वर्ष का गहन अध्ययन कराया जाएगा जिसके विशेष रूप से समाज के अनुसूचित जाति, अनुसूचित जनजाति एवं महिलाओं तथा बच्चों की मूलभूत समस्याओं के प्रति उन्हें और अधिक संवेदनशील बनाने के प्रयास किए जाायेंगे क्योंकि समाज का कमजोर वर्ग अपनी समस्याओं को लेकर सर्वप्रथम पुलिस के पास आता है तथा वहां से वह अपने साथ हुए अन्याय एवं उत्पीड़न के लिए न्याय चाहता है। ऐसी स्थिति में पुलिस अधिकारियों को इन वर्गों की समस्याओं के प्रति और अधिक संवेदनशील होकर उनके हितों के प्रति और अधिक निडर, निष्पक्ष न्याय प्रदान करने में अपनी सक्रिय भूमिका निभाकर वे भी समाज में शाश्वत विकास की दिशा में एक सकारात्मक स्थायी पहल कर सके।

मध्य प्रदेश शासन द्वारा यह विश्वविद्यालय बनाया गया है जिसके द्वारा गहराई से अनुसंधान, अध्यापन, संवेदनशीलता का प्रशिक्षण, विस्तार और प्रचार–प्रसार के माध्यमों से विभिन्न प्रकार की सामाजिक, आर्थिक एवं शैक्षणिक समस्याओं पर आधारित शोध कार्य किए जा रहे हैं जिससे इन समस्याओं पर अंकुश लगाने का प्रयास हो सकेगा। मध्य प्रदेश शासन के उच्च शिक्षा विभाग के

सहयोग से स्नातकोत्तर पाठ्यक्रम (एम.एस. डब्ल्यू.) का संचालन शीघ्र ही प्रारंभ किया जा रहा है। इस विश्वविद्यालय द्वारा देश–विदेश की ख्यातनाम विश्वविद्यालयों एवं अंतर्राष्ट्रीय संस्थानों के साथ नेटवर्किंग किया जा रहा है जिसके मायमम से अन्य देशों में सामाजिक समानता एवं समरसता के लिए किए गए प्रयासों को समझने में मदद मिलेगी। विश्वविद्यालय अपने द्वितीय दीक्षांत समारोह में वर्ष 2014–15 एवं वर्ष 2015–16 के स्नातक, स्नातकोत्तर, एम.फिल. तथा पी.एच.डी. के शोधार्थियों को डिग्रियाँ प्रदान की जा रही हैं। साथ ही सर्वश्रेष्ठ प्रदर्शन करने वाले विद्यार्थियों को गोल्ड, सिल्वर और विशिष्ट मेडल भी प्रदान किए जा रहे हैं।

कुलपति द्वारा दीक्षा उपदेश

कुलपति प्रो. सी.डी. नाईक द्वारा दीक्षांत समारोह में उपस्थित सभी उपाधि प्राप्तकर्ताओं को कर्तव्य पालन एवं नैष्ठिव प्रतिज्ञा करवाई गई जिसमें हमेशा का पालन करो, भ्रष्टाचार से दूर रहो, सदा सत्य बोलो, व्याभिचार से दूर रहो, मादव सेवन नहीं करो। इस अवसर पर डॉ. बाबा साहेब अम्बेडकर द्व ारा रचित संविधान को उद्देशिका की प्रतिज्ञा भी करायी गई।

दीक्षा उपदेश की शपथ देते हुए कुलपति महोदय

दीक्षा लेते हुए शोधार्थी

उपसम्पदा की शपथ विधि

जब कोई व्यक्ति प्रव्रजा या उपसम्पदा ग्रहण करात या करती है तो उसे निम्न प्रकार वचनबद्ध होना पड़ता हैः यथा

सब्ब दुक्ख निस्सरणं निब्बाण

सच्चिकरणत्थाय इमं कासावं गहेत्वा पब्बाजेथ में भंते अनुकम्पं उपादाय।

अर्थात् सभी दुःखों का नाश करने हेतु और सर्वश्रेष्ठ ध्येय निर्वाण का सात्कार करने के लिए इस काषाय वस्त्र से मुझे प्रव्रज्जा प्रदान करने की अनुकम्पा कर अनुग्रहित करें।

बड़े हर्ष एवं गौरव का विषय है कि भारत रत्न डॉ. बी. आर. अम्बेडकर की पुण्य जन्म भूमि में मध्य प्रदेश शासन द्वारा स्थापित तथा उनके दर्शन एवं विचार मूल्यों को समर्पित डॉ. बी. आर. अम्बेडकर सामाजिक विज्ञान विश्वविद्यालय के द्वितीय दीक्षांत समारोह में आप सभी का विशेषकर महामहिम राज्यपाल महोदया एवं प्रदेश के माननीय मंत्री धार महू लोकसभा क्षेत्र की मानीय सांसद, कुलाधिपति डॉ. परतुनिया एवं प्रो. बी.बी. कुमार का मैं ह्रदय से स्वागत तथा अभिनंदन करता हूँ। आप सभी की उपस्थिति इस कार्यक्रम को गरिमा प्रदान कर रही है। समारोह में उपस्थिति विराजमान सभी मताएं बहनों और भाईयों का मैं हार्दिक स्वागत करता हूँ। आप सभी को मैं बहुत ही आदर, सम्मान एवं प्रसन्नता के साथ यह अवगत कराना चाहता हूँ कि भारत रत्न डॉ. बी. आर. अम्बेडकर के जीवन दर्शन पर केंद्रित तथा भारतीय संविधान की मूल प्रेरणा एवं मूल्यों पर आधारित यह विश्वविद्यालय

अनुसूचित जाति, अनुसूचित जनजाति एवं अन्य विद्यार्थियों के लिए सामाजिक न्याय एवं उत्थान, आर्थिक विकास और सशक्तिकरण, शैक्षणिक उत्कृष्टता एवं राष्ट्र निर्माण में भागीदारी सुनिश्चित करने जैसे महत्वपूर्ण उद्देश्यों के लिए इस विश्वविद्यालय का शुभारंभ 14 अप्रैल 2015 को प्रदेश के यशस्वी मुख्यमंत्री जी द्वारा किया गया।

आज भी हमारा समाज कुप्रथाओं अंधविश्वास तथा कुरीतियों के मकड़जाल में फँसता है। जात–पात, भाषा संप्रदाय आदि के आधार पर भेदभाव, घरेलू हिंसा महिलाओं के विरुद्ध अत्याचार तथा उनका शोषण, बाल मजदूरी, बंधुआ मजदूरी, छुआछूत तथा अनुसूचित वर्गों के विरुद्ध अत्याचार के मामले आये दिए सुर्खियों में पढ़ने को मिलते हैं। इसी को ध्यान में रखते हुए विश्वविद्यालय द्वारा मध्यप्रदेश शासन के सहयोग से पुलिस प्रशासन में दो वर्षीय एम.ए. पाठ्यक्रम भी प्रारंभ किया गया है जिसके अंतर्गत मध्य प्रदेश राज्य लोक सेवा आयोग द्वारा चयनित उपपुलिस अधीक्षक स्तर के अधिकारियों के चयन उपरान्त दो वर्ष का गलन अध्ययन कराया जाएगा जिसके अंतर्गत विशेष रूप से समाज के अनुसूचित जाति, अनूसूचित जनजाति एवं महिलाओं तथा बच्चों की मूलभूत समस्याओं के प्रति उन्हें और अधिक संवेदनशील बनाने के प्रयास किए जाएंगे क्योंकि समाज का कमजोर वर्ग अपनी समस्याओं के लेकर सर्वप्रथम पुलिस के पास आता है तथा वहां से वह अपने साथ हुए अन्याय एवं उत्पीड़न के लिए न्याय चाहता है। ऐसी स्थिति में पुलिस अधिकारियों को इन वर्गों की समस्याओं के प्रति और अधिक संवेदनशील होकर उनके हितों के प्रति और अधिक निडर, निष्पक्ष न्याय प्रदान करने में अपनी सक्रिय भूमिका निभाकर वे सभी समाज में शाश्वत विकास की दिशा में एक सकारात्मक स्थायी पहल कर सकें।

मध्य प्रदेश शासन द्वारा यह विश्वविद्यालय बनाया गया है जिसके द्वारा गहराई से अनुसंधान, अध्यापन, संवेदनशीलता का प्रशिक्षण, विस्तार और प्रचार–प्रसार के माध्यमों से विभिन्न प्रकार की सामाजिक, आर्थिक एवं शैक्षणिक समस्याओं पर आधारित शोथ कार्य किए जा रहे हैं जिससे इन समस्याओं पर अंकुश लागने का प्रयास हो सकेगा। मध्य प्रदेश शासन के उच्च शिक्षा विभाग के सहयोग से विश्वविद्यालय द्वार जिले में उत्कृष्ट महाविद्यालययों के सहयोग से सामुदायिक नेतृत्वशीलता एवं शाश्वत विकास में स्नातकोत्तर पाठयक्रम (एम.एस.डब्ल्यू.) का संचालन शीघ्र ही प्रारंभ किया जा रहा है। इस विश्वविद्यालय द्वारा देश–विदेश की ख्यातनाम विश्वविद्यालयों एवं अन्तर्राष्ट्रीय संस्थानों के साथ नेटवर्किंग किया जा रहा है जिसके माध्यम से अन्य देशों में सामाजिक समानता एवं समरसता के लिए किए गए प्रयासों को समझने में मदद मिलेगी। विश्वविद्यालय अपने द्वितीय दीक्षात समारोह में वर्ष 2014–15 एवं वर्ष 2015–16 के स्नातक, स्नातकोत्तर, एम. फिल तथा पीएचडी के शोधार्थियों को डिग्रियाँ प्रदान की जा रही हैं। साथ ही सर्वश्रेष्ठ प्रदर्शन करने वाले विद्यार्थियों को गोल्ड, सिल्वर और विशिष्ट मेडल भी प्रदान किए जा रहे हैं।

मध्य प्रदेश द्वारा बनाया गया यह विश्वविद्यालय सामाजिक विज्ञान के क्षेत्र में देश का एकमात्र प्रथम विश्वविद्यालय है जहां अनुसूचित जातियों, अनुसूचित जनजातियों एवं अन्य पिछड़े वर्गों के हित में समस्त बुराइयों, भेदभाव, असमानता, कुप्रथाओं अंधविश्वास, छुआछूत व जातिभेद निर्मूलन पर कार्य किया जा रहा है तथा इसके साथ ही इन वर्गों के लिए कौशल विकास एवं उद्यमिता के अवसर प्रदान कर गुणवत्तापूर्ण उच्च शिक्षा उपलब्ध कराने के अपने मूल उद्देश्यों एवं विशिष्ट अधिनियम से यह विश्वविद्यालय स्थापित किया गया है।

इस विश्वविद्यालय का केन्द्र बिंदु भारत रत्न डॉ. बी. आर. अंबेडकर हैं, जिन्होंने अपने जीवन पर्यन्त सामाजिक न्याय और समानता के लिए संघर्ष किया। सामाजिक न्याय के पुरोधा के विचारों एवं उनके दर्शन को केन्द्र में रखकर ही यह विश्वविद्यालय विश्व स्तरीय शोध उच्च शिक्षा प्रशिक्षण एवं प्रसार के नये आयामों की ओर अग्रसर है। इस विश्वविद्यालय का लक्षित समूह अनुसूचित जाति, अनुसूचित जनजाति तथा अन्य पिछड़ा वर्ग है। ये वे वंचित वर्ग हैं जो सदियों से जाति व्यवस्था की कुप्रथाओं एवं अन्य सामाजिक शिकार रहे हैं तथा सामाजिक और शैक्षणिक दृष्टि से समाज में उचित स्थान प्राप्त करने में असमर्थ रहे हैं। इन वंचित वर्गों के सर्वांगीण विकास के लिए ही इस विश्वविद्यालय को बनाने में हमारे अपने माननीय मुख्यमंत्री जी का सर्वाधिक योगदान रहा है। जनसंकल्प 2013 में संस्थान को विश्वविद्यालय में परिवर्तित करने का निर्णय लिया गया तथा शासन के 100 दिवसीय कार्य योजना में इसे अपनाया गया जिसके परिणामस्वरूप यह विश्वविद्यालय अपना मूर्त रूप ले सका तथा आज हम अपना द्वितीय इसांत समारोह मना रहे हैं। आज भी हमारा समाज कुप्रथाओं, अंधविश्वास तथा कुरीतियों के मकड़जाल में फंसा है। जात–पात, भाषा, संप्रदाय आदि के आधार पर भेदभाव घरेलू हिंसा महिलाओं के विरुद्ध अत्याचार तथा उनका शोषण, बाल मजदूरी, बंधुआ मजदूरी, छुआछूत तथा अनुसूचित वर्गों के विरुद्ध अत्याचार के मामले आये दिए सुर्खियों में पढ़ने को मिलते हैं। इसी को ध्यान में रखते हुए विश्वविद्यालय द्वारा मध्य प्रदेश शासन के सहयोग से पुलिस प्रशासन से दो वर्षीय एम.ए. पाठ्यक्रम भी प्रारंभ किया गया है जिसके अंतर्गत मध्य प्रदेश राज्य लोक सेवा आयोग द्वारा चयनित उप पुलिस अधीक्षक स्तर के अधिकारियों के चयन उपरान्त दो वर्ष का गहन अध्ययन कराया जाएगा और विशेष रूप से समाज के अनुसूचित जाति, अनुसूचित जनजाति एवं महिलाओं तथा बच्चों की मूलभूत समस्याओं के प्रति उन्हें और अधिक संवेदनशील बनाने के प्रयास किए जाएंगे क्योंकि समाज का कमजोर वर्ग अपनी समस्याओं को लेकर सर्वप्रथम पुलिस के पास आता है थता वहां से वह अपने साथ हुए अन्याय एवं उत्पीड़न के लिए न्याय चाहता है। ऐसी स्थिति में पुलिस अधिकारियों को इन वर्गों की समस्याओं के प्रति और अधिक संवेदनशील होकर उनके हितों के प्रति और अधिक निडर, निष्पक्ष न्याय प्रदान करने में अपनी सक्रिय भूमिका निभाकर वे भी समाज में शाश्वत विकास की दिशा में एक सकारात्मक स्थायी पहल कर सकें। मध्य प्रदेश शासन द्वारा यह विश्वविद्यालय बनाया गया है जिसके द्वारा गहराई से अनुसंधान , अध्यापन, संवेदनशील का प्रशिक्षण, विस्तार और प्रचार–प्रसार के माध्यमों से विभिन्न प्रकार की सामाजिक, आर्थिक एवं शैक्षणि ाक समस्याओं पर आधारित शोध कार्य किए जा रहे हैं। जिससे इन समस्याओं पर अंकुश लगाने का प्रयास हो सकेगा। मध्य प्रदेश शासन के उच्च शिक्षा विभाग के सहयोग से विश्वविद्यालय द्वारा प्रदेश के प्रत्येक जिले में उत्कृष्ट महाविद्यालयों के सहयोग से सामुदायिक नेतृत्वशीलता एवं शाश्वत विकास में स्नातकोत्तर, पाठ्यक्रम (एम.एस. डब्ल्यू) का संचालन शीघ्र ही प्रारंभ किया जा रहा है। इस विश्वविद्यालय द्वारा देश, विदेश की ख्यातनाम विश्वविद्यालयों एवं अंतर्राष्ट्रीय संस्थानों के साथ नेटवर्किंग किया जा रहा है जिसके माध्यम से अन्य देशों में सामाजिक समानता एवं समरसता के लिए किए गए प्रयासों को समझने में मदद मिलेगी। विश्वविद्यालय अपने द्वितीय दीक्षांत समारोह में वर्ष 2014–15 एवं 2015–16 के स्नातक, स्नाकोत्तर एम. फिल तथा पी.एच.डी. के शोधार्थियों को डिग्रियाँ प्रदान की जा रही हैं। साथ ही सर्वश्रेष्ठ प्रदर्शन करने वाले विद्याथ्रियों को गोल्ड, सिल्वर और विशिष्ट मेडल भी प्रदान किये जा रहे हैं।

कुलपति द्वारा दीक्षा उपदेश

कुलपति प्रो. सी.डी. नाईक द्वारा दीक्षांत समारोह में उपस्थितत सभी उपाधि प्राप्तकर्ता को कर्तव्य पालन एवं नैष्ठिक जीवन है। प्रतिज्ञा करवाई गई जिसमें हमेशा अंहसा का का पालन करो, भ्रष्टाचार से दूर रहो, सदा सत्य बोली, व्यभिचार से दूर रहो, मादक पदार्थों का सेवन नहीं करो का उच्चारण किया गया। इस अवसर पर डॉ. बाबा साहेब अम्बेडकर द्वारा रचित संविधान की उद्देशिका की प्रतिज्ञा भी करायी गई।

उपसम्पदा की शपथ विधि

जब कोई व्यक्ति प्रव्रजा या उपसम्पदा ग्रहण करता या करती है तो उसे निम्र प्रकार वचनबद्ध होना पड़ता है यथा

सब्ब दुक्ख निस्सरणं निब्बाण सच्चिकरणत्थाय इमं कासावं गहेत्वा पब्बाजेथ मं भंते अनुकंप उपादाय। अर्थात् गुरुवर सभी दुःखी का नाश करने हेतु और सर्वश्रेष्ठ ध्येय निर्वाण का साक्षात्कार करने के लिए इस काषाय वस्त्रा से मुझे प्रव्रज्जा प्रदान करने की अनुकम्पा कर अनुग्रहित करें।